B2B 성공의 지름길

마케팅&영업

파이프라인을 구축하라

B2B 성공의 지름길
마케팅&영업

파이프라인을 구축하라

개정판 초판 1쇄 인쇄일 2017년 10월 25일
개정판 초판 1쇄 발행일 2017년 11월 1일

글쓴이 박세정
펴낸이 양옥매
디자인 고유진
교 정 조준경

펴낸곳 도서출판 책과나무
출판등록 제2012-000376
주소 서울특별시 마포구 방울내로 79 이노빌딩 302호
대표전화 02.372.1537 팩스 02.372.1538
이메일 booknamu2007@naver.com
홈페이지 www.booknamu.com
ISBN 979-11-5776-486-0(03320)

이 도서의 국립중앙도서관 출판시도서목록(CIP)은 서지정보유통지원 시스템
홈페이지(http://seoji.nl.go.kr)와 국가자료공동목록시스템
(http://www.nl.go.kr/kolisnet)에서 이용하실 수 있습니다.
(CIP제어번호 : CIP2017027600)

마케팅&영업

파이프라인을 구축하라

박세정 지음

책나무

B2B의 성공 핵심, 파이프라인 관리에 있다

제가 John & partners의 박세정 대표를 처음 만난 것은 박 대표가 LG경제연구원에 B2B 전문가로 재직하고 있을 때였습니다. 그때 저는 LG전자 부사장으로서 동남아 총괄 지역대표로 근무하다 본사에서 B2B 사업본부를 신설하면서 B2B 마케팅 총괄업무를 맡게 되었고, B2B 사업의 마케팅 및 영업 프로세스를 기초부터 다시 다져 나갈 때였습니다.

LG 경제연구원에서 박세정 대표를 소개받아 파이프라인 경영관리(PIPE-LINE MANAGEMENT) 이야기를 듣게 되었습니다. 일반 소비자(Consumer)를 대상으로 하는 B2C 사업과 달리, 기업 고객을 대상으로 하는 B2B 사업은 영업 발굴에서 수주까지 리드 타임(Lead Time)이 긴 것이 특징입니다. 그래서 가망고객 발굴(Prospect)에서 구매의사 확인 및 내부검정(Qualification) 그리고 고객사에 제안 및 협상(Proposal)을 거쳐 최종 수주(Award)에 이르는 일련의 영업 단계를 관리하는 것이 매우 중요합니다.

이러한 프로세스 기반의 경영을 '파이프라인 관리'라고 하는데, 저는 이러한 파이프라인 전체를 체계적으로 그리고 과학적으로 관리하는 것이 B2B의 성공에 필수적임을 깨달았습니다. 과거 엘지전자 및 '범한 판토스'라고 하는 B2B 사업에서 경영진으로 일을 하면서 알게 된 B2B 사업의 핵심은 파이프라인 관리와 KAM(Key Account Management) 그리고 협상력과 고객의 아픈 부분을 찾아내어 이에 솔루션을 제공해 줄 수 있는 능력으로 보고 있습니다.

파이프라인의 틀을 박 대표와 구축하며 LG전자 B2B 마케팅의 뿌리를 만들어 갔던 기억은 지금도 저에게는 즐거운 추억으로 남아 있습니다. 이 책은 "파이프라인 경영 혁신"에 관한 책으로, 앞으로 한국 산업의 나아갈 방향이 이제 점차 레드오션화되어 가고 있는 소비자 중심의 B2C 관련 산업에서 새로운 개척지인 B2B 사업영역으로 확대되어야 한다고 믿는 저로서는 관련된 많은 사람들이 이 책을 읽고 도움을 받았으면 합니다. 그래서 더욱 강화된 전문지식으로 많은 B2B 사업의 성공 사례들이 생겨나고 또 대한민국의 경제 발전이 조금이라도 더 성숙한 단계로 도약하는 데 기여하길 기대해 봅니다.

배재훈

現)우송전문대학 부총장, 前)LG전자 부사장

미래 경쟁과 생존을 위한 필수, 파이프라인

독자 여러분이 서문을 읽을지, 읽지 않을지 예측하기란 쉽지 않습니다, 하지만 여러분이 집어든 이 책만큼은 서문을 보았으면 하는 마음이 간절합니다. 흥미나 가십거리 위주의 스토리가 아닌 딱딱한 개념의 책에 대해서는 저자의 저술 의도와 전체 내용에 대한 요약을 읽어 보는 것이 조금 더 관심과 흥미를 유지하는 데 도움이 되지 않을까 하는 생각입니다.

이 책은 2013년에 출간한 『B2B 성공의 지름길, 파이프라인을 구축하라』의 개정판으로, 현대의 B2B 기업의 영업과 마케팅 운영에 있어서 중추적인 역할을 하는 '파이프라인' 방법론에 대한 소개와 그 운영 방법을 소개하는 책입니다. B2B 영업 방식, 영업 운영, 데이터 분석, 마케팅 프로세스와의 연결 등 각 분야에 대한 필자의 경험과 참고할 만한 사례를 담고 있습니다. 또한 인공지능과 머신러닝의 시대에 B2B 마케팅 & 영업이 얼마나 과학적으로 발전하고 있는지를 이 개정판에서 설명하였습니다.

이 책은 2013년에 출간하였는데, 지속적으로 독자의 사랑을 받을 줄은 상상도 못했습니다. 처음 책을 출간할 때만 하더라도 '파이프라인'이라는 용어나 개념이 학문적으로나 비즈니스 현실에서 그렇게 흔하거나 친숙하지 않았습니다. 이 개정판을 내야겠다고 판단한 것은 기존의 내용에 현재 디지털이 바꾸는 놀라운 현실의 시장을 반영하여, B2B 마케팅 & 영업 분야에 종사하는 분들에게 조금이라도 도움을 드리기 위함입니다. 이 관점에서 디지털 혁신, 특히 디지털 마케팅 분야의 내용을 상당 부분 보완하였습니다.

B2B 마케팅과 영업도 인공지능의 혁신을 벗어나지 못하고 있으며, 데이터와 테크놀로지의 영향을 매우 강하게 받고 있습니다. 이러한 현실을 책이라는 한계가 있음에도 불구하고 정리하여 전달하는 것이 옳겠다는 판단을 하였습니다.

우선 독자들은 파이프라인에 대해서 다소 생소할 수 있습니다. 그 이유는 한국 시장에서는 상대적으로 덜 알려져 있거나 피상적으로만 알려져 있기 때문입니다. 파이프라인 관리는 다른 용어로 '퍼널 관리(Funnel Management)'로도 불리는데, 독자 여러분에게 이 용어들이 낯설다면 지금 바로 '구글'에서 이 두 단어들을 검색해 보면 좋을 것 같습니다. 기본 논리는 간단하지만, 얼마나 많은 외국 기업들이 이 파이프라인 관리로 고민하고 있음을 알 수 있습니다.

필자가 처음 이 파이프라인을 접했을 때는, 영업 관리를 하는 소프트웨어 정도의 별것이 아니라는 선입관을 갖고 있었습니다. 그러나 제가 몸담았던 기업의 현장에서 여러 프로젝트를 통해 시행착오를 하고 또 글로벌 기업 담당자들과의 교류를 통해 지식을 넓혀 가면서 필자의 선입관의 벽은 하나둘 무너져 가고 있었습니다.

이것은 소프트웨어도 아니었고, 단순한 영업 관리 지표도 아니었습니다.

성공적인 파이프라인 도입과 운영은 전혀 쉽지 않았고, 또 파이프라인 없이 비즈니스를 운영한다는 것도 상상하기 힘들었기 때문입니다. 파이프라인 관리는 현대와 같이 경기 불황과 치열한 경쟁 환경에서 수요를 창출하고, 판매 승률을 높이며, 미래 예측력을 통해서 안정적으로 성장하는 데 매우 중요한 역할을 합니다.

파이프라인이 왜 필요했을까요? 비즈니스를 조금이라도 해 보았다면, 매출은 이미 끝난 게임이라는 것을 알게 됩니다. 흑자이든 적자이든 이미 월말 결정 난 매출과 이익을 돌이키기 힘듭니다. 이러한 까닭에 누구나 미리 그 과정을 관리하고 싶고 안정적으로 매출을 올리기를 바랍니다. 그래서 늘 장수가 곡식이 저장되어 있는 창고 관리인에게 현재 얼마나 식량이 남아 있는지를 묻듯이, 영업 매니저나 경영자는 현장의 영업 사원들에게 파이프라인에 영업 기회가 얼마나 있는지 묻게 됩니다.

파이프라인이라 함은 파이프라인 모양으로 기업의 영업 과정을 여러 단계로 나눠서 관리하는 방법론을 말합니다. 하지만 이 파이프라인은 영업 프로세스 표준화, 영업 인센티브, 영업 문화, 마케팅의 전략적 투자, 딜의 성공과 실패 분석, 시장 창출, 신제품 개발, 미래 사업 계획, 및 미래의 판매예측까지 연결되어 있어서 한 기업의 경영 전략 툴이며, 조직의 일하는 방식과 문화이고, 또 영업 정보가 흐르는 비즈니스 플랫폼입니다.

글로벌 시장에서는 일찍이 파이프라인을 도입한 사례는 매우 많습니다. 수만 명 이상의 영업 사원, 그리고 수십만의 파트너사와 생태계를 이루고 있는 시스코는 2008년 파이프라인을 전면 손질하였고, 아마존, GE, 존슨 앤 존슨 그리고 휴렛 패커드 등 글로벌 기업들뿐만 아니라, 수많은 중소기업들이 파이프라인 방법론을 기반으로 마케팅과 영업을 운영하고 있습니다.

차기년도 실적 전망치를 내놓을 때 해당 기업의 대표이사가 파이프라인 금액을 직접 인용하며 시장과 교감을 하는 장면은 흔한 장면입니다. 투자자들은 해당 기업의 수주 잔고가 얼마 있고, 새로운 제품이 수요를 제대로 일으키는지, 투자자들이 가장 이해하기 쉬운 데이터가 바로 파이프라인 데이터입니다. 현대 경영은 보이지 않는 파이프라인 간의 전쟁이라고 해도 과언이 아닙니다. 파이프라인 시스템 속에 들어 있는 고객 정보, 영업 전략 정보, 마케팅 정보, 그리고 수주 관리 정보는 기업의 자산과도 다름없습니다.

외국 기업과 국내 기업의 비즈니스 운영 프로세스를 모두 경험한 저자 입장에서 이 파이프라인을 제대로 알리기 위해서 책을 썼지만, 두 가지 한계점도 있었습니다. 먼저, 파이프라인으로 마케팅과 영업을 관리하는 기술이 빠르게 진화해서 이것을 설명하는 데에 한계점이 있었습니다.

두 번째는 외국 기업들은 글로벌 본사에서 파이프라인으로 비즈니스를 운영하기 때문에 상대적으로 이 개념에 대한 상세한 설명이 필요하지 않은 경우가 많습니다. 그러나 국내 기업의 관계자들에게는 다소 어려움이 많았습니다. 사람과의 관계를 통한 비즈니스 문화가 강할수록 이런 파이프라인 방법론이 현실적으로 다가오지 않는 점이 있습니다. 또한, 파이프라인에서 말하는 영업 단계 관리라는 것도 이미 어떤 형태든 기업들이 나름 영업 방식을 갖고 판매 활동을 하고 있어서 새롭게 느껴지지 않는 면이 있습니다.

그리고 파이프라인에 대한 여러 가지 선입관도 이 방법론을 제대로 이해하는 데에 장애 요소로 작용합니다. 가령 "파이프라인은 과연 매출 상승에 직결되는가?", "파이프라인은 영업사원들을 힘들게 하고, 이미 나름 자리를 잡은 영업 문화에 해가 되지 않는가?", "파이프라인 데이터를 누가 믿을 수 있겠는가?" 등의 질문들은 이미 파이프라인 도입 전부터 부정적인 편견을 갖게 합니다. 파이프라인은 기업 내부에서 누군가 강력한 의지와 집념으로 추진해야 하는데, 이러한 선입관들은 더욱 성공적 도입과 적용을 어렵게 합니다.

파이프라인은 도입 과정도 고민을 해야 하지만, 운영을 어떻게 하는가에 따라 훌륭한 경영 관리 시스템으로 자리 잡을 수 있습니다. 소프트웨어만 도입했다고 해서 저절로 돌아가는 제도도 시스템도 아님에도 불구하고, 운영의 노하우를 전달하기가 매우 쉽지 않은 점이 있습니다.

이러한 어려움에도 불구하고, 글로써 할 수 있는 한 최선을 다해서 설명을 하고자 합니다. 파이프라인은 현실 안주를 위한 선택이 아니고 미래 경쟁과 생존을 위한 필수적인 도구입니다. B2B는 특히 컨슈머 시장과는 매우 달라서, 구매 사이클을 추적하고 과학적으로 판매를 하는 것이 훨씬 유리하고, 디지털 디바이스가 이제 영업 마케터들에게 흔해 빠진 이 시점에서는 정보력이 곧 판매력임을 거부하기는 힘듭니다.

파이프라인에 대한 정보를 효율적으로 전달하기 위하여 이 책을 크게 세 파트로 나누었습니다.

제1부에서는 파이프라인이 어떤 것인지, 그리고 어떤 원리로 움직이는지에 대해 설명을 하였습니다. 독자에게 보다 폭넓은 정보를 제공하기 위해서 세 사람의 전문가와의 인터뷰 내용도 삽입하였습니다. 한 사람은 필자의 친구이기도 하며, 코닥과 오라클사에서 파이프라인을 20년 이상 경험한 퍼브스 박사이고, 두 번째는 『퍼널의 원리』라는 책을 쓴 마크 셀러즈입니다.

제2부에서는 파이프라인 프로젝트를 진행할 담당자와 경영자를 위해서 파이프라인의 구축과 적용, 성공적 운영 방법에 대해서 설명을 하였습니다.

제3부에서는 파이프라인이 성공적으로 운영되기 위해서, 모든 관계자들, 특히 경영자, 영업 사원, 영업 팀장, 경영혁신 팀, IT팀 및 마케팅 담당자들이 알아야 할 내용을 설명하였습니다.

그리고 제4부에서는 파이프라인 분석과 정보 품질 관리 및 시스템 구축에 대한 내용을 넣었습니다. 이 책을 쓰기 시작할 때와 4년이 흐름 지금의 시점에서 파이프라인 운영에 관해서 얘기하려면 소프트웨어를 떼어 내고 얘기하기가 힘들게 되었습니다. 마케팅 캠페인에서 보이는 데이터, 영업 사원이 입력하는 데이터, 경영진이 보는 리포트, 이 모든 눈으로 보이는 것들이 소프트웨어를 통해서 가능하기 때문입니다. 더욱 놀라운 것은 데이터를 해석하는 것이 이제는 인간이 아니라 인공지능이라는 사실입니다. CRM, 소셜 미디어, 캠페인 정보 등 다양한 정보를 분석하여, 어떤 고객을 만나고, 어떤 딜에 더 신경 써야 하는지에 대해, 인공지능이 가이드를 주는 시대에 우리는 영업을 하고 있습니다. 우리는 빨리 현실을 받아들이고, 미래를 준비해야 합니다.

책을 쓴다는 것은 누군가 읽었으면 하는 대상이 있기 때문입니다. 저는 이 책에서 글로벌 기업의 사례를 자주 언급하였지만, 파이프라인은 이미 30년도 더 된 매우 보편적 방법론이라 생각합니다. 다만 시대와 시장이 바뀌면서 그 방법론도 조금씩 진화해 왔고, 기업의 산업 및 제품의 특성에 따라서 조금씩 다른 모습을 갖추고 있습니다.

이 책은 다양한 사례에서 나타난 공통분모에 대한 설명이 많으므로 기업의 규모나 사업 유형에 관계없이 기업의 경영자들이 이 책을 읽고 핵심을 파악해 보기를 권장합니다. 그 이유는 파이프라인의 성공은 CEO의 판단과 지원에 의존하기 때문이기도 하지만, CEO가 고민하는 기업의 지속적 성장과 영업&마케팅 관리의 선진화, 그리고 판매 예측력 향상에 있어서, 파이프라인이 매우 중요한 역할을 하기 때문입니다.

당신이 영업 팀장이라면 이 책이 의미하는 바가 클 것으로 생각합니다. 파이프라인에서 강조하는 영업은 과학적이고 전략적 영업입니다. 선배에게 배운 영업의 틀에서 벗어나, 보다 체계적인 영업 방식을 팀원들과 운영해 볼 필요가 있습니다.

영업 사원들도 반드시 파이프라인을 이해해야 합니다. 파이프라인에 대해서 전혀 모른다면, 이 책을 통해서 개념과 실제 사례를 접하기를 바라며, 이미 파이프라인을 도입한 기업에 종사하고 있다면 파이프라인의 속성과 원리를 이해하고 고객 관리 및 미래 매니저로 성장하여 영업 팀과 마케팅 팀을 운영할 때, 이 책이 도움을 되기를 바랍니다. 또 언젠가는 더 높은 자리로 승진해서 영업 팀장, 본부장, CEO가 되려는 당신에게 파이프라인은 고속 엘리베이터가 되어 줄 것입니다.

마케터들에게도 이 책을 권합니다. 국내에는 흔치 않은 마케팅 파이프라인 및 마케팅 퍼널에 대한 내용을 이 개정판에 넣었습니다. 마케팅 활동 자체가 파이프라인이며, 파이프라인으로 관리가 되어야 합니다. 지금까지 당신의 마케팅 부서가 돈을 버는 부서가 아닌 돈을 쓰는 부서로 낙인 찍혀 운신의 폭이 좁았다면 더욱 그러합니다. 마케팅 활동에 들어가는 비용 대비 성과가 정량적으로 도출되어 마케팅 부서의 역할이 검증되었다면 모르겠지만, 마케팅 활동이 수치로 잘 나타나지 않는데다 회사의 매출 상황마저 나쁘다면 그 모든 책임을 뒤집어쓰기 일쑤입니다. 파이프라인을 이해하면 CRM을 제대로 볼 수 있고, 영업의 입장에서 마케팅을 바라 볼 수도 있습니다.

또한 파이프라인 관리는 기업혁신 팀, 상품기획 팀, 재무관리 팀, 인사관리 팀 그리고 SCM 담당자들과도 깊이 관련되어 있어서 이 책은 매우 흥미로운 정보를 제공해 줄 것입니다.

이 책은 저의 기업 현장에서의 경험과 또 세계적 전문가들의 교류를 통해 얻은 지식의 사회적 환원입니다. 제가 얻은 지식과 경험을 나누기 위하여 이 책을 쓰게 되었습니다. 혹 부족함이 발견된다면 그것은 전적으로 저의 책임입니다. 글 내용에 있어서 지적할 점이 있거나 혹은 또 나눌 타깃이 있으면 아래의 이메일로 보내 주십시오.

어떤 일이든 그 일을 하기 위해서 태어나는 경우는 많지 않을 것 같습니다. 오히려 주어진 기회와 계기로 한 분야에 남다른 경험을 하게 되는 것 같습니다. 저의 스토리가 여러분에게 조금이라도 도움이 되길 바랍니다.

2017년 10월

박세정

■ 차례 ■

제1부 파이프라인 방법론이 B2B 영업&마케팅의 미래다

제2부 한눈에 이해하는 세일즈 파이프라인 설계와 구축 방법

파이프라인 관련 용어 설명

파이프라인 경영 혁신을 설명하기 위해서 가급적 쉬운 용어로 설명을 하고자 했으나, 글로벌 시장에서 공통으로 쓰고 있는 용어는 임의로 바꾸지 않았다. 그래서 다수의 영문 용어가 등장하게 되었으며 아래 설명을 참고하기 바란다.

리드 매니지먼트(Lead Management) : '리드'에 대해서는 다른 학자들도 조금씩 주장이 달라서 정확한 정의를 내리기 어렵다. 단순하게 마케팅 활동을 통해 고객이 자사 제품에 대한 문의와 관심을 나타낸 고객에 대한 정보로 이해하면 된다.

리드 컨버전(Lead Conversion) : 마케팅 팀에서 마케팅 활동을 통해서 고객 수요를 창출하고, 이 정보를 영업 팀에 넘겨주는 행위를 말한다.

버티컬 마켓(Lead Conversion) : B2B시장에서 산업군별로 세그먼트를 나눌 때 쓰는 공식 용어로, 예를 들면 제조업, 금융업, 운송 및 공공기관 등으로 나뉜다.

버즈빌리티(VIsibility) : 미래의 판매 예측이 얼마나 멀리 그리고 보다 정확하게 알 수 있는가의 측도로서 경영 관점에서는 매우 중요한 개념이다.

소셜 파이프라인(Social Pipeline) : 점점 소셜 미디어가 발전하면서, 기업들이 소셜 미디어에의 투자를 늘리고 있다. 투자란 곧 마케팅 활동으로 이어지고, 이 활동에서 발생하는 고객의 반응을 파이프라인으로 관리하는 것을 의미한다. 이 프로세스를 자동화해 주는 솔루션도 급성장하고 있다.

수요 체인(Demand Chain) : 기업의 제품과 서비스를 판매하는 분야와 공급하는 분야로 나누면, 공급 체인에서는 공급 관계 관리가 존재한다. 수요 체인은 고객과 접점을 이루는 마케팅, 영업 그리고 서비스가 존재하는 영역이다. 수요 체인에서 마케팅 활동을 수요 창출 마케팅이라 한다.

파이프라인 단계 컨버전(Pipeline Conversion) : 영업 단계에서 그다음 단계로 넘어간 비율을 의미한다. 비율이 낮으면 정체를 의미하며, 높으면 그만큼 수주에 긍정적 신호이다.

파이프라인 미팅(Pipeline Meeting) : 일반적인 실적 영업 회의와는 별개로, 파이프라인 데이터를 바탕으로, 정해진 체크리스트에 따라 영업 회의를 규칙적으로 하는 것을 의미한다.

제 **1** 부

파이프라인 방법론이
B2B 영업&마케팅의 미래다

제1장

파이프라인 혁신이란 무엇인가?

"어떤 기업이 끊임없이 히트 제품을 만들 수 있다면, 이 회사에는 파이프라인 같은 혁신 활동은 필요 없다. 만약 그것이 불가능하다면, 그리고 지속적인 성장을 위한 오퍼레이션 혁신이 필요하다면, 파이프라인을 도입하여 수준급으로 운영해 보라. 만약 고객을 끊임없이 발굴할 수 있고, 매출에 자신이 있으면 이 영업 사원에게 파이프라인은 필요 없다. 그러나 그것이 불가능하다면, 그리고 계속 안정적인 실적을 올려야 한다면 파이프라인 지식이 강력한 무기가 될 것이다."

얼마 전 인터넷 신문기사에서 IBM사의 내년 예상 매출을 전망하는 내용을 읽고 있었다. 그런데 내년 치 전망에 다소 생소한 '파이프라인 금액(Pipeline Amount)'이라는 용어가 언급되어 있었다. IBM의 주주리포트를 검색해서 살펴보니, 여기에도 역시 다음 해 전망 섹션에 파이프라인을 언급하고 있었다. 파이프라인, 이것이 무엇이기에 주주들에게도 파이프라인 금액을 알려 주고 있나?

요즈음 빅데이터가 화두다. 앞으로 10년은 그럴 것 같다. '데이터'하면 글로벌 시장에서는 두 데이터베이스 거두가 싸운다. 미국에 본사를 둔 오라클과 독일에 본사를 둔 SAP다. 오라클은 엑사데이터를, SAP는 SAP HANA라는 솔루션을 홍보하고 있다. 그리고 양 회사의 최고 경영자들은 언론 미팅에서 이 새로운 제품에 대한 자신감을 보이면서 우리는 파이프라인 금액이 10억 불을 넘어서고 있음을 언급했다. 신규 제품을 출시하고 전망하는 데 왜 파이프라인을 언급하는 것일까?

아마존이 한국에 진출하고 있다. 아마존은 누구나 알다시피 세계 최대 온라인 쇼핑몰인데, 최근 웹 서비스라는 비즈니스 모델을 만들어 전 세계로 그 비즈니스 영역을 확장하고 있다. 아마존 웹 서비스에 일하는 매니저들에게는 하나의 직무 스킬이 필요하다. 바로 파이프라인 보고이다. 전 세계의 아마존 지사에서는 파이프라인 정보를 본사로 보고해야 한다. CEO 제프 비조스는 파이프라인으로 도대체 무엇을 보고 싶어 하는 것일까? 유통 파트너만 뚫고, 매출 관리만 하면 되지, 왜 파이프라인을 한다는 것인가?

그리고 보니, GE, IBM, 존슨 & 존슨, 시스코 그리고 애플의 영업 매니저들의 업무에도 빠짐없이 파이프라인 보고가 있다. 파이프라인이 그들의 영업을 움직이고 있는 것이다. 글로벌 포춘 500대 기업의 다수가 파이프라인을 운영하고 있다. 그러나 이렇게 거대한 기업들에게만 파이프라인이 적용되고 있는 것은 아니라, 소규모의 '스타트-업' 회사의 CEO도, 소셜 마케팅 회사도 파이프라인을 만들어 놓고 비즈니스를 시작하는 사례가 많다. 파이프라인, 이게 대체 무엇인가?

우리가 아는 파이프라인

파이프라인? 이 용어를 직장에서 처음 들어 보았다면, 혹은 도대체 파이프라인이 비즈니스와 전혀 연상이 되지 않는다면 분명 비닐하우스를 지탱하는 얇고 길쭉한 플라스틱 관을 떠올릴 수 있을 것 같다. 혹은 학교 시절에 화학 수업에서나 보았던 입구가 크고 밑으로 갈수록 좁아지는 깔때기를 생각할 수도 있다. 필자도 처음 이 단어를 들었을 때 그러했다.

그러고 보니 파이프라인이 완전히 새로운 것은 아니다. 우리가 접하는 파이프라인이란 용어는 제품이 만들어지는 과정에서도 볼 수 있다. 예를 들면 어떤 제품을 기획하고 사전 시장 조사를 한 후 제품 모형을 만들어 테스트한다. 그리고 단계별 테스트가 통과되면 양산 단계에 넘어가고 마케팅 팀에서는 홍보를 위한 마케팅 전략도 짜는 등, 일련의 단계별 프로세스를 거친다. 이렇게 관리를 하는 방식도 '파이프라인 관리'라고 한다.

M&A을 하는 기업에서도 파이프라인 용어를 쓴다. 여러 대상 기업 중에 하나씩 대상을 추려 가면서 목표 기업을 찾아내기 때문이다. 인사 조직에서는 '리더십 파이프라인'이라는 말도 쓰고, 심지어 남녀 간에 짝을 찾아가는 것도 첫눈에 반해서 결혼을 하지 않는 이상, 여러 명을 만나고 결국 한 명과 결혼하는 형식으로 진행된다면 그 흐름도 파이프라인이 아닌가?

그렇다. 이렇게 광범위하게 쓰이는 파이프라인이란 의미가 기업의 마케팅과 영업으로 확장되어 하나의 비즈니스 관리 방법으로 자리를 잡은 것이 이 책에서 말하는 파이프라인이다.

파이프라인 관리란?

파이프라인 관리란 기업이 다양한 고객 접점을 통해 획득한 모든 영업 기회를 사전에 정의한 영업 단계에 따라 체계적이고 전략적으로 관리하여 매출 성공률을 더 높이는 것을 의미한다. 이렇게 하기 위해서 파이프라인 관리 체제를 도입하는 기업은 고객의 구매 프로세스에 따라 자사의 영업 팀이 움직이도록 내부 판매 프로세스를 만들고, 파이프라인을 기반으로 영업 회의를 진행하며, 파이프라인의 결과에 따라 영업 보상도 결정한다. 또 파이프라인 정보를 바탕으로 판매 예측을 한다. 입수한 영업 기회를 파이프라인을 통하여 운영하면 아래 [그림 1]처럼 파이프라인 모양이 된다.

파이프라인은 파이프라인을 운영하게 해 주는 소프트웨어만 도입해서 되는 것도 아니다. 파이프라인을 도입한다는 것은 고객 프로세스 설계에서 시

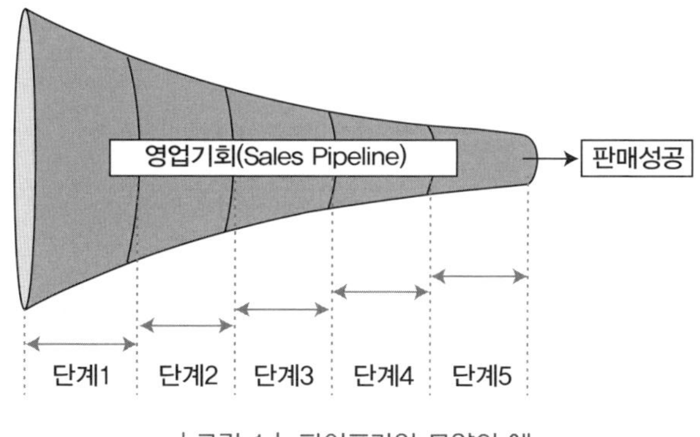

| 그림 1 | 파이프라인 모양의 예

작하여, 이 프로세스를 실제 영업에 적용하고, 파이프라인 정보를 바탕으로 영업 사원을 코칭하며, 파이프라인을 통한 매출을 늘리게 된다. 이러한 과정은 영업 관리방식에 혁신을 가하고, 영업 생산성을 높이는 일련의 비즈니스 프로세스 혁신이다. 또한 영업 생산성을 높이는 경영 혁신이다.

그래서 통상 파이프라인 혁신이라 하면 영업 관리, 프로세스, 조직 및 시스템 등 여러 분야에 걸쳐서 동시에 변화가 온다. 파이프라인은 기업의 마케팅과 영업 오퍼레이션의 핵심으로 작용하기 때문에 그 내부 사례나 내용이 외부에 잘 알려지지도 않는다. 자신의 내부 운영 혁신 사례를 외부에 공개할 이유가 없기 때문이다.

파이프라인 관리를 수주나 주문 관리하는 정도로 생각하거나 CRM의 한 분야로만 생각하는 사람도 있을 수 있겠으나, 파이프라인은 그렇게 간단하지 않다. 실제 파이프라인을 운영 해 보면 기업의 영업과 마케팅 방식에 큰 영향을 주는 것을 쉽게 알 수가 있다. 파이프라인은 마케터의 고객 대응 전략과 영업 팀의 영업 활동 방식에 있어서 근원적인 변화를 요구한다. 파이프라인은 기업의 판매 예측까지 물려서 돌아가기 때문에 첫 단추부터 운영까지 정확히 돌아가지 않으면 원하는 결과를 낼 수도 없다.

파이프라인만큼이나 널리 쓰이는 유사한 용어가 있는데, 파이프라인은 ‘퍼널 관리(Funnel Management)’라고도 불린다. ‘퍼널’도 입구가 크고 밑이 작은 관을 의미한다. 어원적으로 볼 때는 오히려 파이프라인보다 더 이 책의 의미에 근접한다고 볼 수 있다. 그러나 퍼널보다는 조금 더 파이프라인이 대중화된 용어라고 판단하여 파이프라인이라는 이름으로 통일하였다.

파이프라인 관리든 퍼널 관리든 이 용어들이 매우 보편화되어 있다. 위 단어를 영어로 구글에서 검색해 보면 며칠을 읽어도 다 읽지 못할 만큼 많은 관련 정보들이 쏟아져 나온다. 이러한 이유는 이미 파이프라인 관리가 보편화된 이유도 있고, 또 그만큼 기업이 파이프라인에 대한 정보가 많이 필요하기 때문이기도 하다.

왜 파이프라인을 필요로 하게 되었을까?

파이프라인. 왜 이런 것이 만들어진 것일까? 왜 포춘 500의 많은 기업들이 파이프라인을 운영하고 있을까? 또한 파이프라인은 대기업에만 적용하는 것이 아니라 기업의 크기와도 별 관계없이 이름도 모르는 많은 회사들이 파이프라인을 운영하고 있다는 것을 알 수 있다.

왜 수많은 기업들이 파이프라인을 필요로 했을까? 제프 비조스(아마존)와 존 챔버스(시스코)는 파이프라인을 자신들의 회사에 적용하여 무슨 효과를 기대한 것일까? 거대한 마케팅과 영업 조직을 거느리는 그들과는 다르겠지만, 이 이유는 필자의 회사 생활에서 경험한 것과도 크게 다르지 않다.

처음 사회생활을 할 때 잠깐 다닌 회사는 벤처기업이었는데, 무선 랜 카드를 만들어서 수출을 하는 회사였다. 당시는 지금처럼 스마트폰이나 와이파이는 상상도 할 수 없었고, 미국 시장에서도 무선 랜 카드가 보급이 안 되어 있어서, 시장을 키우면서 판매를 해야 하는 상황이었다. 이 "A"회사는 해외 시장을 뚫기 위해 해외 영업 경력이 있는 주재원들을 채용하여 해외로 내보내서 제품을 팔게 했다.

이들은 곧 중국과 미국으로 떠났다. 주로 본사와 이 영업 팀 간의 커뮤니케이션은 전화와 이메일로 이루어졌는데, 우리가 본사에서 알 수 있었던 것은 일주일에 한 번씩 보내오는 간략한 보고서였다. 우리는 그들이 어디에서 어떤 일을 하는지, 어떤 고객들을 만나고 있는지, 어떤 건들이 진행 중인지 상세히 알 방법이 없었다. 본사에서는 그저 요구하는 제품 소개 자료를 제때 공급하고, 제품 공급 관리를 할 뿐이었다.

이 방식은 너무나 문제가 많았다. 굳이 해외 영업팀뿐 아니라 국내 영업팀도 상황은 똑같았다. 영업은 매출이고 숫자이니 수주만 많이 하고 매출 결과만 보여 주면 된다는 사고를 많이 한다. 그러나 경영자 입장에서는 이러한 사고는 영업 예측을 어렵게 하고 월말 매출 실적만 기다리게 함으로써 미래를 매우 불안하게 한다. 시장을 알고 고객을 이해하며 체계적으로 접근하는, 지속 가능한 전략적 영업과는 거리가 한참 멀다.

도대체 그들은 어느 시장을 타깃으로, 어떻게, 어떤 방식으로, 얼마의 영업 기회를 만들어 내고 있는지 도무지 알 길이 없었다. 가끔씩 주는 정보를 바탕으로, 그들이 어떻게 영업을 하고 있을까를 상상하기도 했다. 시장 조사를 해서 도와주려고 해도, 필드의 영업 활동을 모르니, 시장 조사와 어떻게 연결해야 할지를 몰랐다. 그 와중에 미국에 파견한 다른 한 명은 타 회사로 몰래 이직을 했다.

보통 기업이 우수한 영업 실적이 있었던 영업 사원을 데려와서 우리는 당신만 믿는다는 말을 할 수도 있다. 그러나 영업 활동이 눈에 보이지 않고, 정보로 쌓이지도 않으니, 이것은 그저 개인의 역량과 운에 맡기는 것과 같다. 영업이 엉망으로 관리되고 있는 이 상황에서 기업 대표는 매일 매출에 대한 푸시로 일관 하고 있었다. 매출이 예상만큼 올라가지 않으면 또 다른 영업 사원을 다른 회사에서 데려오고는, '이 사람은 뭔가 큰 실적을 올리겠지' 하는 큰 기대를 했다. 현지에서는 공급 요청을 계속하고, 공장에서는 상황도 모르고 무선 랜 카드를 찍어 내고, 재고는 쌓여만 갔다.

결국 회사는 망했다. 우리는 시장도 알지 못했고, 고객도 몰랐고, 영업 관리하는 방법도 몰랐던 것이다. 더 냉정하게 말하면, 알 수 있는 프로세스가 전혀 만들어져 있질 않았다. 지속 가능한 성장, 지속 가능한 매출은 영업 본부장이 믿고 있는 몇몇의 스타 영업 사원들이 만들어 내는 것이 아님을, 일하는 문화와 일하는 프로세스가 그것을 가능하게 한다는 것을 몰랐던 것이다. 영업을 보는 관점, 즉 매출의 결과만 바라보는 것은 매우 위험하다는 것을 절감했다. 수요 창출을 위한 활동과 그 과정을 관리하지 못한다는 것은 마치 눈을 감고 매출이 오르기를 기도하는 것과 같다. 시장 수요를 정확히 예측하지 못하고 생산한다는 것이 얼마나 위험한가도 마찬가지이다.

두 번째 유사한 사례는 소프트웨어와 하드웨어 등의 IT 프로젝트 기반으로 매출을 올리는 회사였다. 팀장 밑에는 여러 프로젝트가 동시에 진행되고 있었고, 또 누군가는 새로운 프로젝트를 발굴해야 했다. 팀장은 늘 월말이 되면, 보고서를 준비하느라 정신이 없었다. 이 보고서는 예상 판매액을 계산해서 상부로 보고하는 일이었다. 세상의 모든 영업 팀에게 공포의 대상인 월 마감이다.

이달의 실적 그리고 향후 전망 등, 팀장은 이것을 계산하기 위해서 현재 진행 중인 프로젝트 중에서 고객이 입금하기로 한 건들, 또 입금될 건들의 금액과 시점, 그리고 신규로 진행 중인 딜들이 성공할 경우 곧 매출로 이어지는 것을 엑셀에 올려놓고 머리 를 싸맨다. 이 작업을 하면서, 부하들이 진행 중인 프로젝트에 대한 현황을 잘못 분석하면 잘못된 보고서가 만들어진다. 이것은 고객과 프로젝트를 직접 담당하는 팀원들도 마찬가지이다. 자신의 프로젝트에 대해서 제일 많이 알고 있어야 하고, 또 정확하게 팀장에게 전달해 주어야 한다. 회사에서는 이런 많은 영업 기회와 성공적인 판매로 매출이 발생한다.

그러나 팀은 늘 매출이 불안했다. 매출은 들쭉날쭉했고, 예측도 어려웠다. B2B는 판매 예측이 쉽다고 판단하기 쉬우나 관리 방법론이 없으면 예측은 매우 어렵다. 늘 어두운 사무실에서 팀장은 하소연과 끊임없는 질타를 한다. 그러나 반복적인 다그침은 팀을 패배의식의 문화로 몰아넣게 된다. 매출을 예측하고 지속적인 성장을 하기 위해서는 방법론이 필요한 것이다.

두 회사의 사례는 파이프라인의 본질을 잘 설명해 준다. 파이프라인이란 쉽게 말하면 일이 예상한대로 돌아가는지 그 과정을 주기적으로 확인하는 것, 그리고 무엇을 해야 하는지 제때 파악하는 것, 그리고 돌아가는 상황을 보면서 미래를 예측하고 준비하는 것이다. 이 전체의 플로(Flow)를 매우 과학적으로 만들어 놓은 것이 파이프라인이다.

예를 들어 국내에 진출한 글로벌 기업들이 파이프라인을 많이 하고 있으니, 아마존의 얘기로 다시 돌아가 보자. 새로운 클라우드 상품인 웹 서비스로 한국 시장에 진출해야 한다. 세상의 그 어떤 회사도 영업과 마케팅 활동을 하지 않고도 주문이 쏟아지는 경우는 많지 않다. 고객을 발굴해야 하고, 고객의 수요를 확인해야 한다. 아마존의 담당자는 영업 활동을 통해서 영업 기회를 만들어 가고, 입수한 영업 기회의 현황을 분석해서 시장에 대한 예측, 판매량 예측, 그리고 향후 판매 전략을 짤 것이다.

모든 조직은 판매 목표금액을 갖고 있고, 아마존 매니저는 이 판매 목표액을 달성하기 위해 몇 배에 달하는 영업 기회를 발굴해야 할 것이다. 그것도 계속 발굴해야 한다. 그리고 한 지역의 지사부터 모든 글로벌 지사의 영업 기회 정보들이 파이프라인 속으로 입수되면, 아마존 본사에 있는 CEO 제프 비조스는 글로벌 현황을 한눈에 파악할 수가 있게 된다. 이렇게 모아진 정보를 보면 전 세계의 영업 기회의 진행 현황을 볼 수 있고, 시장의 반응,

지역별 차이 그리고 기업의 판매 전략을 짤 수가 있다.

많은 파이프라인을 도입한 기업들은 모두 비슷한 상황과 고민으로 파이프라인을 필요로 했다. 즉, 기업의 마케팅과 영업의 현장에서 그 이유를 찾을 수 있다.

어떻게 하면 경쟁사보다 먼저 영업 기회를 포착할 수 있을까?

고객을 기다리는 시대는 이미 지났다. 고객을 먼저 발굴해야 한다. 제품의 오더가 들어올 때까지 기다리지 말고, 미리 사전 영업을 통해 기회를 포착해야 한다. 기다리면 경쟁자가 먼저 알게 되어 고객과 관계를 형성하며, 만약 우리가 알게 되었을 때, 우리가 제시할 수 있는 것은 가격밖엔 없다. 이미 이때는 늦은 것이다.

영업의 모든 진행 과정이 한눈에 들어오게는 할 수 없을까?

영업 사원인 '나'는 내가 포착한 영업 기회를 한눈에 볼 수 없을까? 혹은 대표이사인 '나'는 우리 회사에서 진행 중인 모든 판매 기회를 한눈에 알 수는 없을까? 이렇게 하면 고객이 어떤 상황인지 정확히 알고 영업 사원이, 마케팅 팀이 그리고 영업 팀장이 효과적으로 대응할 수 있기 때문에 무엇이 더 중요한 건인지를 파악하고, 그래서 무엇을 먼저 해야 하는지 알게 되어, 보다 슬기롭게 대응할 수 있지 않을까? 또 이렇게 하면 부지불식간에 잃어버리는 영업 기회도 줄지 않을까? 우리는 우리가 모른다는 자체를 모른다는 말도 있지 않은가? 또 남들이 무엇을 하는지도 모르니, 간혹 동일 고객을 두고 사내에서 경쟁을 하기도 하는데 이런 바보 같은 일을 없앨 수 있지 않을까?

영업 계획과 실행을 더 효율적으로 할 수는 없을까?

영업 사원들에게 목표를 주고, 계획을 세워서 영업을 하는 체제를 갖출 수는 없을까? 뭔가 영업을 하는 데 있어서, 스스로 로드맵(Roadmap)을 갖고 일하는 것과 그렇지 않은 것은 분명 차이가 크지 않은가?

영업 프로세스를 표준화할 수는 없을까?

영업 사원마다 일하는 방식이 모두 다르다. 원래 있던 영업 사원은 자신이 회사에서 스스로 익힌 프로세스를 고집하고, 새로 영입한 '우수한' 영업 사원은 자신이 이전의 회사에서 배운 방식대로 한다. 영업을 보고하는 내용에도 일관성이 없다. 제대로 된 프로세스가 없다 보니 신규 영업 인력도 무엇을 어떻게 해야 할지를 모른다.

일을 했으면 원인과 결과를 알아야 하지 않은가?

뭔가 일을 했으면 왜 성공했는지, 왜 실패했는지 그 과정과 결과의 연관 관계를 알아야 실수를 줄이고, 영업을 더 전략적으로 하지 않겠는가? 이러한 방법을 위한 솔루션이 없는 것일까?

더 투명한 영업 관리, 더 합리적인 보상책은 없을까?

누가 무엇을 하고, 얼마나 열심히 했는지에 대한 투명한 정보 관리 체제가 필요하다. 이렇게 하면 서로 같은 정보를 보고 협력해서 성공률을 더 높일 수 있다. 또한 열심히 일한 만큼 합리적인 평가를 받는 프로세스가 없을까? 분명 열심히 한 것을 인정해 주는 프로세스가 필요하다.

이 책의 개정판 전까지는 이 합리적 보상책을 국내 기업에서 경험하지 못했다. 그러나 필자가 외국계 기업을 경험하면서, 영업 사원의 매출 목표와 달성 혹은 미달성 결과가 보너스와 얼마나 직결되어 있는지 알게 되었다.

복잡한 영업구조 및 솔루션 영업, 더 나은 관리 방법이 없을까?

회사의 제품과 서비스의 판매 구조가 점점 복잡해져 간다. 판매 방식은 영업 팀을 통한 직판도 있고, 거래선을 통한 판매도 있다. 제품의 단품 판매뿐만 아니라 서비스 혹은 제품에 딸린 부품 판매도 있다. 구매자의 구매 조직도 복잡하다. 이러한 구조를 더 효율적으로 관리할 수 있는 방안은 없는 것인가?

미래를 예측하고 미리 선행 관리를 할 수는 없을까?

향후 3개월 뒤는 판매가 어떻게 된다는 것인가? 현재의 현황을 볼 때, 계속 같은 영업 전략을 가져가면 되는 것인가? 혹은 수요를 일으키기 위해서 뭔가 마케팅적인 조치를 취해야 하는 것인가? 이것을 도와주는 관리 방법이 없을까?

파이프라인을 도입한 회사의 고민을 추적해 보면, 대부분 이러한 니즈에서 처음 시작을 했다. 파이프라인 관리 방법이 진화되어 온 이유도 바로 이러한 비즈니스 현장에서의 고민 때문이었다. 이러한 고민을 기업의 대표 그리고 실무자의 관점에서 보면 더욱 실감할 수 있다.

CEO의 고민

CEO만큼 미래에 대해서 알고 싶고, 걱정하고, 미리 준비하고 싶은 사람이 있겠는가? 특히 많은 영업력을 관리하면서도 들쭉날쭉 매출의 미래가 보이질 않는다면 어떻겠는가? 영업 사원이 200명인데도, 판매 실적이 시원찮다 보니, 영업 팀이 어디서 무엇을 하고 있는지도 궁금하다. 어떤 영업 기회들이 진행 중인지, 무엇이 중요한 것인지, CEO가 해야 할 일은 무엇인지 알 수가 없다. 뭔가 돌아가는 것이 한눈에 보이질 않는다. 매출을 늘리기 위해서는 영업 팀을 더 키워 달라고 하는데, 무슨 근거로 늘리고 줄이는 것을 판단해야 할 것인가? 이직하는 영업 사원들은 왜 이렇게 증가하는 것인가?

지난 마케팅 행사에서 그렇게 반응이 좋았는데, 왜 매출은 오르지를 않는가? 마케터들은 거짓말을 하고 있나? 분명히 그 행사에는 나도 참석했고, 반응이 좋았던 걸로 기억하는데, 왜 결과가 좋지 못한가? 이것은 담당자들이 후속 조치를 못한 것이 아닌가? 뭔가 사내 영업 프로세스에 문제가 있는 것은 아닌가?

지난 분기부터 계속 수주 성공률이 떨어지고 있다. 영업 사원들과 면담을 해 보면 가격 경쟁에서 졌다고 한다. 패배한 첫 번째 이유가 가격 때문이라니, 도저히 이해가 안 된다. 과연 이들의 주장은 정말 사실인가? 우리 회사의 평균 수주 성공률이 30%라고 하는데, 이것이 높은 것인가 아니면 낮은 것인가? 무슨 기준으로 그렇다는 것인가?

영업 팀장의 고민

경기 전망이 어둡다고 한다. 다음 달 판매 실적이 목표 미달될 것 같다. 영업 본부장이 원인과 대응책을 보고하라고 한다. 무슨 근거로 어떻게 준비해야 하는가? 막연히 다음 달에는 수요가 많을 거라고 하면, 그건 지난달에도 그렇게 말하지 않았냐고 할 것이다. 더 신임을 주는 뾰쪽한 수는 없는

가? 그것을 떠나서 내 스스로 확신을 갖고 예상을 해 가면서 영업 조직을 운영할 방법이 없을까?

글로벌 영업 총괄의 고민

우리는 해외에 많은 지사를 두고 있다. 비즈니스는 24시간 돌아간다. 나름 똑똑하다고 하는 사람을 각 국가마다 뽑았다. 경쟁사에서도 데려왔다. 그런데 모두들 자기들 주장과 변명에만 몰두한다. 자기 국가는 영업 프로세스가 다르다고 한다. 정말 그러한가? 정말 인간세계에서 판매 행위가 국가마다 다를 수 있는가? 그렇다고 실적이 좋지도 않다. 어디서 누가 무엇을 하는지 보이지도 않는다. 연봉은 경쟁사보다 더 주었는데, 다음 달 또 퇴사를 한다고 한다. 일의 연속성도 없다. 어떻게 하면 동일한 프로세스와 동일한 플랫폼으로 이들을 관리해서 '보이는 비즈니스'가 될 수 있게 할 수 있을까?

마케터의 딜레마

우리는 늘 영업 팀의 타깃이다. 수익 센터(Profit Center)가 아니라 코스트 센터(Cost Center)의 대표라 불린다. 브랜드 가치를 높였다고 칭찬받으나, 그것도 한순간이다. 지난 로드쇼(Roadshow)에서, 그렇게 많은 거래선에서 방문하여 우리는 정보를 정리해서 영업 팀에 넘겨주었는데, 영업 팀은 도대체 무엇을 한 것인가? 우리가 제대로 평가받을 수 있는 방법이 없을까?

이렇게 비즈니스 현장의 매니저들의 애환을 잠깐 살펴보았지만, 이것은 하나의 예에 불과하다. 실제 비즈니스 현장은 말도 안 되는 더 많은 이슈와 문제들로 산적해 있다. 기업들이 파이프라인을 도입한 이유를 보면 이러한

기업 현장의 이슈를 해결하기 위해서 택한 결과물이라는 것을 쉽게 알 수
가 있다.

파이프라인 혁신이 기업에 가져올 변화는 어떤 것일까?

이렇게 설명하고 보니, 파이프라인이 모든 비즈니스 이슈의 해결책처럼
느껴지는 것 같다. 이것은 과한 해석이다. 파이프라인은 판매 행위를 더 안
정적이고 과학적으로 할 수는 없을까 고민해서 누군가 만들고 진화해 온 방
법론이다. 그리고 필자가 본 다양한 산업에서의 기업들은 파이프라인의 운
영 방식과 포커스가 조금씩 달랐다. 그리고 운영 방식의 수준도 달랐다. 하
지만 파이프라인 방식을 도입한 공통적인 목적과 운영함으로써 나타나는 현
상은 아래와 같이 정리해 볼 수 있다.

첫째, 가장 먼저 그 변화를 꼽으라면 영업 프로세스의 표준화라고 할 수
있다. 파이프라인은 영업하는 프로세스다. 파이프라인은 조직원들이 기업
이 정해 놓은 업무 프로세스대로 일을 하도록 요구한다. 영업은 개인의 역
량에 의존하는 경우가 많은데, 프로세스 기반으로 전체 영업을 운영하면 영
업 기회의 현황과 이슈가 쉽게 눈에 들어온다. 이것은 영업 사원들에게 정
확한 영업 정보를 입력해야만 가능하기 때문에, 파이프라인 관리 담당자들
과 늘 영업 사원들과 전쟁을 벌이게 되는 시작점이 된다. 파이프라인을 좋
아하는 영업 사원은 없다. 하지만 서서히 업무하는 것이 틀이 잡혀 가게 된
다. 이것은 파이프라인 단계마다 코칭이나 미팅을 통해서 가능해지는데, 이
후의 장에서 다시 설명하였다.

영업 기회들이 쌓여 가면서 우리는 부지불식간에 정보를 잃어버리거나 고

객의 구매 타이밍에 맞추지 못해서 잃어버리는 영업 기회도 많은데, 이렇게 누락되는 영업 기회를 줄임으로써, 보이지 않는 매출 손실을 줄이는 역할을 한다.

둘째, 이러한 프로세스 기반의 변화는 영업 팀을 계획하고 실행하고 평가해 보는 순환적인 업무 체제로 바꿔 준다. 파이프라인을 도입하면 영업 사원들에게 실제 매출 목표가 아닌 파이프라인 목표를 매니저와 상의하여 입력하게 된다. 즉, 매출을 1억 하려면 최소한 4-5배의 영업 기회는 갖고 있어야 이 중에서 성공하는 딜이 매출로 이어진다. 과거에 파이프라인이 없었을 때는 1억 매출을 달성하는가 혹은 못하는가에 포커스가 맞춰져 있었다면, 파이프라인 체제는 그 전에 진행 현황을 볼 때 결과가 어떨지에 대해서 예측하게 하고, 미리 다른 매출 달성 옵션을 생각하게 한다.

그러다 보니, 파이프라인을 도입하게 되면 영업 사원들이 보다 더 계획성 있게 영업 활동을 하도록 요구한다. 이러한 체제가 안정화되면, 판매 목표를 맞추려고 막판에 가격을 낮추는 것을 줄임으로써 수익성 관리에도 긍정적인 영향을 줄 수 있다.

셋째, 파이프라인 관리는 기업을 시장과 고객의 변화에 민첩하게 움직이도록 한다. 정확하게 말하면 직원들을 더 민첩하게 만든다. 파이프라인(이 가져오는 변화는)은 영업 팀원들이 더 예민하게 고객의 상황과 니즈를 파악하게 하고 데이터와 팩트 기반으로 고객과 영업을 하게 하는 변화를 가져온다. 주기적인 파이프라인 미팅을 통해 영업 팀장이 확인하기 때문이기도 하다. 영업 팀장의 전략적 코칭을 통해 고객에게 체계적으로 대응하게 함으로써, 영업 팀의 전략적 영업 관리 역량을 높인다. 또 고객의 구매 사이클을 관리함으로써, 고객과의 관계를 지속적으로 유지시키고 반복적 구매를 할 수 있도록 도와주는 역할을 한다.

이러한 파이프라인의 프로세스와 코칭은 한정된 자원과 시간 속에 조직이 어디에 더 집중해야 하는지를 판단하게 함으로써 전반적으로 조직이 더 중심이 잡혀 있도록 한다. 영업 활동의 우선순위가 무엇인지, 또 무슨 액션을 취해야 할지 판단하게 하는 프로세스로 영업 생산성을 높이게 된다.

넷째, 기업의 미래 예측 능력을 높여 준다. 판매 예측 기반으로 일을 하도록 조직을 바꾼다. 현재 100개의 영업 기회가 진행 중이라면, 몇 개가 초기 발굴 단계인지, 몇 개가 제안 작업 중인지 바로 알 수 있다. 판매 가능성을 분석하였을 때, 이번 달 매출은 어느 정도 가능할 것 같은지, 다음 달 매출은 어떤지 알 수 있다. 이것을 국가별·팀별로 나눠서 보면, 예측은 조직별로 가능하다. 어느 팀의 영업 기회가 더 많은지, 또 시장의 반응은 어떠한지, 어느 정도 매출이 가능할 것 같은지를 예측할 수 있다. 또한, 예측할 수 있어야 파이프라인이다.

다섯째, 파이프라인은 기업을 보다 실시간 경영 체제로 전환시킨다. 영업사원이 정보를 업데이트하는 순간이 곧 공유다. 또 고객의 요구 사항, 경쟁현황 및 수주 성공률을 관리하기 때문에, 영업 사원이, 혹은 영업 팀장, 경영자들이 실시간 경영을 할 수 있다. 글로벌로 비즈니스를 한다면 24시간 돌아간다. 잠을 자는 그 순간에도 누군가가 정보를 올리고 업데이트를 한다. 그리고 월간 점검을 주간 점검으로 바꾸면, 주간마다 파이프라인 현황을 체크하게 되고, 매일·매초 체크할 수도 있다.

마지막으로 영업 생산성을 높이는 데 파이프라인이 기여한다. 영업 세상에 존재하는 한 영업 생산성을 높이려는 갈망은 사라지지 않는다. 파이프라인의 본질은 영업 조직이 얼마나 생산적인가에 대한 질문을 계속 던지는 구조로 만들어져 있다. 왜 사전에 고객의 영업 기회를 파악해야 하는지, 왜 고객과의 관계 관리를 해야 하는지, 진행 중인 영업 기회가 수익성이 어떻게 되는지, 그리고 미래에 해당 고객으로부터 또 발생할 수 있는 잠재적 수요는 어떠한지, 파이프라인을 운영하며 지속적으로 확인한다. 그리고 영업 사원별로, 팀별로, 지역별로 영업의 시작과 끝의 사이클을 계속 분석하며 생산성에 대해서 분석을 하게 함으로써 영업의 효율성을 높인다.

여기까지 순차적으로 파이프라인의 장점을 적어 보았다. 그런데 과연 이러한 이점들이 정말 파이프라인을 도입하면 가능한 것일까? 여기에 대한 답은 "그리 쉽게 오지는 않을 것 같습니다."라고 해야 할 것 같다.

파이프라인은 이론적으로는 그러하나, 실전에서는 이론처럼 쉽지는 않다. 왜 그러할까? 어떻게 보면 파이프라인의 목표를 어떻게 설정하느냐에 따라 큰 차이가 있다. 즉, 특정한 목적만 설정한다면 더 쉽겠지만 위에서 언급한 파이프라인의 가치를 모두 만들어 내려면 조직 전체의 '단단한' 혁신과 변화가 필요하다. 최소한 아래 네 가지 핵심 분야에서 변화가 따라 주어야 한다.

1. 리더십 : 처음 필자가 시스코사의 파이프라인은 넘버 '투' COO에서 컨트롤한다고 들었을 때, 파이프라인을 직접 운영해 보면서 이것은 매우 당연하다는 것을 알게 되었다. CEO 및 최고 의사 결정자 및 영업 본부장이 관심이 없는 파이프라인 제도 도입은 절대 해서는 안 된다. 아무것도 건질 수 없을 것이다.
2. 문화 : 파이프라인은 기업이 이를 실행하는 과정에서 해당 기업의 영업 문화에 따라 그 결과가 크게 차이가 난다. 형식적인 적용은 오히려 기존 영업 방식을 더 위험하게 만들 수 있다.

3. 프로세스 : 파이프라인은 어떻게 운영 프로세스를 설계하느냐에 따라서 매
   출을 더 올릴 수도 있고, 오히려 영업시간을 낭비하게 할 수도 있다. 프로
   세스가 고객 구매 단계를 잘 반영하고 기업의 비즈니스 본질에 맞도록 설
   계되어야 한다.
4. 소프트웨어 : 파이프라인은 프로세스 운영과 정보 분석을 위해 IT 시스템
   구축, 즉 운영 소프트웨어가 필요하다.

어떻게 하면 파이프라인 관리 체제를 도입하여 기업 오퍼레이션 혁신으로
성공시킬 수 있을까? 다음에 이어지는 각각의 장부터 하나하나의 성공 요
소를 탐색해 보자.

파이프라인의 태동
그리고 오늘날의 파이프라인

이 책을 내면서, 파이프라인에 대해서 누가 더 실감나게 전달할 수 있을까 고민 끝에 두 전문가와 연락을 하게 되었다. 첫 번째 인터뷰 대상은 지난 30여 년간 글로벌 IT 기업에 근무하면서 파이프라인의 태동과 진화를 겪어 본 퍼브스 박사를 인터뷰하게 되었다. 두 번째 인터뷰 대상은 『고객 구매 사이클 중심의 퍼널 원리』라는 파이프라인 관련 책을 쓴 마크 셀러즈이다. 마크 셀러즈와의 인터뷰는 3장 '고객 중심의 프로세스를 준비하다'에 실었다. 먼저 퍼브스 박사는 영업 현장에서 파이프라인의 여러 측면을 모두 경험하여 쉽게 파이프라인에 대한 내용을 전달해 줄 수 있었다. 필자가 보낸 메일에 이렇게 답이 왔다.

"1980년대부터 직장 생활을 했는데, 같이 일을 했던 동료 영업맨들의 얼굴을 아직도 잊을 수가 없습니다. 어떤 누군가가 그들에게 누구를 만나서 무엇을 어떻게 팔 것인지를 적어 내라는 것을 요구한다는 것을 믿을 수가 없었으니까요."

퍼브스 박사는, 코닥, 오라클 그리고 썬마이크로 시스템즈(오라클에 합병됨) 등 글로벌 제조업과 IT 솔루션 기업의 영업과 마케팅 부서에서 근무했다. 사원에서 영업 임원으로 퇴직하기까지 30년 이상 글로벌 시장에서 근무를 했고 리버풀 대학에서 박사 학위를 받았다. 현재는 영국에서 기업 경영 컨설팅을 하고 있다. 지난 역사 속에서 등장한 여러 경영 혁신, 영업 관리 혁신 제도와 파이프라인을 몸소 경험했기 때문에 파이프라인의 태동과 진화를 이해하는 데에 좋은 정보를 제공해 주었다.

Q 제가 알기로는 30년 이상 글로벌 기업에서 마케팅, 필드 영업뿐만 아니라 영
업 관리를 담당하면서 파이프라인뿐만 아니라 여러 경영 혁신 방법론을 경
험하신 걸로 아는데, 파이프라인은 어떻게 태동했고, 어떠한 역할을 했는지 설명 부
탁합니다.

A 저의 첫 번째 파이프라인 경험은 1980년대 제조사에 근무할 때였습니다. 그
때는 미국 회사들이 일본 제조사들에게서 배울 때였죠. 특히 도요타 방식입
니다. 대부분의 미국 제조사처럼, 제가 근무한 이스트만 코닥은 제품의 재고를 쌓아
두고 비즈니스를 했습니다. 제조 생산은 재고 관리의 한 분야였고, 판매는 또 다른
영역이었던 거죠.
MRP II(Manufacturing Resource Planning)는 올리버 와이트 회사가 소개를 한 프로
세스였는데, 도요타 생산 프로그램에 대한 대응이었어요. 이 혁신 방법론의 목표 중
의 하나는 영업 팀이 판매할 수 있을 만큼만 제조하게 하는 것이었습니다. 영업과 마
케팅 사이의 대화는 영업과 운영 계획 프로세스를 통해서 활성화되었고, 생산 팀도
영업 파이프라인을 볼 수 있었고, 효율적인 생산 계획을 세울 수가 있었어요.
그래서 처음에 파이프라인에 대해서 기대했던 것은 예상 판매 니즈에 맞출 만큼의 적
절한 생산을 하는 것이었습니다. JIT(Just In Time)의 이점은 재고 비용 감소로 인한 비
용 효율과 팔아야 할 장기 재고 상품을 줄임으로써 신상품을 더 효율적으로 더 빨리
팔 수 있다는 것이었어요. 지금은 이런 것은 당연하다고 생각하겠지만요.
그런데 이러한 혁신 무기들은 영업 팀에게는 매우 힘든 세월을 안겨 줬습니다. 영업
프로세스란 비정형적이었고, 영업 사원들이 영업 활동을 어디에 기록하고 다니는 세
월이 아니었습니다. 영업 사원은 훌륭한 프로세스와 숫자에 능한 재능을 갖춘 소위 '
디지털 가이(Guy)'보다는 고객과의 관계 관리 능력 때문에 고용되었었던 '아날로그'

직원이었습니다.

때때로 제조 생산은 12개월 안에 팔릴 거라 예상하고 일 년에 11개월 동안 계속 재고로 쌓아 가는 그런 생산 계획에 따라 움직였습니다. 문제는 실제 판매가 그런 식으로 되지가 않는다는 것입니다. 그러다 보니 공장에서는 쌓아 둔 재고가 시장에서 팔리도록 때때로 생산을 멈추는 상황도 자주 발생했었습니다.

1990년대에, 비즈니스 현장의 분위기가 확연히 바뀌기 시작했어요. 다국적 회사들이 신흥 시작에서 급속하게 성장을 했습니다. 특히 중국, 인도, 동남아시아 그리고 동유럽입니다. 많은 회사들이 IT 하드웨어와 시스템에 집중 투자를 했고, 인터넷 사업도 급속히 성장해서 버블 지점으로 다가갔어요. CRM 시스템이 대부분의 대기업에 필수 시스템으로 자리 잡기 시작한 때입니다. 좋은 시대가 열리는 시점이었어요. 생산하는 것은 족족 팔려 나가는 세월이었습니다. 파이프라인이나 판매 예측이라는 것은 당연하게 받아들여지는 세월이었습니다.

그런데 변화는 2000~2001년입니다. 닷컴 버블이 시작되고, 제품과 서비스에 대한 시장 수요가 붕괴되기 시작했습니다. 기업의 관리 팀장들은 처음으로 CRM을 심각하게 보기 시작한 때입니다. 전반적으로 대부분의 비즈니스 영역에서 공급이 수요를 초과함에 따라 시장은 불황으로 진입했어요.

저는 당시 오라클사에 근무를 했는데, 거의 붕괴된 유통 비즈니스 채널을 재건하는 일을 맡았습니다. 파이프라인은 제대로 존재 하지도 않았고, 단순히 제품 판매에 익숙하던 영업 사원들에게 고객은 비용 대비 ROI를 기대하거나 제품의 가치를 알려 달라고 합니다. 그런데 영업 사원들은 이런 식으로 제품을 파는 스킬을 갖고 있질 않았습니다.

이때 기업들에 큰 변화가 생기기 시작했습니다. 영업 사이클에 대한 연구가 시작되었던 겁니다. 그리고 영업이 단계가 있고 그 단계를 관리해야 한다는 것을 영업 팀에게 교육을 하기 시작했습니다. 마케팅이 제품의 특징과 기능을 홍보하는 제품 마케팅에서 수요 창출, 즉 제품이 고객에게 어떤 솔루션이 되는지, 어떤 가치를 제공하는

지로 바뀌기 시작했고, 이것이 마케팅 리드를 만들고, 파이프라인을 채우기 시작했어요. 영업 사원들에게는 이 정보가 쓸 만하다고 판단하면 열심히 활용하게 했어요. 또 회사가 정해 준 룰대로 단계를 업데이트하고, 판매 예측 정보를 주기 시작했죠. 파이프라인을 정기적으로 관리하지 않는 영업 사원들에게는 제재 조치가 내려졌어요. 이렇게 하다 보니 일 년 만에 금액적으로도 엄청난 영업 기회를 획득하고 관리할 수 있었습니다.

Q 그럼 당신도 파이프라인이 좋은 경영 관리 툴이라고 믿고 있겠군요?

A 그렇습니다. 단, 조건은 실제 고객을 자주 만나지도 않는 임원들이 이 파이프라인을 과도하게 분석하거나 추측해서, 파이프라인의 실제보다 더 많은 것을 상상하지만 않는다면 그렇습니다. 잠재 고객과 영업 기회에 대해서 측정할 수 있는 좋은 방법론이었는데, 사실 과거에는 이렇게 하지를 않았습니다.

Q 기업의 경영 관리 측면에서 파이프라인이 필요했을 거라고 봅니다. 그들에게는 (당신에게도 그랬겠지만) 파이프라인이 어떤 의미였을까요?

A 영업 임원이나 기업 대표 입장에서는 제품의 재고를 비용 효율성 측면에서 적정하게 가져가려는 의도가 컸습니다. 이것은 공급 측면에서 그렇습니다. 또 기업의 판매 예측에 대한 자신감과 통제력을 갖고 싶었기 때문입니다. 그리고 영업 조직을 모니터링하고 관리하고 싶었기 때문입니다. 또한 경영 측면에서, 하나의 통일된 정보를 보고 싶었기 때문입니다. 이것이 없으면, 이 사람 저 사람 말하는 게 모두 다르니까요.

최근에 기업 환경은 더 치열해지면서, 시장도 기업의 단기적인 재무성과에 초점을 더 맞추고 있습니다. 이것도 경영자들이 파이프라인을 더 세밀하게 보고, 더 의존하도록 하는 결과를 나타내고 있습니다. 그런데 파이프라인에는 그들이 신뢰하기 힘든 데이터가 있습니다. 그 이유는 영업 사원들이 영업 기회를 일부러 판매 가능성이 낮은 것으로 하거나, 초기 단계의 영업 기회들은 시스템에 입력하지 않는 경향이 있기 때문입니다. 또 자기 상사와의 영업 미팅에서 이러한 건들이 자신을 괴롭히기 때문이죠.

Q 실제 영업과 마케팅 현장에서는 파이프라인이 어떤 영향을 주었습니까?

A 가장 큰 영향은 기업이 뽑은 인재들에게 요구하는 직무에 영향을 주었습니다. 전통적인 아날로그 영업 사원들은 이것을 자기를 통제하는 툴로 생각합니다. 이 사람들은 자기 영업 일은 자기가 알아서 자유롭게 하고 싶어 하기 때문이죠. 그런데 기업은 점점 파이프라인의 요구 조건에 맞는 사람을 뽑기 시작합니다. 프로세스를 잘 이해하고 숫자를 다루는 재능이 있는 사람들을 말이죠. 이 사람들을 '디지털' 세대라고 해야 할지 모르겠습니다. 세대라기보다는 그런 것을 잘 아는 사람이죠. B2B 회사의 마케팅 담당자들은 통상 영업이라는 영역 혹은 프로세스에 잘 연결이 안되어 있는 사람들입니다. 왜냐하면 영업 기회를 만들어 내기보다는 제품 마케팅에 중점을 두기 때문이죠. 일반적으로 영업은 마케팅 친구들이 영업 파이프라인에 정보를 넣어 주는 것을 좋아하지도 않습니다. 예외가 있다면 구체적인 영업 기회가 있는 경우고요. 그 이유는 마케팅 팀에서 바라보는 영업 기회는 영업 팀에서 바라보는 영업 기회보다 더 야망이 크기 때문입니다. 좀 더 현실적으로 도움이 되어야 하는데, 비현실적이라 느끼는 경우가 많기 때문입니다.

어떤 회사에서는 파트너들이 제품과 서비스를 파는 벤더들과 파이프라인을 공유합니다. 그러나 또 파트너들이 이 기업들을 그렇게까지 신뢰하지 못하는 경우가 있습니다. 이 경우에는 정보를 제공하지 않으려고 합니다. 신뢰란 비즈니스에서 매우 중요하므로 서로 신뢰를 쌓는 시간이 필요합니다.

파이프라인은 단기적인 운영보다는 지속적으로 운영해야 효과가 있습니다. 파이프라인은 경영 관리에 있어서 확실성을 높여 주게 되어 있습니다. 파이프라인이 정상적으로 운영되면 판매(매출)를 예측하는 데 있어서 더 정확하고, 믿을 만한 정보가 되기 때문입니다. 비정형적인 프로세스에 비해서 훨씬 나은 프로세스이죠.

Q 많은 기업들이 유통 파트너와 관계를 맺고 영업을 하는데, 기업의 영업 방식의 변화는 이들과의 비즈니스 방식에도 영향을 주었나요?

A 그렇습니다. 거래선들과 일하는 방식도 서로 협업하는 방식으로 바뀌었습니다. 기업이 획득한 영업 기회를 자격을 갖춘 파트너들에게 주고, 이 파트너들이 딜을 클로징하도록 기업이 간접 지원을 했습니다. 이전에는 자사의 영업 사원들이 관리를 하고, 계약이 체결되면 파트너사들은 유통만 담당했죠. 그래서 이 새로운 방식은 파트너들에게도 새로운 스킬을 요구하는 상황이 생겼습니다.

오늘날, 많은 기업들이 파트너들을 교육시키고, 자격증을 주는 프로세스가 정착되어 있습니다. 신뢰가 형성되면 파트너들이 그들의 파이프라인을 공유를 합니다. 이 데이터가 기업의 파이프라인과 예측 시스템에 입수 됩니다. 그리고 요즘은 영업 사원들이 더 전문화 되어 있고 시스템을 활용하는 능력도 뛰어납니다. 그래서 파이프라인은 더 현실적으로 경영 관리의 중요한 자산으로 기여를 하고 있습니다.

Q 파이프라인을 바라보는 경영진에게는 판매 예측에 대한 니즈가 강했을 텐데, 판매 예측은 여전히 어렵지 않나요?

A 과거 썬마이크로 시스템에서는 파이프라인과 예측 프로세스를 잇는 알고리듬을 개발했었습니다. 이것은 이론적으로는 문제가 없었는데, 파이프라인에

　B2B 성공의 지름길 "마케팅&영업-파이프라인을 구축하라"

입력된 정보가 틀릴 경우 문제가 커집니다. 그래서 영업 프로세스가 정확하게 설계되어야 하고, 입력된 정보가 투명해야 하는 니즈가 당연히 발생했습니다.

파이프라인 정보를 관리하는 데 있어서, 입력하는 사람도 모두 다르고, 고객도 모두 다르고, 영업 지역도 떨어져 있는 상황에서, 어떻게 영업 기회를 검증하고, 똑같은 규정에 맞도록 하는가가 도전이자 항상 해결해야 하는 과제이기도 합니다. 그렇지만 이것을 극복하는 기업에게는 파이프라인의 가치는 몇 배로 늘어납니다. 지금의 어려운 경영 환경에서는 파이프라인은 필수 불가결하다고 생각해요.

Q 직장 생활의 대부분을 솔루션을 만들어 판매하는 회사에서 보내신 것으로 알고 있습니다. 파이프라인은 이런 회사에서 어떻게 작용을 했나요?

A 솔루션(소프트웨어)을 파는 회사는 박스 제품(단일 제품)을 판매하는 회사들보다 미래 예측을 하는 데 있어서 더 뛰어나야 했습니다. 왜냐하면 고객이 원하는 솔루션을 디자인하고 만들어야 하는 직원들이 일을 하기 때문입니다. 이 사람들은 보통 연봉도 더 높아서, 고정 비용이 높습니다. 그래서 전문가들을 더 고용하는가, 혹은 일이 없을 때는 어떻게 해야 하는지 그 균형점을 고민하게 되어 있습니다. 높은 수준의 파이프라인을 운영한다는 것은 솔루션 회사에는 매우 중요합니다. 왜냐하면 예측을 통해서 기업을 운영하므로 전문가들 그리고 기술자들을 최적으로 활용할 수 있고, 언제 더 채용해야 할지를 알 수 있게 해 주기 때문입니다.

또 판매 사이클이 솔루션 회사가 더 긴 경우가 많습니다. 파이프라인이 정확하면 이 사이클을 관리하기에 매우 유용합니다. 딜의 크기도 솔루션 회사가 더 큰 경우가 많습니다. 그래서 파이프라인을 관리할 때 영업 기회 정보의 품질과 자격 요건을 꼼꼼히 따지게 됩니다. 왜냐하면 파이프라인 단계에서 뒤로 갈수록 딜에서 질 경우, 그 손실이 더 커지기 때문입니다.

파이프라인 초기에는 영업 관리자들은 영업 기회의 품질을 검증하는 데 중점을 두어야 합니다. 영업 사원들이 룰을 정확히 이해하는지 계속 확인해야 합니다. 영업 관리자들은 영업 사원들이 주마다 고객을 얼마나 만나는지 확인하고, 언제 또 어떻게 파이프라인을 업데이트해야 하는지 명확하게 이해를 시켜야 합니다.

만약 영업 사원들이 파이프라인 프로세스의 필요성을 모르고, 자신이 입력한 정보를 정확하게 관리하지 않는다면, 이 영업 사원보다는 프로세스를 이해하고 프로세스에 따라서 일을 할 다른 사람을 다시 뽑아야 합니다.

Q 마지막으로 글로벌로 파이프라인을 운영하고자 한다면 영업과 마케팅을 관리하는 데 있어서 파이프라인은 왜 중요했습니까?

A 영업 관리자는 엄격하게 말하면 판매 숫자를 관리하기보다는 그들의 비즈니스를 관리합니다. 영업의 숫자는 통상 성공의 측정 도구이긴 합니다. 그러나 이 영업 숫자는 이미 종료된 딜의 결과이고 다시 되돌릴 수 없습니다. 파이프라인과 예측은 그것이 로컬 시장이건 글로벌 시장이건 미래에 일어날 판매에 대한 예측을 하게 합니다.

파이프라인을 관리하면 영업 관리자는 향후에 발생한 상황에 대응하기 위해서 더 민첩해질 수 있습니다. 또 미리 대응을 준비했으니까 미래에 발생했을 만한 이슈들을 미리 중화시키는 역할도 하죠. 글로벌 기업뿐만 아니라 기업이 클수록 영업 임원들은 기자들, 애널리스트들 및 주주들과도 상대를 해야 하는데, 그들로부터 비즈니스 전망을 해달라는 요구를 받습니다. 이럴 경우, 파이프라인 정보가 매우 유용하게 쓰일 겁니다.

글로벌 비즈니스는 점점 관리하기가 더 복잡해지고 있습니다. 특히 솔루션 비즈니스가 그러한데요. 솔루션을 디자인하고, 만들어서 설치를 해 주어야 하고, 파트너사나 솔루션 전문가들이 공동으로 해야 하는 일이 점점 늘고 있기 때문입니다. 이런 복잡한 시장의 비즈니스 상황 하에 혁신을 가속화하고 성장을 지속하기 위해 옳은 투자 결정을 내린다는 것은 시장에서의 정확하면서도 실시간의 데이터를 필요로 합니다. 그 주요 원천이 파이프라인이 되는 거지요.

제2장

파이프라인은 B2B 비즈니스를 움직이는 심장이다

"B2B 기업이 성공한다는 것은 충분한 영업 기회를 확보하고, 이들 중에서 많은 영업 기회들이 성공하고, 또 반복적 판매의 기회를 남겨 두면서 높은 수익성을 유지하는 것. 그 외에 또 무엇이 있는가? 파이프라인은 이 요소를 움직이는 엔진이자 심장이다."

가만히 생각해 보자. 이 세상에는 B2C 기업에 근무하는 사람이 많을까? 아니면 B2B 기업에 근무하는 사람이 많을까? 우리는 맥도널드, KFC, 코카콜라, 대한항공, 초코파이를 파는 오리온 등, 늘 접하는 광고와 일상생활 속의 친숙함 때문에 이들 회사 이름을 떠올리기가 매우 쉽다. 그러나 B2B 기업을 떠올려 보라고 하면 쉽게 떠오르지 않는다. 우리나라에서 태양광 소재를 가장 많이 파는 회사는 어디인가? 우리나라에서 기업 재보험을 가장 많이 파는 회사는 어디인가? 이들의 매출이 어느 B2C 기업에 비해서도 뒤지지 않을 텐데도 말이다.

잠깐, 무엇이 B2B 기업인가? 기업의 성격을 나누는 방법은 주로 최종 고객을 기준으로 한다. B2C 기업은 기업의 제품과 서비스를 판매하는 대상이 일반 소비자인 경우이다. 포괄적으로 정의하면 [그림 2]처럼 나머지는 모두 B2B다. B2C 기업에 다니는 직원도 하루 종일 최종 소비자를 만나거나 최종 소비자를 연구하기보다는 오히려, 그들도 하나의 기업인 유통 거래선을 만나고 협의하고 가격 싸움하고 쌓인 재고로 같이 골머리 썩는, 어떻게 보면

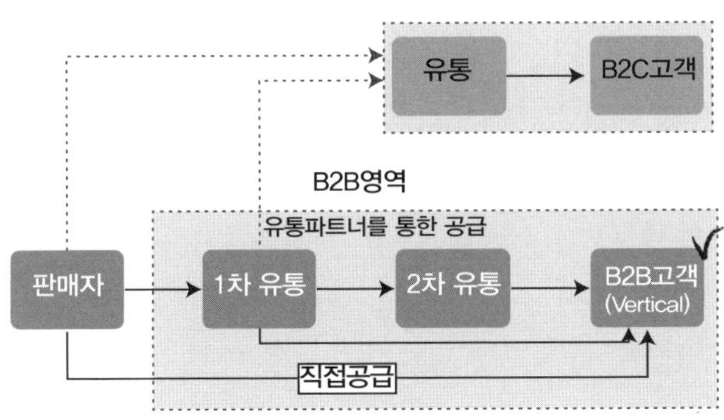

| 그림 2 | B2C와 B2B의 구분

그들도 B2B이기도 한다.

B2B는 최종 고객이 기업형이라 정의를 해도, 동네 앞의 화초 원예 도매 업체에서 기업 보험, 상선, 물류 업체, 베어링 제조 업체, 몰딩 공급 업체, 심지어 군납 업체와 보안 관리 솔루션 공급 회사 등 그 수를 헤아릴 수 없이 많다. 이들의 제품의 판매 대상은 일반 소비자들이 아니다. 시내에 서서 빌딩을 한번 둘러보자. 놀랍게도 수많은 기업들, 그리고 너무나 많은 B2B 기업들이 눈에 들어올 것이다.

산업 단지에 가 보면 일반 소비자를 전혀 만날 일이 없을 것 같은 어려운 용어의 제품을 만드는 기업들로 가득 차 있다. 평소에는 우리는 이들의 이름을 전혀 모르고 있다. 그리고 굳이 알아야 할 필요도 없다. 규모와 관계없이 대체로 B2B 기업은 매스 마케팅을 하지 않기 때문이다. 그래서 TV 광고 시장에도 그 모습을 잘 드러내지 않는다. 그들에게는 그럴 필요가 없다. 어느 유명 회사의 CMO가 B2B 마케팅에 대해서 한 말이 있다.

"우리는 전 세계의 사람들에게 홍보하기 위해 쓸 돈이 없습니다."

B2B는 B2C와는 매우 다른 특징이 있다. 그 구매 형태를 보면 특정 개인이 판단할 수 없고, 조직적으로 구매를 결정하며, 조직 속에서도 의사 결정 권자가 따로 있는 것이 특징이다. 그래서 소위 키맨(Key Man)을 파악하는 것이 큰 과제이다. 현업 부서장으로서의 역할을 할 때는 매우 비싼 시스템을 결정한 적이 있었는데, 이 시스템이 도입되기까지는 여러 의사 결정 프로세스를 거친다. 심지어 해당 프로젝트의 책임자였지만, 실제 영향자 혹은 결정자는 따로 있고 몇 달에 걸친 의사 결정 단계를 거친다. 반대로 이 시스템을 판매하는 영업 사원은 이러한 내부의 의사 결정 구조를 자세히 알 수가 없었을 것이다.

B2B는 구매 사이클도 어느 정도 정해져 있어서, TV를 보다가 마음에 들어서 바로 다음 달에 구매할 수 있는 성질의 것은 별로 없다. B2B 기업의 매출은 웬만한 B2C 기업보다 큼에도, 일반 소비자들은 잘 모르는 경우가 많다. 구매를 할 때는 조직의 예산이 준비되어야 하고, 구매 시점이 도달해야 한다.

B2B는 B2C 회사에 비해서 그 고객 수가 매우 적다. 산업용 인쇄 기계를 판매한다면 이것을 살 고객은 매우 제한적이다. 또한 상대적으로 적은 고객 수임에도 더욱이 20%의 고객이 전체 매출의 80% 혹은 그 이상을 차지하는 경우도 많다. 그래서 키 어카운트(Key Account) 관리가 중요하다.

B2B는 그 판매 형태 또한 기업의 자사 영업 팀이 주축이 될 수도 있고, 거래선(파트너)에 상당히 의존할 수도 있다. B2B 시장에서 소비자 시장과 같이 마케팅을 할 수도 있으나, 실제로 B2B의 마케팅은 타깃 고객군을 대상으로 로드쇼 혹은 전문 잡지 등을 통한 마케팅이 주를 이룬다. 그만큼 고객사의 정보에 대해서 목말라하는 구조로 되어 있다.

B2B는 영업 사원들의 영업 활동이 곧 마케팅 역할을 하는 만큼, 고객과의 대면 활동이 매우 중요하다. B2B 고객은 한번 구매한 제품을 바꾸는 경향도 높지 않고, 제품과 서비스에 대해서 직접 설명을 듣고 판단하는 경우가 높다. 따라서 영업 사원의 고객 관계 관리의 역량이 판매를 크게 좌우한다. 또한 다수의 기업 고객은 거래를 해온 유통 파트너를 찾는 경우가 많다. 유통 파트너가 오히려 고객만큼이나 까다롭다. 그들이 고객을 대신해서 기업가를 상대하는 경우가 높다. 어떤 형식이든 판매 기회는 마치 보험 컨설턴트의 활동처럼 원투원의 대면 활동을 통해 발생한다.

그런데 왜 파이프라인인가?

B2C에도 파이프라인이 중요하다는 것을 말하기 위해 또 다른 책을 하나 쓸 수 있겠지만, B2B 비즈니스에 있어서 파이프라인이 B2C에서보다도 더 중요하다. B2B는 영업 기회 활동 혹은 수주 활동을 통해서 돈을 벌기 때문이다. 그리고 이런 활동을 어떻게 관리하는가에 매출이 직접적인 영향을 준다. 이 활동을 관리하는 체제가 바로 파이프라인이다.

B2B를 이론적으로만 접했거나 혹은 B2B의 특수한 분야만 경험해 보았다면, 이것을 이해하기 힘들지 모르겠다. 학자들도 실제 오퍼레이션을 경험해 보지 않고 이것을 설명하기가 매우 힘들 것 같다. B2B에 관련해서 브랜드 마케팅, 타깃팅, 세그먼테이션, 온라인 마케팅, 파트너 마케팅, 관계 관리 마케팅, 영업 관리 등 많은 분야를 경험해 보았지만, 필자도 여느 전문가들처럼 B2B 비즈니스를 움직이는 중추적인 플랫폼이 바로 파이프라인임을 알게 되었다. 머릿속에서는 기존의 지식이 이미 굳게 자리를 잡고 있어서 '그렇지 않다'라는 반발을 하지만, 이 사실을 결국에는 인정할 수밖엔 없었다.

파이프라인은 B2B 비즈니스를 움직이는 심장 같은 것이다. 고객의 접점에서 제품 공급까지 밸류 체인을 두 가지로 분류하면 수요 체인(Demand Chain)과 공급 체인(Supply Chain)으로 나눌 수 있다. 공급 체인은 지난 30여 년간 많은 변화와 혁신이 있었다. SCM 때문이다. 공급 관계 관리는 기업의 비용을 줄이는 데 큰 기여를 하였다. SCM을 좌심방이라 하면, 파이프라인은 우심방 같은 것이다. 파이프라인은 수요 체인을 움직이는 플랫폼이다. 그리고 파이프라인이 공급 관계 관리와 크게 다른 것은 수요 창출을 관리하고 매출을 확대하는 역할을 하기 때문이다. B2B로 살아남은 글로벌 기업에서 일하는 의사 결정 레벨에 있는 핵심 두뇌들은 그 이유를 너무나 잘 알고 있다.

B2B는 B2C보다 더 필드 영업에 의존을 한다. B2C는 대중 매체에의 광고를 통해 수요를 일으키고, 주요 거래선 혹은 핵심 유통을 뚫으면 공급이 되지만, B2B는 필드의 영업 사원들이 직접 움직여야 한다. 영업 사원들의 영업 활동, 고객 관계 관리, 영업 기회 포착 및 처리가 매우 중요하다. 만약에 영업 팀이 없는 온라인으로만 비즈니스가 일어나는 B2B 모델이라 할지라도 여전히 영업 기회로 매출이 발생한다. B2B 기업에서의 마케팅 활동이란 것도 영업 팀을 도와줄 수요를 창출하고 영업 팀에 넘겨줄 영업 기회를 만들기 위해서 존재한다.

그러나 조직이 커지면서 영업 사원이 열 명만 넘어서도 영업 오퍼레이션이 취약하면 문제가 발생하기 시작한다. 어떻게 영업 기회를 진행하고 있는지 파악하기가 어려워지는 것이다. 영업 기회 관리력이 떨어지면 고객에 대한 이해가 떨어지고, 고객이 어떤 솔루션을 원하는지에 대한 탐지 능력이 떨어진다. 그 결과는 어떠하겠는가? 영업 팀의 판매 대응력이 고객의 구매 사이클을 따라가지 못하고, 고객의 니즈에 부합하지 못하게 되며, 결국 남는 것은 가격 할인이다. 고객이 싼 제품을 원하는 것도 아니라면 판매 성공률마저 떨어지고 매출에 연쇄적인 악영향을 주게 되는 것이다.

B2B는 이러한 특성을 지니고 있고, 영업 기회로 움직이기 때문에 바로 파이프라인 관리가 필요한 것이다. 파이프라인 관리 능력은 곧 B2B 기업의 오퍼레이션(Operation)의 역량이다. 오퍼레이션 역량은 기업마다 그 수준 차이가 크게 난다. 곧 기업의 경쟁력의 차이를 만드는 것이다.

또 하나 강조해야 할 것은 B2B 비즈니스의 고객과 B2C 고객의 차이점이다. B2B 고객은 자신이 맡고 있는 제품에 있어서는 매우 전문가들이다. IT 시스템 구매 결정을 하는 사람, 반도체 테스트기 구매 결정을 하는 사람, 태양광 설비 구매 결정을 하는 사람들은 이미 해당 제품에 대한 지식이 전문가 수준이다. 그 전문성 때문에 그 사람이 그 자리를 지키고 있는 것이다. 또한 구매 전에 제품에 대한 탐색과 비교의 시간을 충분히 가진다. 그래서 이들과의 커뮤니케이션 방법과 접근 방법은 B2C와는 매우 다를 수밖에 없다.

이들에게 제품과 서비스를 판매하기 위해서는 다양한 방법이 동원된다. 그중에서도 고객 접점, 즉 고객과 커뮤니케이션을 많이 하는 영업 사원의 역량이 중요할 수밖에 없다. 크게는 회사에 이러한 역량을 갖춘 사람들이 한 사람 한 사람 모여서 회사 전체의 고객 관리 경쟁력을 만드는 것이다.

그리고 이 영업 기회와 이 영업 사원들을 파이프라인 프로세스를 통해서 더 똑똑하게 관리하여 판매 승률을 높여 가야 하기 때문에 B2B 기업에는 파이프라인이 매우 중요한 것이다.

혁신에 빠르고 IT 기술을 잘 이용하는 회사들

B2B 기업 중에서 파이프라인 정착이 빨랐던 회사들을 찾아보면, 글로벌 IT 기업들이 쉽게 눈에 띈다. 왜 그러할까? 대부분 이들은 소프트웨어, 하드웨어 및 하이테크 솔루션 회사들이 많다. 이들의 공통점을 살펴보면, 글로벌로 비즈니스를 하고 있고, 고객 니즈를 분석하여 솔루션을 제공하는 데 매우 뛰어나다. 또 시장을 자신들이 원하는 형식으로 만들어서 오히려 고객을 교육시키면서 판매하는 데에도 탁월하다.

이들 기업들은 이러한 방식으로 영업 기회를 창출하고 고객 관리를 하며, 파이프라인으로 매출을 올린다. 또 제품과 솔루션들이 기술 집약적인 면이 많은 것도 특징이다. 무엇보다도 자신들의 경영 프로세스를 혁신하는 데에도 어느 기업들보다 빨랐다. 새로운 혁신 방식을 선도하고 적응하는 점에서는 배울 점이 많은 것도 사실이다.

대부분의 오퍼레이션 혁신에 빨랐던 이들은 기업 내부 자원 관리를 위한 ERP, 공급망 개선을 위한 SCM, 고객 관계 관리를 위한 CRM 및 인사 관리를 위한 HRM 등의 혁신 프로세스를 도입하는 데에도 빨랐고, 지속 운영 혁신을 위해서 투자를 하고 있다.

파이프라인 프로세스 도입도 마찬가지이다. 그 이유는 그들의 매출이 매일 발생하는 영업 기회에 좌우되는 점, 많은 영업 사원과 팀을 더 과학적으로 운영해야 하는 점, 판매 예측을 해야만 자원을 효율적으로 분배할 수 있는 점 그리고 많은 영업 지원 조직과 자원도 파이프라인에 따라 움직이기 때문이다. 영업 인력과 영업 지원 조직이 많기 때문에 영업 생산성에 고민을 하게 된다. 그래서 파이프라인 관리를 통해서 직원과 팀, 그리고 전체 조직의 영업 생산성을 계속 모니터링하여 방향을 잡고 있다. 또한 솔루션 영업을 하기 때문에, 고객의 구매 단계를 분석하고 고객의 니즈에 맞춰서 솔루션을 제안한다. 고객 구매 프로세스에 맞춰서, 고객과 커뮤니케이션을 해나가야 하기 때문에 파이프라인 관리 체제를 도입하게 된다.

마지막으로 시장에서 수요를 일으키기 위해서 파이프라인이 필요하다. 영업 사이클을 고객 구매 사이클보다 더 단축시키는 방법은 혁신적인 솔루션을 개발해서, 수요를 더 빨리 창출하는 일이다. IT 비용을 줄이는 클라우드 솔루션 같은 일이다. 이것은 개개인의 영업 사원이 할 수 있는 일이 아니라, 기업이 대응해야 하는 일이다. 파이프라인을 통해서 시장의 목소리를 듣고, 고객의 니즈를 파악해서, 고객에게 더 나은 가치를 제공할 수 있는 솔루션을 제공할 때, 비록 구매 사이클에 도달하지 않았어도 단축시킬 수가 있기 때문에 파이프라인은 매우 중요한 역할을 한다.

제 2 부

한눈에 이해하는 세일즈 파이프라인 설계와 구축 방법

제1장

고객 중심의 파이프라인 프로세스 설계하다

"고객의 구매 단계를 한 번도 분석해 보지 않았다는 것, 마케터와 영업 사원들이 자신의 고객들이 어떠한 구매 단계를 거쳐서 구매를 하는지 모른다는 것, 그리고 고객의 구매 단계를 고려하지 않고 파이프라인을 설계한다는 것은 고객의 상황은 무시한 채, 오로지 공급자 중심적인 사고로 제품과 서비스를 팔겠다는 자신감이다."

파이프라인 방법론이 현실 세계에 적용되기 위해서는 빠르게는 한 달, 길게는 몇 달에 걸쳐 프로젝트를 진행하게 된다. 보통 CEO나 COO 혹은 영업 총괄 본부장의 지시를 받아서 태스크포스가 만들어진다. 그리고 이 태스크포스는 자사에 어떻게 이 방법론을 적용할까 고민하고 분석 과정을 거친다. 규모를 어느 정도로 할지, 어떤 회사를 벤치마킹할지, 적용 범위는 어디까지 할지, 파이프라인을 운영할 소프트웨어는 어떻게 할지 등 모든 면을 세밀하게 조사한다. 이러한 과정이 시행착오를 줄여 주기 때문에 매우 중요한 절차이다. 영업 사원들이 입력하는 정보나, 경영자들이 보는 리포트는 이 모든 과정의 결과물들이다.

이 장은 이러한 구축 사전 단계와 파이프라인의 운영 원리를 설명하는 섹션으로, 파이프라인의 운영 부분을 바로 알고 싶다면 이 장을 반드시 건너가길 바란다. 파이프라인을 운영하거나 보고를 받는 관계자에게는 매우 중요한 내용이지만, 영업 매니저들에게는 지루한 내용이 될 수 있다.

잘나가는 기업은 일하는 프로세스가 다르다

그간 산업 현장에서 본 수많은 지속적 성장을 유지하는 기업들을 보면, 몇 가지 공통점이 있다. 제품의 혁신적 가치, 고객 중심적 경영, 미래 제품을 위한 투자 그리고 기업의 문화 등이 떠오를 것이다. 하지만 한 가지 간과하기 쉬운 핵심적인 요소는 지속적 성장을 하는 기업과 조직은 일하는 프로세스가 훌륭하다는 점이다. 혹은 끊임없이 조직원들이 더 효율적으로 일을 하도록 프로세스 설계와 운영에 초점을 맞춰 왔다.

성공하는 글로벌 기업들은 과학적으로 일하도록 끊임없이 일하는 프로세스 혁신에 골몰해 왔다. 그 이유는 일하는 프로세스를 훌륭하게 갖추는 것이 신규 인력 교육부터, 제품 디자인 및 고객 서비스 클레임 이슈 등 다양한 잠 재적 이슈들을 최소화하고 기업의 브랜드에 걸맞은 높은 수준의 조직 문화 를 만들어 주기 때문이다. 이것은 결국 지속적 성장의 요인으로 작용한다.

한 번의 히트 제품으로 회사를 지속적으로 성장시킬 수는 없다. 그다음의 일련의 캐시카우(Cash Cow) 역할을 해 줄 제품들은 결국 일하는 문화와 일하 는 프로세스로부터 나온다. 선진 기업일수록 일하는 프로세스에서 그 수준 의 차이가 난다. 지속적으로 잘나가는 기업들은 끊임없이 프로세스 혁신에 투자를 해 왔다. 고객의 접점 관리 프로세스, 서비스 프로세스, 심지어 인 재를 채용하는 프로세스에서도 지속적인 성장을 하는 기업들은 뭔가 달라 도 달랐다. 일하는 프로세스가 훌륭한 회사는 부서 간 서로 중복된 일도 줄 이고, 협업도 더 잘한다. 또 일을 함에 있어서 더 안정되어 있고 전문성이 드러난다. 고객을 매일 만나는 영업 사원들의 고객을 대하는 태도부터, 중 요한 일을 결정해야 하는 의사 결정권자까지 더 체계적이고 더 프로다운 모 습을 느낄 수 있다. 프로세스는 곧 기업의 수준을 판가름하는 기준점이다.

파이프라인은 프로세스다

일하는 프로세스에 대한 고민, 그리고 그 솔루션을 위한 혁신을 위해 기 업은 공급망 관리 및 전사적 자원 관리 등 기업의 밸류 체인에서 업무 혁신 을 위해 끊임없이 연구하고 방법론을 진화시켜 왔다. 상대적으로 수요 측면 의 밸류 체인에서도 CRM이 도입되어 왔다. 그러나 CRM은 고객의 구매 프로세스 관리에 따른 과학적 영업 관리에는 한계가 있었다. 영업 현장에서 CRM의 성공 사례는 찾기가 쉽지 않다.

기업이 자사 위주의 판매 방식으로는 효과적인 판매에 한계점을 보이자,

고객의 구매 프로세스 분석을 통해 뭔가 혁신적인 판매 방법론을 찾으려는 욕망은 점점 강해져 왔다. 일반 소비자의 구매 프로세스 자체에 대한 고민은 100년도 더 전인 1898년 엘리아스 엘모 루이스의 AIDA 모델을 통해서 처음 소개되었으니 꽤 오래되기도 했다. 루이스는 소비자가 구매를 하는 행위를 단계별로 나눠보면, 처음에는 관심을 갖고(Attention), 더 흥미를 느끼다가(Interest), 갖고 싶다는 욕망을 가지고(Desire), 결국 행동한다(Action)로 봤다. 이러한 분석은 마케터들에게 제품을 파는 데 있어서 좀 더 세분화된 전략을 생각하게 해 주었다.

그러나 이것은 일반 소비자의 구매심리를 단계로 나눈 것이며 단순화한 것이지, B2B 기업 고객의 구매 단계와는 다소 거리가 있었다. B2B의 구매 단계는 고객이 흥미를 느꼈다 해서 바로 구매로 이어지지 않는다. 판매자는 제안을 해야 하고, 구매자와 협상 단계도 거친다. 수주를 했다고 해서 바로 공급으로 이어지지도 않는다. 공급이 단계적으로 일어나는 경우도 흔하다. 그만큼 각 영업 단계별로 과학적으로 관리를 하는 것이 일반 컨슈머 시장의 비즈니스보다 훨씬 중요하다.

오늘날의 프로세스 기반의 영업 방법론과 시스템 기반의 영업 모습을 갖춘 것은 길게 봐도 30년 전이며, 짧게 보면 2000년 이후이다. 그리고 아직도 많은 기업은 고객의 구매 프로세스와 자상의 영업 프로세스에 대한 깊은 이해가 중요하다는 것을 인지하지 못한다.

특히 "영업 프로세스가 필요한가?"라는 질문에는 더욱 그러하다. 왜 영업 사원들이 개인의 실력과 역량만 발휘하면 되지, 영업 프로세스에 따라 일을 해야 하는가? 『솔루션 셀링』의 작가 키스는 영업 프로세스에 이렇게 표현했다.

“프로세스는 다음에는 내가 무엇을 해야 하고, 더 수익을 남기고 더 팔기 위해서는 무엇을 해야 하는지 그 로드맵을 제공하기 때문이다.”

만약 영업 프로세스가 없다면 어떻게 되겠는가? 우리가 일하는 하루하루가 일희일비하기가 쉽다. 새로운 사람이 오면 모든 것이 다 새롭게 바뀌어 버린다. 이렇게 해서는 일관성도 없고 지속적 성장도 기대하기 힘들다. 고객이 그러한 변화를 어떻게 바라보겠는가? 고객 입장에서는 원래 기업이 약속한 대로 실행해 주기를 바라고 있지 않은가? 새로 영입된 영업 사원에 따라 고객 관리 프로세스가 바뀌고, 새로 부임하는 영업 본부장마다 대응하는 방식이 바뀌면 기업에 대한 신뢰에도 문제가 생긴다.

만약 회사 영업 프로세스가 명시적으로 없다면, 영업 사원들이 할 수 있는 것은 자신의 영업 방식, 자신의 영업 프로세스에 의존하게 된다. 결과는 어떻게 되겠는가? 딜을 성공시키기 위해서 자신의 직감을 믿게 되고, 매출 목표를 맞추기 위해서 가격 할인의 유혹에 빠지기 십상이다. 회사에서는 고객이 어떤 상황인지도 정확히 알지 못하고, 이 영업 사원이 얻은 영업 노하우와 고객 정보를 기업의 소중한 정보로 자산화하지도 못한다. 또 판매 예측도 개인에 의존하면 많은 영업 사원들의 정보를 합칠 경우, 거의 신뢰하기 힘든 정보가 된다. 파이프라인에서 말하는 프로세스란 영업 사원들이 결국 자기가 앞으로 무엇을 해야 할 것인가에 대한 로드맵을 알려 주는 것을 말한다.

잘나가는 기업들은 좋은 비즈니스 프로세스를 갖고 있다. 그리고 프로세스 혁신을 위해서도 많은 투자를 아끼지 않는다. 고객 대응 프로세스도 그러하고, 내부에서 일을 처리하는 프로세스도 그러하다. 어떤 사람이 새로 부임하거나 새로운 회사에 갈 때, 초기 적응이 쉬웠다면 처음 느끼는 것이 무엇인가? 대부분 ‘이 회사는 프로세스가 잘되어 있군.’이라 생각을 한다. 아무리 뛰어난 인재를 데려와도 일하는 프로세스의 수준이 낮으면, 그 사람은 자신의 재능을 발휘할 방법을 찾다가 자포자기하게 된다. 그리고 잘못 영업된 인재라는 말도 듣게 한다. 이렇게 해서는 지속적이고 일관성 있는 오퍼레이션 경쟁력을 갖추기는 힘들다.

파이프라인은 고객과 함께 따라 움직이는 프로세스의 혁신이다. 파이프라인 성공의 시작은 이 파이프라인 프로세스의 설계에서 시작한다. 이것을 이해하지 못하고, 파이프라인이 보여 줄 수 있는 결과부터 먼저 바라기도 한다. 예를 들면 파이프라인에 들어 있는 영업 기회가 얼마나 되는지, 혹은 이번 달의 판매 예상은 어떠한지 눈에 보이는 그 결과만 보기를 원한다. 그 결과를 볼 수 있다는 프로세스에서 시작했다는 것을 종종 잊고 있다. 시스코의 CEO도, 아마존의 CEO도 그들이 보는 파이프라인 정보는 이 과정을 거쳐서 글로벌로 파이프라인 현황을 보고 시장을 파악하며, 회사를 운영한다.

파이프라인의 성공은 프로세스 설계가 시작이자, 매우 중요한 포인트이다. 한번 영업 단계를 설계하고 적용하면 다시 변경하기가 힘들게 된다. 아무것도 아닌 것이, 이미 익숙해진 개념을 모두 재교육해야 한다. 또 기업의 규모가 클수록 마케팅과 영업 사원들 그리고 지원 부서들의 인력의 숫자가 많다. 이들에게 교육을 다시 하는 것도 큰일이거니와 한번 머릿속에 정의된 개념을 바꾸기가 매우 힘들다. 또한 잘못된 설계는 그 많은 사람들이 형식적으로 따르는 결과를 초래할 수 있다. 이것은 더 끔찍스러운 일이지 않겠는가?

필자는 최근 미국의 한 콘퍼런스에서 휴렛 패커드사의 글로벌 영업 혁신 담당 매니저와 짧게 인터뷰를 한 적이 있다. 영업 관리 시스템을 전면 바꾸기로 한 배경이 궁금했고, 또한 지난 20여 년 이상 적용해 온 그들의 영업 프로세스가 바뀌는 것인지를 질문했다. 이 후자에 대한 답은 간단했다. 기본 프로세스는 수정하지 않는다는 것이다. 어떤 것을 바꾸거나 바꾸지 않는 결정은 의사 결정자에게 달려 있겠지만, 중요한 것은 프로세스를 쉽게 바꾸기도 쉽지 않고, 쉽게 바꿀 수도 없기 때문이다.

다만 두 가지 예외 사항이 있다. 처음 설계한 영업 단계가 잘못 설계 및 정의되어 있어서 회사의 영업에 손해를 불러일으키고 있다고 확신하는 경우이다. 필자가 본 케이스는 2007년의 시스코의 영업 프로세스 변경 건인데, 핵심은 더 단순하게 영업 단계를 줄이고 각 단계에 대한 개념도 더 현실적으로 변경한 경우이다. 이러한 변화는 곧 파이프라인 단계에도 그대로 반영되어 전체 업무 프로세스에 변화를 일으킨다. 필자의 경험으로는 이미 이러한 프로세스를 바꾸는 것은 쉬운 일도, 쉽게 결정할 수 있는 일도 아니다.

소규모 기업의 영업 조직이라면, 재교육을 해서라도 더 나은 프로세스가 용이하다. 하지만 규모가 있는 기업이라면 기존 프로세스에 익숙해 있는 영업 사원들의 인식을 바꾸기가 여전히 어렵고, 회사 전체로도 비생산적인 경우가 많다. 그리고 파이프라인 소프트웨어나 리포트에도 많은 변화가 수반될 수 있다.

고객의 구매 프로세스 이해가 첫 단추

지금까지 프로세스의 중요성을 언급하면서, 영업 프로세스 설계를 지속적으로 언급했는데, 이제 한 꺼풀 더 들어가 보자. 프로세스를 어떻게 설계하란 말인가? 맥킨지가 '최고로 잘나가는 회사의 5가지 특성'이라는 보고서를 냈는데, 그중에 하나는 고객 지향적 영업 프로세스를 갖춘 기업들이 잘나간다는 조사 결과였다.

이 지적은 매우 일리가 있다. 영업 프로세스는 고객 위주로 설계해야 한다는 것이 파이프라인 프로세스 설계의 제1원칙이다. 만약 영업 프로세스가 기업 판매 위주로 되어 있다면, 기업이 원하는 대로 제품을 팔겠다는 것과 동일하다. 즉, '우리 영업 프로세스는 이러이러하니, 고객이 우리의 프로세스에 맞춰서 제품을 사 주세요.'라는 개념이다. 이것은 기업이 그 제품과 서비스 판매에 매우 자신만만하거나, 어떤 측면에서는 거만한 회사의 모습이라고 볼 수도 있다.

그런데 고객의 성향과 고객의 구매 프로세스를 무시하고 기업이 원하는 대로 제품과 서비스를 팔 수 있는, 그럴 수 있는 행운을 가진 회사가 얼마나 되겠는가? 그럼에도 불구하고 우리는 이것을 쉽게 착각하고 만다. 영업 프로세스라는 이름이므로 우리가 고객에게 판매하는 프로세스로만 생각을 하는 경향이 있다.

파이프라인 프로세스는 영업 프로세스이다. 그리고 고객의 구매 프로세스를 이해하고 만든 자사의 영업 프로세스이다. 가장 잘 만들어져 있는 프로세스는 존재하지 않는다. 그보다는 자사에 가장 적합한 프로세스를 찾아야 하는데, 방법은 자신의 고객을 이해하고, 고객의 구매 프로세스를 이해하며, 이것을 고객의 구매 프로세스에 파이프라인 프로세스를 맞추는 것이다. 자기의 고객을 깊이 이해하고, 고객의 움직임에 따라 판매 프로세스가 흘러가도록 고객의 리듬에 맞추어야 한다.

사실 고객의 구매 프로세스 한번 제대로 파악하지 않은 회사도 많이 있을 것이다. 이미 파이프라인이 운영되고 있다면, 그리고 뭔가 운영이 매끄럽지 못하다면 고객 프로세스와 괴리가 있는지 다시 확인해 봐야 한다. 고객의 구매 프로세스를 고려하지 않고 회사의 편의를 위해서 프로세스를 만들

| 그림 3 | 고객의 구매 프로세스에 따라 기업의 프로세스 맞추기

어 놓은 것은 아닌지 살펴봐야 한다.

영업 사원도 고객의 구매 프로세스를 알아야 더 고객의 상황과 고객의 니즈 그리고 고객의 눈높이에 맞춰서 움직일 수 있다. 파이프라인 담당자도 고객의 구매 프로세스를 가장 먼저 파악하고 회사 전체의 프로세스를 설계해야 회사 전체의 영업 관리 운영에 피해를 끼치지 않을 수 있다. 다시 한 번 강조하고 싶은 것은 고객의 구매 프로세스를 먼저 분석하고, 이에 파이프라인 프로세스를 만들어야 한다는 것이다. [그림 3]처럼 고객의 구매 프로세스에 맞춰서 자사의 판매 프로세스를 그리는 것이다. 고객 프로세스에 맞춰서 마치 톱니바퀴처럼 같이 움직이게 만들어야 한다.

한번 결정된 파이프라인 프로세스는 파이프라인 운영에 있어서 바이블처럼 작동한다. 이 프로세스에 따라서 모두가 일을 하고, 이 프로세스에 따라서 영업 미팅을 하며, 이 프로세스에 따라서 판매 예측을 하게 된다. 대표이사에게 다음 달 판매 예측이 얼마라고 보고를 해야 한다면 이 프로세스가 기본이다.

그리고 한번 정해진 이 프로세스는 무조건 모두가 따라야 한다. 타사에서 영입된 최고의 인재도 로마에 오면 로마법을 따르듯이 옮긴 회사의 파이프라인 프로세스를 무조건 따라야 한다. 그리고 지겹도록 파이프라인 프로세스의 취지, 개념 및 정의 그리고 영업 사원들이 각 프로세스에 어떤 활동을 해야 하고 어떤 의무가 있는지에 대한 교육을 '반복적으로' 다시 한번 '반복적으로' 시킨다.

다신 한번 요약하면 파이프라인은 프로세스다. 프로세스는 고객의 구매 관점에서 설계가 되어야 한다. 그럼 파이프라인 단계별 프로세스가 어떻게 만들어지는지 간략히 예를 들어 보자. A기업에서 일하는 총무 팀장인 김 부장은 사내의 사무기기가 노후하여 일괄 교체해야 할 시점에 도래했음을 보고받았다. 보고를 받은 총무 팀장은 올해 전체 예산에서 설비 관련 예산이 준비가 되어 있는지 확인한다. 그리고 실무 팀에게 구체적으로 어떤 사무기기들을 교체해야 하는지 또 부가적으로 설치해야 하는 것은 있는지 상세하게 조사하라고 지시를 내린다.

며칠 뒤 상세 필요한 사항을 보고를 받은 김 팀장은 적합한 판매자와 제품을 찾아보라고 부서에 지시를 내린다. 실무 팀에서는 과거에 공급한 업체를 다시 찾기도 하지만, 기존에 쓰던 제품에 대한 불만도 많고 새로 나온 제품도 많아서 여러 제조사의 제품을 알아본다. 며칠 뒤에 총무 팀 실무자들은 이런저런 제조사와 제품을 조사해서 보고 한다. 그리고 보고 뒤에 해당 업체에 견적서를 보내 보라고 요청한다.

일주일 뒤에 세 업체가 견적서와 서비스 조건 등을 담은 문서를 보내왔다. 구매 승인 전결권을 갖고 있는 총무 팀장은 부서원들과 여러 제조사의 견적 및 사후 서비스 등을 세밀하게 검토한다. 그리고 B기업의 제품으로 결정 한다. 이 결정까지 총 두 달이 걸렸다. 이런 경우, 고객의 구매 사이클은 어떻게 될까? 총무 팀장 입장에서는 아래 [그림 4]와 같은 프로세스를 거치게 된다.

| 그림 4 | 고객의 구매 프로세스

그럼 판매자의 입장에서는 어떠한가? 고객에게 사무기기를 판매하는 업체 입장에서는 A고객사의 총무 팀이 어떤 상황에 있고 어떤 생각을 갖고 있는지 알아내기란 매우 어렵다. 매우 똑똑한 판매자는 이미 공급한 제품이 어디에 언제 팔렸고 다시 구매 시점이 언제 돌아올지를 CRM 시스템으로 관리한다. 그러나 이렇게 고객 정보 관리력이 뛰어난 회사는 그리 많지가 않다. 그리고 마케팅에 의존한다. 마케팅 팀에서는 고객 정보에 근거한 매우 정교한 마케팅을 해야 함에도 불구하고, 제품이 출시되면 항상 그렇듯이 불특정 다수의 고객군을 대상으로 마케팅 캠페인을 할 수도 있다.

고객사 총무 팀장이 알게 된 이 회사의 제품에 대한 정보란 마케팅 팀에서 캠페인을 진행한 여러 마케팅 콘텐츠 중의 하나일 것이다. 판매자가 할 수 있는 또 하나의 가장 영향력 있는 방법은 자사 영업 부서의 영업 활동이다. 부지런한 영업부 '구' 대리는 열심히 시장을 탐색하고 돌아다닌 나머지, A기업에서 대량으로 사무기기를 교체할 예정이라는 정보를 입수한다. 그리고 A기업 총무 팀 김 부장의 연락처를 파악해서 한번 만나 뵙겠다고 요청을 한다.

다행히 방문의 기회를 얻어낸다. 김 부장 입장에서도 당장 결정을 해야 하는 것도 아니고, 방문해서 설명을 하겠다니 시간을 내주기로 한다. 그리고 첫 미팅은 이렇게 만들어졌다. 첫 미팅에서 구 대리는 신제품의 특징 및 장점과 비용 효율성에 대해서, 깔끔한 프레젠테이션을 한다. 고객사의 김 부장은 에너지 효율의 저비용 신제품에 대한 설명을 듣고 관심을 갖는다. 그리고 제조사 구 대리에게 제품 견적을 뽑아서 제출해 달라고 한다. 또한 일단 여러 회사의 제품과 가격을 비교한 뒤 연락 주겠다고 한다.

시간을 그냥 보낼 수 없는 구 대리는 계속 제품의 비교 그리고 여러 솔루션 특장점을 고객에게 이메일로 보내 준다. 그리고 보름 뒤, 구 대리는 A사 총무 팀으로부터 전화를 받았다. 그리고 계약서를 들고 찾아가서, 계약을 한다. 공급은 초기 물량부터 시작해서 향후 총 3개월에 걸쳐서 총 10억 원 규모의 제품이 납품된다.

그렇다면 파이프라인 관점에서는 이러한 스토리를 바탕으로 어떤 파이프라인 프로세스가 만들어질까? 회사의 마케팅 활동, 영업 사원 '구' 대리의 활동으로 A사의 가능성 있는 구매 정보를 포착하게 된다. 이것을 '가망 기회 포착' 단계라고 하자. 구 대리는 팀에 돌아와서, 팀장에게 이 영업 기회에 대해서 알고 있는 기본적인 내용을 보고한다. 고객사 총무 팀장 김 부장이 구매 결정에 있어서 핵심 인물임을 보고한다. 판매사 영업 팀장은 구 대리에게 고객에게 예산이 준비되어 있는 것도 확인하고 경쟁 현황도 분석하게 한다.

구 대리는 고객과의 추가 미팅을 통해서 다시 확인해 보니, 당사의 제품을 제안할 경우 충분한 경쟁력도 있고, 물량도 크다고 판단한다. 구 대리는 영업 활동을 계속하면서 고객사가 자사의 제품에도 관심이 높다는 것을 확인한다. 또 과거의 제품들이 비용 대비 고장으로 인한 손실도 컸다는 것을 확인한다. 이제 구 대리 팀에게 A사 고객은 이제 파이프라인의 다음 단계인 '구매 의사 확인 & 내부 검증' 단계가 된다.

구 대리가 계속 고객과 커뮤니케이션을 하는 중 A사에서 공식적으로 RFP(Request For Proposal)를 보내왔다. 구 대리는 이제 이 영업 기회를 제안 단계로 넘기고, 팀장과 가격을 두고 고민을 한다. 내부 가격 승인을 받은 구 대리는 고객이 요청한 날짜에 최종 견적을 들고 제안을 한다. 경쟁사에 확실히 이기기 위해서 서비스 조항을 더 강화했다. 이때는 이제 '제안 및 협상' 단계가 된다. 보름이 지나서 드디어 고객이 연락이 왔다. 계약을 하겠으니, 이틀 안으로 방문하라고 한다. 구 대리는 계약서에 도장을 찍고 파이프라인 단계를 '수주' 단계로 이동시킨다.

다시 한 달이 지나고 구 대리는 초기 1차 물량을 공급했다. 그리고 구 대리는 영업 기회를 '판매 & 설치'로 이동시킨다. 하나의 구매 사이클이 끝나는 순간이다. 그럼 [그림 5]와 같은 프로세스가 된다.

간략하지만 고객의 구매 프로세스 그리고 기업의 파이프라인 프로세스는 이런 식으로 물려서 돌아간다. 몇 가지 특징을 눈치 챘는가? 우선 제조사가 제품을 강제로 고객에게 팔 수가 없다. 아무리 제품 가격이 싸도 고객이 구매할 시점이 아니거나, 예산이 없다면 판매는 불가능에 가깝다. 예외가 있다면 고객사에서 긴급히 해당 제품이 필요했을 때일 것이지만 그러한 경우는 얼마나 있을까? 결국 고객의 구매 사이클이 먼저 시작하고, 그리고) 나서 기업의 판매 사이클이 따라간다는 것을 알 수 있다(마케팅의 역할을 보탠다면, 고객의 구매 니즈가 발생하도록 여러 수요 창출 방법을 쓰는 것이다). 그래서 파이프라인 단계를 만들 때는 이 두 프로세스를 [그림 6]과 같이 일치시켜야 한다.

| 그림 5 | 기업의 파이프라인 프로세스

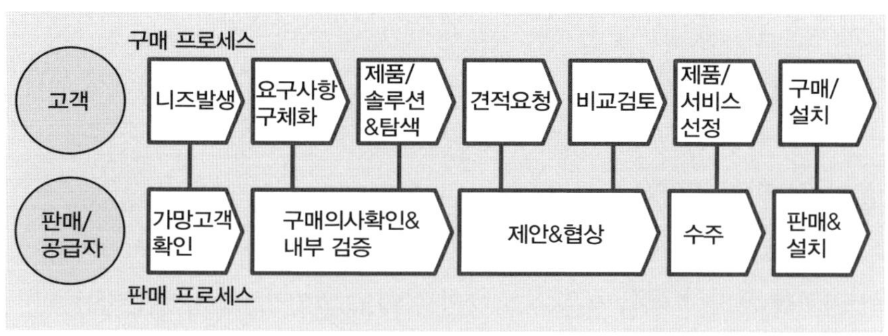

| 그림 6 | 고객의 구매 프로세스와 판매자의 판매 프로세스 맞추기

이 고객 구매 사이클을 잘 이해하는 구 대리와 같은 부지런하고 스마트한 영업 사원이 전략적으로 영업을 해 주는 것이 영업 기회의 성공률을 높이게 되어 있다. 파이프라인 제도를 도입할 때 가장 먼저 하는 것이 이렇게 자사 제품의 판매 프로세스를 고객의 구매 프로세스를 분석하여 설계하는 일이다. 그 이후 파이프라인을 실제 운영하기 시작하면 마케팅과 영업 조직에서 영업 정보를 시스템에 입력하면서, [그림 7]의 모양과 같이 파이프라인이 만들어 진다.

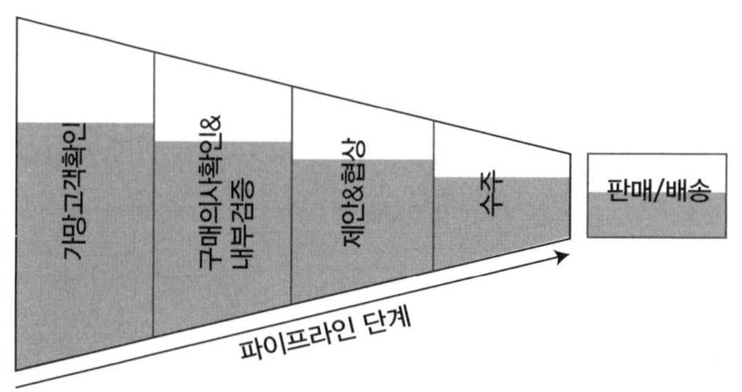

[그림 7] 완성된 파이프라인 예제

프로세스가 정해지면 모두가 동일한 단어를 쓰고, 동일하게 그 단계별 정의를 이해하며 동일하게 그 룰에 따라서 전체 판매 기회를 관리하게 된다. 만약 입수한 모든 영업 기회가 모두 다음 단계로 넘어가고, 100% 성공시키면 파이프라인 모양이 아니라 직사각형 모양이 될 것이다. 그러나 상식적으로 알 수 있듯이 이런 수주 관리는 있을 수도, 있어서도 안 된다. 100% 영업 기회를 포착한 영업 사원은 하나의 실패도 없이 100% 수주한다는 의미이다. 그 어떤 경영자도, 영업 매니저도 그러한 상황을 근거로 딜을 관리하지는 않는다.

이 책에서는 파이프라인 단계를 고객의 구매 프로세스에 1:1 매칭시켜서, 파이프라인 프로세스를 디자인했다. 이것은 하나의 예이다. 산업별로 제품 군별로 프로세스가 동일하기 어려우므로 하나의 예로서 이해를 하기 바란다. 이렇게 파이프라인 프로세스는 만들어지고, 모두가 이 프로세스에 따라 영업 기회를 포착하고 수주하기까지 긴 여행을 떠난다. 프로세스는 간단하기 그지없지만, 늘 고객과 고객사의 정보를 업데이트하면서 딜을 성공하는 그 여정은 간단하지만은 않다. 이렇게 영업 관리자와 영업 사원과의 줄다리기는 시작된다.

그런데, 파이프라인 단계를 판매자의 입장의 단계로 기술하지 말고, 고객 구매 관점의 단계를 그대로 파이프라인 단계에 사용하는 것이 더 유리하다는 주장을 하는 사례가 있다. 쉽게 말해서 고객이 현재 '이러이러한 상황이다'라고 정의하고 관리하는 것이다. 영업 사원들이 영업 단계를 시스템에 입력할 때 이 용어들이 선택 값으로 보인다. 『퍼널의 원리』(2010)를 쓴 마크 셀러즈가 바로 그 경우이다. 마크 셀러즈는 고객의 구매 프로세스를 그대로 기업의 파이프라인 프로세스로 해야 한다고 주장을 한다. 즉, 고객의 구매 프로세스를 6단계로 구분한다.

1. 고객의 이슈 확인 : 고객의 니즈를 확인하는 단계
2. 경제적 영향 검토 : 회사의 재무적 상황을 고려한 검토 단계
3. 고객의 예산 책정 : 예산 배정 단계
4. 구매 결정 기준 책정 : 구매 내역 상세화 단계
5. 대안 검토 : 다른 대안이 있는가 검토하는 단계
6. 공급자 선택 : 공급자 결정 단계

이렇게 할 경우, B2B 기업 중에서도 솔루션 영업을 하는 경우 더욱 유리한 면이 있다. 자사의 영업 팀도 마케팅 팀도 자사 측면의 프로세스를 고민할 필요도 없고 고객의 현재 구매 단계와 상황을 정확히 이해할 수 있는 이점이 있다. 필자의 제한된 경험과 학습으로는 대부분 기업에서는 영업 사원을 교육하고 시스템에 입력할 때는 자사 영업 기준에서의 영업 단계를 (파이프라인) 쓰는 경우가 대부분이었다.

파이프라인, 얼마나 잘게 쪼개야 하나?

그런데, 보통 기업은 자사의 판매 프로세스를 연구하고 정의하면서, 매우 복잡하고 많은 단계를 그리는 경우가 있다. 특히 기술 집약적 제품을 판매하는 회사에서 그러하다. 그러나 판매 프로세스를 파이프라인의 단계로 쓰기 때문에, 파이프라인 단계는 간단할수록 유리하다. 직원들이 누구나 모두 쉽게 알 수 있도록 간단한 것이 더 유리하다. 세 개 이하로 간단하다면 영업 기회를 확인하고 곧바로 수주를 하는 단계가 되므로 그것도 문제이겠지만,

너무 많은 영업 단계는 오히려 손해를 본다(표 1의 영업 단계 숫자의 장단점 참조).

대부분 파이프라인을 적용한 기업의 사례를 보면, 최대한 간단하게 프로세스가 설계되어 있다. 그리고 명확하게 프로세스에 대해서 정의를 내린다. 이유는 모두가 쉽게 인지하고, 쉽게 따라 움직이기 때문이다. 또한 파이프라인을 관리하는 측면에서도 효율적이다. 일반적으로 5단계 혹은 7단계에서 끝나고, 10단계 이상을 넘지 않는다.

| 표 1 | 영업 단계 숫자의 장단점

	장점	단점
5단계 이내	모두가 쉽게 이해하고 관리하기 용이하다.	너무 단계가 짧을 경우, 파이프라인 단계 관리 본연의 의미가 퇴색할 수 있다.
5개 단계 이상 10개 이내	영업 기회의 상황을 더 상세하게 볼 수 있다.	사실상 파이프라인 관리가 힘들다. 정보 업데이트가 늦을 경우, 정보의 신뢰도가 더 떨어진다.

제2장

소프트웨어를
구축하다

파이프라인는 데이터를 입력하고, 리포트를 볼수 있는 소프트웨어를 필요로 한다.

소프트웨어는 영업 사원들의 업무를 표준화하고 모든 기록을 데이터베이스화 할 수 있는 중요한 역할을 하게 된다.

파이프라인 단계가 정해지고, 고객 영업 활동을 입력하고 관리를 시작하게 되면, 무엇인가 전체 운영 모습이 눈에 보여야 한다. 영업사원이 데이터를 입력하고, 저장하고, 갱신하면 데이터가 누적되고, 영업 사원뿐만 아니라 관리자들은 영업 현황에 대한 한눈에 들어오는 리포트를 필요로 한다. 즉, 파이프라인을 움직이는 소프트웨어가 필요해진다.

필자가 받은 여러 질문 중 IT 시스템 관련하여서는 중소기업 혹은 스타트업과 중견 기업들의 질문이 매우 다르다. 영업 팀 규모가 작은 조직은 시스템 구축에 투자할 여력이 없기 때문에 엑셀로 운영할 수 있는 방법을 찾는다. 대규모의 영업 팀을 운영하는 조직은 엑셀로 운영하는 것이 어떤 문제가 일으킬 수 있는지 바로 알기 때문에, 어떤 소프트웨어가 좋은 지 혹은 자체 구축을 한다면 어떻게 가능한지에 대한 질문을 하게 된다.

우선 파이프라인은 어떤 형태이든 관리 툴(Tool)과 리포트가 필요하다. 엑셀이 관리 툴이 될 수 있기 때문에 엑셀로도 가능하다. 그러나 엑셀을 잘 다루는 담당자가 필요할 뿐만 아니라 데이터 갱신 및 영업 사원과의 커뮤니케이션에 많은 시간이 필요할 것이다. 또한 엑셀로 운영할 경우, 엑셀로 훌륭하게 템플릿을 만들어서 영업 사원들이 쉽게 사용하게 하는 방법이 있으며, 외국에서는 엑셀로 만든 툴을 판매하기도 한다. 그러나 소프트웨어의 비용이 사용자 수에 따라서 차이가 많이 나는 만큼, 예산이 허락하는 한, 소프트웨어를 사용하기를 권장한다.

소프트웨어는 또 두 가지 방식이 있다. 자체 구축 혹은 소위 소프트웨어 기업들이 제공하는 상용 패키지 솔루션들이다. 그리고 이 둘은 장·단점이 있는데, 자체 구축을 위해서는 파이프라인의 속성에 대해서 담당자들이 깊이 이해를 해야 한다. 대신 자사의 니즈에 좀 더 맞춘 시스템을 가질 수 있다. 상용 소프트웨어의 장점은 이미 많은 기업들이 쓰고 있는 기능들을 그대로 쓸 수 있다는 점이며, 기능을 맞춤화하는 것도 좋아졌다. 또한 시스템이 안정적으로 운영될 가능성이 높다.

상용 솔루션은 또 두 가지로 나뉠 수 있다. 그 하나는 데이터베이스를 자사 IT 인프라체제에 두는 형태이며, 다른 하나는 클라우드 솔루션을 쓰는 것이다. 즉, 매달 렌털 비용을 지불하는 것이다. 이 여러 시나리오에 대해서 TCO(Total Cost of Ownership)를 계산하는 것은 쉽지만은 않다. 즉, 이 시스템을 구축 및 운영했을 때, 비용적인 측면에서 어떤 것이 더 유리한가를 아는 것은 그리 단순하지만은 않다. 최근에는 클라우드 솔루션들이 다양한 가격 스펙트럼을 갖고 있어서, 영업 조직의 규모만큼 또 적용하는 기능만큼 비용이 지불되고 구조여서, 비용적인 유연성을 가질 수는 있다. 그러나 단기가 아닌 장기적으로는 소프트웨어를 쓸 경우, 고정비 지출이 만만치 않을 수도 있다.

시스템 관점에서는 또한 설계한 파이프라인의 여러 요소들을 충분히 반영하는가를 검토해야 하는데, 상용 솔루션에는 두 가지 특성이 있다. 먼저 CRM 솔루션들이 파이프라인의 기능을 포함하고 있는 경우이며, 두 번째는 파이프라인 소프트웨어를 도입하여 CRM 시스템에 연결하는 방식이다. CRM 소프트웨어를 이미 사용하고 있다면, CRM 시스템 내부에서 파이프라인을 지원하는 것이 유리하다. B2B 마케팅과 영업을 지원하는 CRM 시스템은 일반 컨슈머 기업의 CRM 소프트웨어와는 달리 마케팅 관점에서는 핵심 고객 관리 분야 그리고 영업 관점에서는 영업 활동 관리를 지원하는 SFA(Sales Force Automation)이라는 영역을 많이 쓴다.

이 모든 것들이 기존 CRM 소프트웨어에 포함되어 있는 경우가 흔하다.

CRM은 파이프라인 관리도 기본적으로 제공하기 때문에, 이미 CRM 솔루션을 쓰고 있다면, 확인을 해 봐야 한다. 만약 파이프라인 관리 기능이 충분하지 않다면 추가 개발 혹은 파이프라인 솔루션을 구매하여 붙이는 것이다.

중요한 것은 시스템이든 엑셀이든 영업사원들이 쓰기 편해야 한다는 점이다. 영업 사원들은 아마도 모든 기업의 조직원들 중에서 가장 IT 시스템에 익숙하지 않은 유저이기 때문이다. 더불어 영업 활동에 많은 시간을 보내고 있으므로 사용하기 편리하지 않으면 시스템 접속성이 떨어져서, 파이프라인 데이터 전체에 문제를 일으키게 된다. 그래서 파이프라인 관계자들이나 IT 매니저들은 이러한 이슈로 무척 마음고생을 하게 된다. 데이터 입력자들이 그들이 아님에도 불구하고 데이터 품질 및 시스템 사용성의 결과에 대해서 피해 가기 어려운 입장에 처해지기때문이다.

현대의 파이프라인 소프트웨어들은 2000년대의 모습과는 매우 달라져 있다는 것이 그나마 큰 위안이다. 그 어떤 변화도 기술의 발전을 따라가기 힘든 것처럼, 과거에 복잡한 UI나 인터넷 접속이 어려움에 있었지만, 현재는 앱으로도 소프트웨어가 제공되고, 접속이 너무나 쉽고, 데이터 디스플레이 속도 및 UI가 간단하기 그지없도록 개선되었기 때문이다. 점점 파이프라인의 이슈에서 시스템, IT, 소프트웨어 측면이 멀어지고 있다.

제3장

파이프라인 운영룰 셋팅

파이프라인을 운영하기 위해서는 운영 룰이 필요하다. 매출 목표에 상응하는 파이프라인 목표액을 설정하며, 고객사별 목표를 설정한다. 딜의 성공 가능성을 알려 주는 포캐스팅 룰(Forecasting Rule) 및 파이프라인 기반으로 영업 조직과 영업 기회를 운영하는 조직적 운영 룰이 바로 그것이다.

이 장에서는 파이프라인의 기본적인 단계를 설계하고 난 뒤, 실제 파이프라인 체제로 운영되기 전까지 핵심적인 준비 사항을 설명할 예정이다.

- ▶ 영업 지역 & 영업 팀 파이프라인 매출 목표 설정
- ▶ 어카운트 플래닝(Account Planning)
- ▶ 파이프라인 포캐스팅 룰(Forecasting Rule) 설정
- ▶ 딜 리뷰(Deal Review) 방식 설정

영업 지역& 영업 팀과 파이프라인 매출 목표 설정

파이프라인 방식에 대해서 조금이라도 보았다면, 파이프라인은 목표 금액으로 움직인다는 것을 알게 된다. 파이프라인이 없었을 때는, '당신의 월별, 분기별 그리고 올해 목표는 이것입니다'라고 하는 것이다. 파이프라인이 도입되면, 이 모든 목표 지표에 파이프라인 목표가 추가된다. 매출은 결국 파이프라인에 있는 영업 기회가 매출화되든 혹은 영업 과정 속에서 포기 혹은 실패로 귀결하게 된다. 이 과정 속에서 딜의 성공률이 계산되면서, 파이프라인의 금액이 얼마나 매출화되는지 알 수 있게 된다.

파이프라인 목표 지표가 금액으로 설정되어야 한다면, 영업 단계별 건수도 고려할 수 있지 않을까 생각할 수 있다. 예를 들면, 한 달에 10건의 새로운 딜을 만들어 내는 것이 목표가 될 수도 있다. 그러나 하나의 딜의 사이즈(금액)가 매우 클 수도 있기 때문에 파이프라인 목표도 금액 기준으로 설정하는 것이 단순하고 또 관리 측면에서도 유리하다. 동시에 관리하는 딜의 건수는 중요한 참조 정보가 된다.

결국 파이프라인 타깃(Target) 금액이라고 하는 것은 각 파이프라인 단계별

목표 금액을 설정한다는 것을 의미한다. 각 단계별 현황을 보면서 영업 전략을 짜고 고객을 잃지 않도록 미리 대처해 나가는 것을 의미한다. 예를 들면, 올해 파이프라인을 운영해서 100억 원을 매출화하겠다고 하자. 100억 매출을 최종 단계, 즉 클로징(Closing) 단계로 놓고 처음 단계부터 차례로, 즉 가망 단계, 내부 검증 단계, 제안 단계, 계약 단계에도 모두 목표를 설정하는 것이다. 상식적으로 100억 원의 매출을 달성하기 위해서는 몇 배수가 파이프라인 어느 단계이든 있어야 한다. 딜의 성공률이 30%라고 하면, 최소한 세 배수, 네 배수는 이전 단계에 있어야 한다.

영업 팀 혹은 영업 본부 전체는 기업의 한 해 매출을 달성하기 위해서, 파이프라인에 얼마나 많은 딜을 관리해야 하는지 계산하게 된다. 혹은 얼마나 딜과 딜의 금액을 영업 팀들이 확보하고 매출화하는지를 지속적으로 계산하게 된다. 한 해 매출을 달성하기 위해서 먼저 이전 년도로부터 넘어온 수주 잔고를 계산한다. 이것은 매출로 연결될 가능성이 많기 때문이다. 그리고 신규로 얼마나 많은 파이프라인을 만들어야 하는지를 딜 평균 성공률, 시장의 환경 그리고 제품의 시장 수요 등을 감안하여 계산한다. 일반적으로는 100억을 달성하기 위해서는 파이프라인의 가망 단계는 평균 4배 정도의 크기를 유지하도록 권장한다.

매출 목표를 잡을 때에도 B2B 수주 산업에서는 파이프라인 정보가 매우 중요하게 작용한다. 매출 목표를 높게 잡는 경우는 과거 시점에서 넘어온 파이프라인 수주 잔고가 충분히 많기 때문이다. 매출 목표를 줄일 때에는 파이프라인 수주 잔고가 너무 적기 때문이다. 시장에서 자사 제품 수요가 약하거나 영업력이 약해서 줄었거나 등을 분석하여 판단한다.

파이프라인 목표 설정은 이렇게 시장 환경 및 파이프라인 수주 잔고를 분석하면서 정해지는데, 파이프라인 관리란 것은 매출 목표를 보다 과학적으로 도달하기 위해서 운영하는 방법론이기 때문에, 파이프라인 단계별 목표에 너무 집착하지 않는 것도 방법이다. 파이프라인에 보이는 여러 데이터는 조직과 영업 사원의 영업 현황을 보고 전략적으로 코칭 해서 딜의 수주율을 높이기 위함인데, 형식적으로 파이프라인의 목표 관리에 치중하면, 영업 사원도, 영업 팀도 현실과는 다른 상관에게 보여 주기 식으로 입력 데이터를 조정하는 오류를 범할 수 있다.

파이프라인 목표가 비현실적이거나, 시장 상식과는 거리가 먼 수치로 설정되어 있을 경우, 파이프라인 관리의 가치를 현저히 떨어뜨리기도 한다. 그리고 파이프라인 단계마다 목표를 설정해서 관리하는 방식이 있다. 즉 가망 단계, 제안 단계, 수주 단계 등 모든 단계에 목표를 설정하는 방식이다. 이 방식은 좋은 지침과 좋은 가이드가 될 수 있고, 리포트를 볼 때도 영업 단계별 목표와 실제의 갭을 비쥬얼하게 보여 주므로, 관리자에게는 매우 좋은 영업 관리 툴이 될 수 있다.

그러나 여전히 영업 사원들의 데이터 왜곡을 유도할 수 있고, 영업 관리가 더 복잡해질 수 있다. 더 과학적인 관리의 의도가 오히려 정상적인 영업 관리를 망칠 수 있으므로 파이프라인 방법론을 도입하는 초기의 기업들은 파이프라인 가망 단계의 목표치만 설정하고 모든 영업 단계별 목표 관리는 성숙도가 높아졌을 때 검토하는 것이 유리하다. 대신 이 책의 3부에서 상세히 설명하겠지만, 파이프라인이 보여 주는 데이터를 보고 코칭을 해서, 모든 조직원들이 매출을 맞추도록 가이드 역할을 하는 것이 유리하다.

영업 사원들은 대개 여러 목표를 좋아하지 않는다. 영업 목표에 따라 자신의 연봉이 결정되는 경우, 매출 달성 및 초과 달성에만 관심이 있을 뿐,

다른 지표에는 큰 관심을 갖지 않는다. 그래서 파이프라인 목표를 설정하는 것은 쉬운 일이 아니다. 그리고 최소한 몇 년에 걸친 경험과 데이터를 필요로 한다. 만약 파이프라인 금액 설정에 갖가지 이유로 어려움이 있다면, 초기에는 파이프라인 금액을 설정하지 않고, 파이프라인의 단계별 현황데이터는 매출 달성을 위한 참고 자료로 활용하면서, 일정 기간 운영해 볼 것을 권장한다.

탑-다운(Top-Down) 대 바텀-업(Bottom-Up)

조직적으로 파이프라인 목표 설정은 어떻게 하는 것인가? 크게는 두 가지 방법을 쓴다. 먼저 상부에서 정하고 하달하는 방식이다. 예를 들어, 회사의 올해 매출이 100억 원이고 이 중에서 자사 영업 팀에서 90억 원, 다른 판매 채널에서 10억 원이 목표라면 영업 팀은 90억 원을 책임져야 한다. 이 목표는 다시 하위 영업 조직으로 떨어진다. 조직마다 과거 실적 및 인력 상황 등을 고려해서 분개가 되며 다시 영업 사원 개인에게 할당된다. 만약 특정 영업 조직이 이 목표를 맞추기는 어려울 경우, 영업 사원을 더 충원시켜야 하는 상황이 생긴다.

두 번째는 하위 영업 팀에서 설정한 목표 금액을 바탕으로 상위 목표를 정하는 방법이다. 즉 바텀업(Bottom Up) 방식이다. 하위 조직에서 실현 가능한 목표로 먼저 정하고, 이것을 회사 목표로 정하는 방법이다. 이 방법을 모든 영업 사원들이 선호할 수밖에는 없다. 그러나 이렇게 할 경우 매출 목표를 도전적으로 설정하지 않는 경향이 있어서, 주로 세 번째 방법, 즉 탑다운과 바텀업을 결합한 방식을 쓰는 경우가 있다. 영업 사원과 영업 팀에서 정한 것과 회사 전체에서 정한 것을 서로 모아서 다시 여러 차례 조정하는 방식이다. 만약 회사 목표와 자사 영업 팀에서 올린 목표가 차이가 크다면, 영업력을 더 증강하든가, 또 다른 매출 채널을 찾게 된다.

이런 식의 목표 설정이 끝나면, 파이프라인 목표와 실제 매출 목표가 정리된다. 회사 전체 및 영업 사원 개인까지 모두 설정이 되고, 시스템에 입력이 된다.

글로벌 B2B 기업들은 회기 년도가 시작되기 전에 차년도 영업 목표를 잡거나, 조직을 재편할 때 반드시 파이프라인 데이터를 참조한다. 특히 파이프라인의 수주액이 실제 매출액과 동일할 때, 파이프라인 데이터는 차년도 경영전략에 매우 중요한 데이터가 된다.

그 이유는 파이프라인 수주 잔고 정보, 파이프라인에 있는 가망 고객 및 딜 정보, 한 해의 파이프라인을 통한 영업 실적이 차년도 영업을 예측하는 데 결정적인 자료로 쓰이기 때문이다. 또한 이 자료를 바탕으로 영업 조직을 재편한다. 외부적으로는 제품의 수요, 내부적으로는 영업 팀의 역량, 이 둘을 동시에 검토하게 되고, 경영 판단을 하게 된다.

특히 파이프라인 정보에서는 기존 고객의 지난해 수주 금액, 수주 잔고, 새로운 고객의 가망 기회, 수주 가능성 정보 등을 참조한다.

차년도 영업 목표를 설정할 때, 전체 영업 지역을 놓고, 매출 목표를 설정하는 과정을 '영업 지역 관리(Territory Management)'라고 하며, 회사 전체의 매출 목표를 각 영업 팀과 영업 사원까지 목표를 내려보낸다. 이 과정에서 일방적인 매출 목표를 내려보내기보다는, 다시 하위 조직에서 파이프라인 데이터를 보고, 영업 팀장과 영업 사원까지 동일한 방식으로 여러 차례 협의하여 매출 목표를 설정한다. 그리고 영업 사원을 더 늘리거나, 줄이거나, 이동하거나 등의 다양한 변화가 일어난다.

어카운트 플래닝(Account Planning)

파이프라인을 활용한 매출 세팅이 끝나면, 다음 과제는 실제 이 목표를 달성할 영업 팀과 영업 사원에게 "어떻게" 이 목표를 달성할 것인지 담당하는 어카운트별 전략 수립 과정이 이어진다. '어카운트'는 '고객사'를 의미한다. 카운트 플래닝은 주기별 영업 목표를 채우기 위한 계획서이자, 가이드라인이며, 또한 영업 팀장과 영업 사원 간 서로 합의한 계획이기도 하다. 그래서 외국계 기업들은 이 어카운트 플래닝 작업을 한 후 서로 사인을 하기도 한다.

산업별로 그리고 비즈니스 모델별로 차이는 있지만, 대부분 영업 사원은 자신이 맡은 고객을 갖고 있다. 어카운트 플래닝은 고객사의 규모가 어느 정도 있어야 효과가 있다. 어카운트 플래닝의 핵심에는 목표 고객사의 현황, 내년도 사업 전망, 내부 관계자 조직(판매자와 관계있는 부서), 재무 현황, 현재 진행 중인 딜이나, 경쟁사 제품 납품 현황, 자사와의 관계 정도 (호의) 및 호의적이거나 적대적인 구성원, 구매에 있어서 결정적 역할을 하는 키맨 정보, 가능한 예상 판매액과 시점, 그리고 딜을 성공시키기 위한 기본 전략 등을 담는다.

대부분의 글로벌 B2B 기업들은 어카운트 플래닝 템플릿을 제공하여 이 템플릿을 바탕으로 문서화하며, 문서를 바탕으로 어카운트 플래닝 미팅을 통해서 영업 사원과 영업 팀장, 마케팅 및 경영 관계자들이 고객 영업 기본 전략을 짠다. 어카운트 플래닝은 분기별 혹은 반기별 다시 미팅을 통해서 진행 현황을 점검하기도 한다.

따라서 어카운트 플래닝은 일반적으로 기업이 영업 운영을 위해서 연례적으로 하는 업무 활동이기도 하지만, 파이프라인 운영체제와 맞물려 돌아갈 때, 큰 효과를 낸다.

파이프라인 포캐스팅 방식 설정(Pipeline Forecasting)

파이프라인을 도입하는 여러 이유 중에서 가장 주목받는 것 중의 하나는 파이프라인 데이터를 통한 판매 예측이다. 이것을 '파이프라인 예측 (Pipeline Forecasting)'이라 불리는데, 파이프라인 예측 방식은 제3부에서도 상세히 설명하였지만, 기업마다 약간씩 다른 방식을 사용한다.

기본적으로 파이프라인 예측은 영업 사원들이 입력한 딜의 예측 값을 근거로 향후 이 딜이 성공할 확률이 얼마이며, 성공했을 때의 매출예상과 공급할 물량이 얼마인지를 가늠하게 해 준다. 예를 들면, 딜 A가 성공할 확률이 50%, 70%, 90% 이런 식의 확률을 영업 사원에게 선택하게 한다. 선택 시에 모두 선택 기준에 대해서 모호하게 생각한다면 결과도 크게 달라져 버린다. 그래서 명확한 정의를 내리고 교육을 하게 된다.

파이프라인을 도입하게 되면, 회사에서 예측률을 정하고, 이것을 반복적으로 교육하며, 운영 시에 지속적으로 영업 사원을 코칭 한다. 영업 사원이 입력한 데이터가 현실과 다를 때에 하나의 예측치는 큰 영향을 주지 못할 수도 있으나, 많은 딜들의 예측 값이 현실과 다를 경우에 판매 예상액은 믿을 수 없는 데이터가 된다.

파이프라인 기반으로 비즈니스를 운영하는 기업들은 이 예측 값에 매우 민감하다. 이 값을 바탕으로 시장에 대한 판단을 하고 경영 전략을 수립할 수 있다. 시스코 같은 기업들은 이 값을 바탕으로 생산에 반영하며, 주주들에게 회사의 향후 전망을 공개할 때 이 수치를 제시한다.

딜 리뷰 방식 설정(Deal Review)

B2B기업으로 주로 딜을 다루는 기업이라면, 자체 수주 관리 방식을 갖고 있다. 파이프라인 방식은 영업 단계별로 영업 사원 개인과 그리고 조직이 체계적으로 움직이는 것이기 때문에, 더 잘 짜인 딜 관리 방식을 필요로 하는데, 그중에서도 핵심이 딜 리뷰 방식이다.

딜 리뷰 방식은 크게 영업 사원과 영업 매니저 간, 그리고 영업 팀장과 경영진 혹은 영업 본부장 간의 시점과 방식을 정하게 된다. 소규모의 기업이라면 계단처럼 보고 체계가 올라갈 필요도 없지만, 글로벌 기업들은 작게는 각 국가의 영업 팀에서 시작하여, 크게는 지사장과 지역 대표, 지역대표와 CEO 레벨까지 단계적으로 리뷰 회의가 일어난다. 다루는 딜의 크기가 당연히 차이가 난다. 시점은 보통 주 1회에서 혹은 주 2회, 그리고 월간, 분기별 리뷰도 거친다.

이러한 리뷰 회의를 (이후 장에서도 상세히 설명하겠지만) 조직의 체계에 따라 사다리처럼 진행한다. 그리고 이 회의는 매우 규칙적으로 진행되고 참석하는 사람이 고정적이어야 하며, 핵심 간부가 절대 빠지면 안 되는데, 그 이유는 한 번씩 그러기 시작하면 매우 불규칙적인 미팅이 되기 십상이기 때문이며, 핵심 간부가 빠지면 이 회의는 형식적으로 흘러갈 확률이 높기 때문이다. 또한 파이프라인은 데이터의 품질이 생명이기 때문에 주기적으로 점검하며, 진행 중인 영업 딜의 정보를 갱신해야 신뢰를 할 수 있는 데이터가 된다.

딜 리뷰 미팅에서는 주로 딜의 현황, 고객 요구 사항, 영업 사원이 해당 영업 단계에 해야 할 일을 했는지 체크하는 일, 딜을 다음 단계로 이동시키기 위해서 조직에서 지원해 주어야 할 사항 그리고 현 시점에서 딜의 성공 가능성 및 파이프라인 포캐스팅(Pipeline Forecasting)을 서로 확인하며, 시스템에 입력한다. 이 포캐스팅의 값이 합쳐지면 조직 전체의 포캐스팅 값이 된다.

이렇게 파이프라인의 영업 단계 설정 후, 목표액 설정, 어카운트 플래닝, 포캐스팅 룰 설정 및 딜 리뷰 방식을 설정하면 기본적으로 파이프라인 기반의 영업 방식이 준비된다. 준비에 있어서 한 가지 또 중요한 사항이 있는데, 파이프라인이 제대로 작동하려면, 강력한 룰과 영업 팀이 이 룰에 따라서 움직여 주어야 한다는 점이다. 영업 사원을 움직이는 것은 회사의 룰이라는 형식적 측면 외에도 파이프라인의 데이터가 영업 사원들의 연봉에 영향을 줄 때, 즉 연결되어 있을 때 보다 확실하게 작동한다.

파이프라인의 맨 마지막 단계인 클로징(Closing) 단계는 보통 고객과 계약을 하고, 제품과 서비스가 공급되는 시점을 의미한다. 이 클로징 때의 금액이 영업사원의 월급 혹은 보너스와 연동되어 있고, 파이프라인 매출 목표와 연동되어 있는 경우가 그러하다. 100% 딜을 통한 매출이 발생하는 B2B 기업은 파이프라인 매출이 곧 실제 매출이며, 이것이 곧 실적이기 때문이다. 그래서 파이프라인 데이터는 매우 민감한 데이터이다.

하지만 국내 기업들은 보너스가 연동되어 있지 않은 경우가 많이 있다. 파이프라인 목표가 있다고 하더라도 이것이 실제 연봉과 관련성이 낮은 경우가 있고, 관련성이 있다 하더라도 보너스의 일부에만 영향을 주는 경우가 있어서 전체 파이프라인 운영 관점에서는 여러 이슈를 발생시킨다. 최악의 경우에는 파이프라인은 형식적인 운영 체제가 되고, 데이터는 신뢰할 수 없으며, 악순환이 반복될 수 있고, 잘못하면 형식적인 업무 프로세스에 많은 사람들이 시간을 낭비하는 일이 생길 수 있다.

파이프라인은 어떠한 형태를 택하든 수주를 통해서 돌아가는 회사라면 반드시 필요한 체제이며, 전문가에 의해서 설계가 되어야 하고, 책임감 강한 담당 조직이 준비하고 운용해야 하며, 본부장급 이상의 영향력이 강한 사람의 지원 속에 엄격한 룰과 효율적인 관리 체제를 갖고 있어야만 정상적으로 운영된다. 이러한 특성 때문에 파이프라인은 그 필요성에 인식은 하나 정보를 항상 업데이트하고, 딜을 지속적으로 관리해야 하기 때문에 '필요악'이라는 별명도 갖고 있다.

파이프라인 방법론이
중요한 이유

이 책을 쓰면서, 마크 셀러즈를 알게 되었다. 마크 셀러즈는 미국에서 『퍼널의 원리』라는 책을 써서 이 분야에서 유명세를 타게 되었는데, 다른 전문가와의 차이는 철저하게 고객 구매 프로세스에 따라서 영업 팀이 움직이도록 파이프라인을 설계할 것을 주장했기 때문이다. 다음은 마크 셀러즈와의 인터뷰 전문이다.

Q 어떤 계기로 이 책을 쓰게 되었나요? 또 누가 읽기를 바랐나요?

A 파이프라인(퍼널)은 이미 대부분의 기업에 보편화된 영업 방법론입니다. 그러나 제가 20년 이상 이 분야에서 컨설팅을 하면서 느낀 것은 고객들이 영업 기회를 점검하고, 딜을 따내기 위해서 더 나은 방법을 계속 찾아왔다는 것입니다. 매년 지속적 성장을 하기 위해서, 주어진 매출 목표를 달성하기 위해서 파이프라인을 관리하는 데, 더 효율적인 방법을 찾을 수밖엔 없었던 것이지요.

Q 조금 원천적인 질문인데, 왜 기업에 파이프라인 방법론이 중요했나요?

A   파이프라인은 모든 영업 사원들에게 자신의 실적 목표를 맞추기 위해서 영향을 주는 가장 큰 기능을 하기 때문입니다. 이것은 경영자나 영업 팀장에게도 조직의 매출 목표를 맞추기 위해서 실적을 효율적으로 관리하고 더불어 영업 코칭을 해야 하기 때문에 중요합니다.

경영자들에게는 자신의 회사의 마케팅 활동, 영업 활동 및 판매 예측이 실제 어떻게 진행되는지 알아야 하기 때문에 파이프라인을 반드시 필요로 합니다.

Q   그럼 왜 파이프라인에 고객의 구매 사이클에 대한 깊은 이해가 필요한지 설명해 주십시오. 그리고 과거의 방식은 어떤 문제가 있었습니까?

A   영업 관리 그리고 고객과의 영업 활동은 자신의 회사인 판매자를 중심에 두면 안 됩니다. 파이프라인 설계 시에 이런 것을 크게 고려하지 않는 경우가 많았습니다. 영업 사원이 고객의 구매 프로세스에 초점을 맞추고 영업 활동을 할 때, 전략을 더 영리하게 짤 수가 있습니다. 그리고 시간 낭비도 줄이고, 딜의 승률도 더 높입니다.

Q   이미 기업은 CRM을 운용하고 있는 경우가 많은데, 왜 파이프라인을 이해해야 합니까?

A   저는 CRM은 너무 기술 중심적이라 생각합니다. 고객 구매 사이클에 중심을 둔 파이프라인 기법은 프로세스입니다. 기술로 프로세스의 문제를 고칠 수는 없습니다. CRM 시스템 그 자체가 판매 활동을 자동으로 변화시킬 수는 없으니까요. 기업의 영업 습관에 변화를 주는 것은 프로세스와 코칭에 달려 있습니다.

Q 기업 현장에서 파이프라인을 적용했을 때, 기업은 어떤 변화가 일어났었습니까? 어떤 효과가 있었다고 보나요?

A 개인적인 경우이긴 합니다만, 한 소프트웨어 회사는 2011년에 40%에 이르는 성장을 했습니다. 반도체 회사 같은 경우는 2011년 59% 매출 신장을 보여 주었습니다. 저는 중국, 인도 그리고 일본에서도 컨설팅을 했었습니다. 인도에 있는 제약 회사는 2012년 36%의 매출 신장을 보여 주었습니다.

이러한 수치는 초기에 정한 목표 대비 그러한 것인데, 영업 팀에서 고객의 구매 프로세스를 더 정확하게 이해하고 그 리듬에 맞춰서 전략적인 영업 활동을 하고 승률을 높였기 때문에 가능했습니다. 많은 기업들이 그렇게 할 거라고 생각하겠지만 현실은 그렇지 않습니다. 조직 전체에 이러한 영업하는 방식과 프로세스를 심어 놓는게 중요합니다. 그 반대라면, 영업 기회가 어떻게 되어 가고 있는지도 모르고, 고객에게 어떻게 접근해야 할지, 또 고객의 어떤 단계에 어떠한 정보를 제공해야 될지 모르기 때문에 고객에게서 신뢰를 잃게 되고, 이것이 기업 전체적으로 누적이 될 때, 매출 목표를 맞추는 것조차 힘들어지는 것입니다. 그 점에서 파이프라인을 이해하는 것, 그리고 고객의 구매 프로세스를 정확히 이해하고 조직이 움직이도록 하는 것이 매우 중요한 것입니다.

파이프라인을 운영하려면, 아래와 같은 최소한의 정보가 필요하다. 정확한 정보가 많으면 많을수록 좋다. 많은 정보는 많은 것을 분석하게 해 준다. 많은 정보는 그러나 그만큼 입력자들에게 많은 부담을 주고, 또 정보가 부정확할 확률도 높인다. 또한 초기 단계에서 정보를 그렇게 입수하기는 쉽지 않다. 그러나 제안 대상으로 결정될 시점에는 기본 정보들이 모두 입수되어 있어야 한다.

1. 제품 정보 : 단품 혹은 복합 제품

2. 영업 기회 금액 : 고객이 구매할 가망 금액

3. 예상 마감 시기 : 고객이 결정하고, 하나의 영업 기회로서의 소멸 시점

4. 영업 단계 : 기업이 설계한 파이프라인 단계

5. 예상 판매 가능성 : 이 영업 기회를 성공할 확률

6. 고객 담당자 : 고객사의 구매 담당자, 구매에 영향을 주는 사람

7. 고객 요구 사항 : 제품과 서비스에 대한 구체적 요구 사항

8. 판매 채널 : 제품과 서비스가 판매되는 영업 채널

9. 영업 기회 유입 채널 : 영업 기회를 획득한 채널

제4장

파이프라인 운영의
핵심 원리

"파이프라인은 크기, 속도, 그리고 승률이라는 세 가지 요소가 서로 물려서 움직인다. 그것은 마치 자연의 이치에서는 바람과 구름과 태양 같은 것이다. 파이프라인의 크기는 매출의 미래를 짐작하게 하고, 속도는 매출의 시점을 짐작하게 하며, 승률은 매출의 결과를 짐작하게 한다."

파이프라인 운영 체제가 준비되면, 파이프라인 기반의 영업 운영 방식에 대해서 교육을 받고, 영업 사원들이 영업 기회를 시스템에 입력하면 파이프라인 관리는 시작된다. 소규모의 회사라면 한 달에 열 건도 될 수 있고, 글로벌 기업이라면 1만 건도 넘을 수가 있다. 왜냐하면 영업 사원의 수가 5천 명 정도만 넘는다고 보고, 이들이 한 달에 한두 건의 영업 기회만 포착하고 시스템에 입력하면 1만 건은 쉽게 넘어간다.

IBM의 CEO가 한때, '저는 아침에 출근해서 파이프라인을 확인합니다'라는 기사가 있었는데, 그 많은 영업 사원들의 영업 기회를 모두 볼 수는 없었을 것이며, CEO는 보통 요약 정보나 매우 큰 딜의 정보를 본다. 그리고 기업이 크다고 해서 파이프라인에 등록된 영업 기회의 숫자가 반드시 많은 것도 아니다. 특수 선박 같은 수주 건을 진행 중이라면, 금액은 1천억 원이 우습게 넘어도 건수는 겨우 1-2건일 수도 있다. 어떠한 종류이든 파이프라인에 들어오면, 터널을 빠져나가야 하나의 건이 끝나는 것이다. 파이프라인에서는 '하나의 사이클이 클로징 된다'고 표현한다.

그런데 파이프라인의 설계와 준비가 끝나고 데이터가 본격적으로 들어온 뒤 전체 메커니즘이 어떻게 '작동'하는지 궁금할 것이다. 파이프라인을 움직이는 핵심 메커니즘은 무엇일까? 파이프라인을 도입한 지 오랜 역사를 갖고 있다. 파이프라인이 비즈니스에 미치는 영향이 매우 큰 HP사의 예를 보자. HP사는 다른 경쟁사들과는 달리 파이프라인의 규모를 언론에 거의 노출하지 않는다. 그러면서도 HP의 엔터프라이즈 스토리지 & 서버의 30조 비즈니스를 책임지고 있는 앤 리버모아 부사장은 2011년 언론과의 미팅에서 이렇게 말했다.

"우리는 현재 파이프라인의 영업 기회를 볼 때, 파이프라인의 크기뿐만 아니라 품질 측면에서, 우리 회사의 전반적인 영업 전망은 꽤 괜찮은 것 같습니다."

이 말의 의미가 무엇일까? HP는 B2B 비즈니스 영업이 차지하는 비중이 매우 높은 회사다. 필자는 현재 이 글을 HP사의 노트북으로 쓰고 있는데, HP사에게는 사실 B2B 기업형 고객의 비중이 매우 높다. 그야말로 영업 기회로 움직이는 회사다. 그리고 유통 거래선, 즉 파트너가 중요하고, 또한 제품과 서비스가 궁극적으로 공급되는 최종 고객에 대한 관리가 비즈니스의 모든 것이다. HP는 오랜 노력으로 유통에서의 힘이 세다. 이것을 두고 '유통 채널 파워가 강하다'라고도 한다. 그러나 영업 기회는 결국 최종 고객에게서 발생하기 때문에 HP사는 최종 고객에 대한 높은 수준의 마케팅과 영업 관리력을 보유해 왔다.

그래서 HP사에서의 비즈니스 모델에서 유통의 판매 흐름 추적과 파이프라인 관리는 마치 마차를 끌어가는 앞과 뒤의 역할을 하고 있다. 파이프라인은 아직 판매 완료가 되지는 않은, 미래의 판매를 위한 관리이고, 유통 정보는 이미 거래선에 판매한 정보로 두 자료가 시장을 흐름을 읽는 데 동시에 쓰인다.

경영자 리버모아에게 시장 선행 지표를 알기 위해서 파이프라인을 볼 수밖에는 없게 된다. 기자와 애널리스트들을 상대하기 위한 방법일 수도 있으나 프레스에 밝힌 자사의 향후 판매 전망이 실제 결과와 차이가 계속될 경우, 외부에서는 신뢰하지를 않게 되므로 쉽게 그렇게 말할 수는 없다. 또한 외부 프레스나 주주를 위한 것보다도, 경영진들은 스스로도 파이프라인을 통한 전망을 궁금해할 수밖엔 없다.

파이프라인은 글로벌 시장에서 HP 제품의 반응을 알 수 있는 척도이자,

판매 예측 정보를 제공하므로, 우선 실적 목표를 맞출 만큼 파이프라인에 영업 기회가 충분히 입수가 되고 있는가와 그 정보의 정확성이 매우 중요하다.

그것이 곧 파이프라인의 품질을 의미한다. 파이프라인 품질이 높아질 때, 이 정보에 대한 신뢰도가 높아진다. 그리고 경영 관리의 결정적 자료로 활용된다. 파이프라인을 적용하면 많은 기업들이 먼저 좋은 품질을 원하는데, 내부 조직의 노력 없이 좋은 품질의 파이프라인이 쉽게 만들어지지 않는다.

파이프라인의 메커니즘은 세 가지 요소

HP의 사례를 잠깐 인용해 보았는데, 뭔가 파이프라인을 성공적으로 움직이는 핵심 요소에 대해서 눈치를 챘을 것이다. 여러 이론과 회사의 사례를 종합해서 판단해 보면, 파이프라인을 움직이는 핵심 요소는 바로 파이프라인의 크기, 영업 기회의 움직이는 속도 그리고 승률이다. 어떻게 보면 파이프라인의 운영상의 비밀은 이렇게 간단하다. 더 많은 영업 기회를 잡아내고, 더 빨리 파이프라인 속으로 흘러가게 하고, 더 많은 수주를 하면 된다. 한 사람의 한 사람의 파이프라인을 그렇게 관리하고 이것이 전체가 되면 회사의 파이프라인이며, 이 삼박자를 맞추도록 유도하면 된다.

1. 영업 기회는 많을수록 좋고, 금액은 클수록 좋다

파이프라인의 크기는 무조건 클수록 좋다. 파이프라인 크기는 주로 영업 기회 건수와 각 건들의 예상 판매액으로 관리를 한다. 건수가 많아도 좋고, 건마다 금액이 커도 좋다. 집에 손님의 발걸음이 많아지면 집안이 뭔가 흥하고 있는 모양과도 같다. 만약에 신제품을 출시한다고 가정하자. 마케팅 팀에서 시장 조사를 한 결과, 고객의 반응도 좋다고 하자. 그런데 이 소식

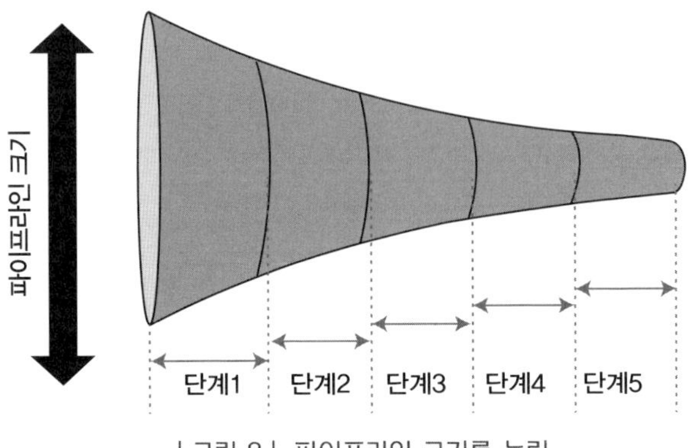

| 그림 8 | 파이프라인 크기를 늘림

은 기쁘기는 하나 누구도 불안감을 완전히 씻을 수는 없다. 영업 기회가 들어온 것도 아니고, 매출화된 것도 아니다. 그러나 영업 기회가 가시적으로 파이프라인에 들어오고, 그 수와 금액이 나타나면 과거의 통계와 평균 승률로 미래를 예상할 수 있다.

이론적으로는 세상의 모든 영업 기회를 가능만 하다면 모두 획득해서 무조건 많이 채워 넣는 것이 좋을 수밖에 없다. 그것도 경쟁사가 알아차리기도 전에 말이다. 창고에 먹을 양식이 없는 것보다 불안한 것은 없다. 우리 제품과 서비스를 원하는 모든 고객의 구매 의사를 포착해서, 파이프라인에 넣어야 한다. 그래서인가. 영업 팀장은 늘 영업 사원들이 가만히 자리를 지키지 말고 고객을 만나러 다니라고 한다.

그러나 왜 생각만큼 파이프라인에 영업 기회는 잘 들어오지를 않는가? 왜 가망 기회가 잘 보이지 않는 것일까? 또 파이프라인 사이즈가 왜 자꾸 줄어들고 있을까? 그것은 아래 이유들 때문일 것이다.

▶ 시장 경기가 매우 안 좋아서, 고객들이 투자를 미루거나 보류했다.

- ▶ 자사 제품의 매력도가 최근 떨어졌다.

- ▶ 영업 사원들이 이미 이 영업 기회를 포착했음에도 불구하고, 조직의 관리 시스템에 시달리지 않기 위해서 입력을 하지 않는다(이 경우가 꽤 많은데, 그래서 파이프라인 미팅을 통해 확인한다).

- ▶ 진행 중인 건들이 중간에 포기하는 건이 늘고 있다. 이것은 비즈니스 측면에서 시장에서 경쟁력이 약해져서 그럴 수도 있지만, 회사에서 영업 기회 입수만을 강조할 때 반짝 늘었다가 다시 줄어들 때도 이러한 현상이 생긴다.

- ▶ 파이프라인 목표 금액(매출 목표) 대비, 이미 영업 기회가 파이프라인에 많이 있다고 생각하면, 영업 기회가 많아도 시스템에 입력하지 않는 경우가 있다.

파이프라인을 경험하는 영업 사원과 팀장들은 일종의 두려움을 갖게 된다. 파이프라인의 크기는 끝없이 변하기 마련인데, 파이프라인 크기가 줄면 매니저들이 걱정하기 시작하며, 넘쳐나면 파이프라인 목표액을 너무 적게 잡은 것은 아닌지, 혹은 조직을 더 키웠어야 하는 것은 아닌 지 생각하게 된다. 파이프라인 매출에 보너스가 크게 걸린 영업 사원은 매출 목표를 어느 정도 상회하는 영업 기회만 관리하면서, 다른 영업 기회는 밝히지 않을 수도 있다.

영업 사원 영업 팀장과 영업 사원 간, 영업 팀장과 본부장 간의 복잡 미묘한 쫓고 쫓는 머리싸움이 시작된다. 하지만 지나치게 적은 파이프라인 사이즈는 모두에게 좋지 않다. 글로벌 기업들은 첫 단계의 파이프라인 사이즈를 매출 대비 4배는 유지하라는 권고를 많이 한다.

영업 사원은 무조건 많이 입력하지 않는다

영업 사원은 회사가 바라는 것처럼, 가능하면 많은 영업 기회를 파이프라인 시스템에 입력을 할까? 흥미롭게도 영업 사원은 자신이 알게 된 영업 기회를 사실 그대로 입력한다고 볼 수는 없다. 그 이유는 영업 사원들은 자신이 입력한 이유로 오히려 상사에게 보고해야 할 의무만 더 생긴다는 압박감을 갖기 때문이다. 가장 영리한 영업 사원이라면 자신의 목표 금액에 대비하여 적절히 스스로 소화할 수 있는 만큼만 시스템에 입력하는 경우가 허다하다. 영업 사원이 이중 관리를 하는 경우가 많다는 뜻이다.

이 현상을 줄이기 위해서 기업 측면에서는 파이프라인의 목표를 도전적으로 높인다. 또한 파이프라인으로 매출화하는 것에 주로 평가를 하지만, 영업 기회를 많이 입수하는 것에 평가 점수를 주는 방법을 쓰기도 한다. 만약 이 건들이 실패하더라도, 파이프라인 전체 운영 문화를 만들기 위한 것이며, 또 입수된 고객 정보들이 다음 기회를 위해 쓰일 수 있기 때문이다.

파이프라인의 크기를 어떻게 높일 것인가? 어떻게 하면 보다 많은 영업 기회를 포착하고, 시스템에 제대로 입력할 수 있도록 할 것인가? 시스템 입력이슈부터 설명하면, 시스템 입력은 반복적인 교육과 강력한 파이프라인 관리 룰이 가장 큰 영향을 준다. 만약, 기업의 파이프라인에 유입되는 영업 기회가 줄어들고 있다면 이것은 매우 심각한 상황이다. 이러한 경우 제품의 경쟁력에 문제가 있는 것인지, 경쟁사의 새로운 제품이나 마케팅에 영향을 받은 것인지 혹은 전반적인 영업 조직에 문제가 있는지를 살펴봐야 한다.

또한 자사의 마케팅 활동 제대로 작동하지 않는 것인지, 그래서 수요 창출 활동(Demand Generation)에 문제가 있는 것은 아닌 지 살펴봐야 한다. 왜냐하면 가망 단계에서의 영업 기회 창출에는 마케팅 활동도 큰 영향을 주기 때문이다. 그리고 영업 사원별 혹은 조직별 분석을 통해서 파이프라인의 크기의 변화가 개인과 특정 팀에 문제가 심각한지 살펴보고 해당 영업 사원과 팀에 대한 코칭을 하게 된다. 이 방법에 대해서는 다음 제3부의 '파이프라인 코칭' 섹션에서 상세히 설명하였다.

또한 파이프라인 크기를 키우는 방법 중에 영업 조직을 더 확대하는 방법이 있다. 다만 자사의 영업 팀을 더 키우는 것은 영업비용과 관계가 깊고 시장 상황이 나빠질 경우 다시 조정하기 힘든 이슈가 있어서 이 방법을 쉽게 선택하지는 않는다. 다만 회기가 끝나고 차년도 회기 전에 조직을 다시 조정할 때, 대부분 기업들이 파이프라인 데이터를 근거로 변화를 일으킨다. 이러한 내부적인 방법 외에도 외부 아웃소싱 마케팅. 세일즈 방법을 쓰기도 한다. 가령 외부 계약직 영업 팀을 늘리든가 온라인 판매를 늘리는 방식도 그 방법 중 하나라고 할 수 있다. 하지만 이 또한 비용 등 여러 요소를 고려해야 한다.

파이프라인의 크기가 매출과 반드시 비례하는 것도 아니다

파이프라인의 크기가 커다는 것은 일반적으로는 좋은 일이나, 이것이 매출과의 높은 상관관계를 가진다고 확신하기는 어려운 점이 있다. 파이프라인 목표를 채우기 위한 허위 정보들, 상식적으로 경쟁이 많지 않을 때, 그리고 시장 상황이 좋지 않은 시점에, 지나치게 영업 기회가 많은 점 등은 항상이 영업 기회들이 사실인가에 대해서 체크를 해 봐야 한다.

2. 영업 기회의 진행 속도를 높여라

두 번째는 파이프라인을 움직이는 메커니즘은 파이프라인에 입수된 영업

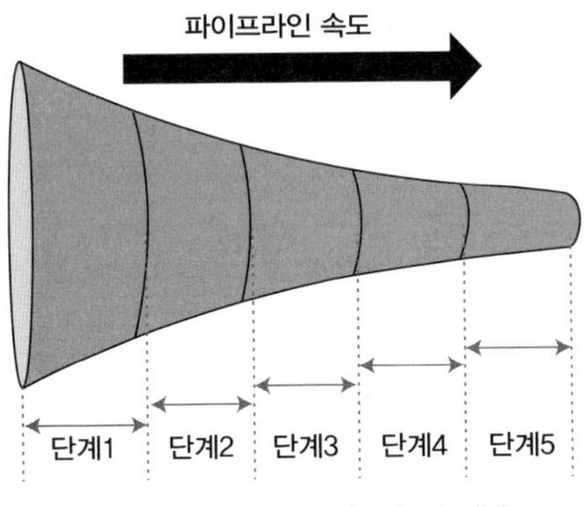

| 그림 9 | 파이프라인 속도 높이기

기회들이 [그림 9]처럼 다음 단계로의 전환이 빠른 것이다. 영업 단계별 딜의 이동 속도가 빠른 것을 의미한다. 이론적으로는 영업 기회를 포착한 시점부터 클로징까지 그 사이클이 짧아지면 예정보다 빨리 매출화된다는 의미이며, 영업비용도 그만큼 줄어든다. 또한 B2B에서는 영업 사이클에서 예측치 못한 일들이 많이 일어나 딜이 실패로 끝나는 일도 많은데, 매우 안정적으로 클로징 되는 것을 의미하므로 딜의 진행 속도를 높이는 것이 중요하다.

파이프라인에서는 이것을 '세일즈 사이클(Sales Cycle)의 속도를 줄인다'는 표현도 쓰는데, 파이프라인 관리자들은 모든 딜의 단계별 체류 기간 및 이동 속도 등을 관리한다. 딜이 하나의 단계에서 계속 머무는 상태가 길어질 수도 있는데, 일반적으로 기업들은 단계별 체류 기간을 설정한다. 이것은 매출 시점까지 제품별 평균 사이클을 고려하여 설정한다.

일반적으로 하나의 단계에 딜이 머무는 이상적인 기간을 1달이라고 한다면, 1달이 넘도록 특정 딜의 단계에 아무런 변화가 없다면 그 이유를 분석한다. 계속해서 한 단계에 계속 머물러 있는 현상을 '정체', 파이프라인 용어로는 '에이징(Aging)'이라 쓴다. 일반적으로 고객사에서 실제 변화가 없는 경우와 영업 사원이 딜의 상황 변화를 알면서도 시스템에 업데이트하지 않은 경우가 대부분이다.

딜의 이동 속도를 높이기 위해서, 마케팅 팀에서 해당 타깃 고객층을 대상으로 이벤트를 열거나, 고위 임원 간의 미팅을 갖거나, 혹은 특별 구매 혜택을 제안하는 등의 여러 가지 방법을 쓴다. 후자는 전략적 선택인데, 딜을 계속 바라보고 있을 것인가 혹은 딜 클로징이 더 길어지는 위험보다는 다소 비용이 들더라도 클로징에 초점을 맞추고 매출화할 것인가에 대한 판단이다.

딜의 영업 사이클은 제품군마다 매우 다른 특성을 보이므로 이것은 산업별 특성과 자사의 누적 데이터를 분석해서 파악하는 것이 바람직하다. 예를 들면, 대형 선박 혹은 복합 시설 딜은 수주하기까지 꽤 많은 시간이 걸린다. 호텔에 납품되는 전자 제품 및 가구도 호텔이 건축되는 기간이 오래 걸리기 때문에 파이프라인 사이클이 길다. 반면 고객사의 사정으로 급하게 공급되는 제품들은 그 사이클이 한 달 혹은 그 안에 결정이 되기도 한다.

어떤 상황이든 판매자는 늘 사이클을 줄이고 싶어 한다. 그래서 영업 사원들에게 경쟁자보다 먼저 기회를 포착하고 고객과의 관계 관리를 통해 수의 계약을 하기를 원한다. 혹은 그에 준하는 고객과 확실한 우호적 관계를 맺고 유리한 포지셔닝을 하기를 원한다. 딜의 사이클이 길면 길수록 긴 판매 사이클에서 발생하는 조직적 피로도도 높고 수익성도 떨어진다는 것을 알기 때문이다.

이 세일즈 사이클 속도 외에도 중요한 것이 있다. 지금까지 설명한 것이 전체 구매 사이클의 기간을 줄이는 것이라면, 다음에 소개하는 것은 영업 단계별 이동 속도를 줄이는 전환에 대해서 알아보자. 전환은 '컨버전

(Conversion)'이라 부른다. 컨버전은 단순히 속도보다 얼마나 영업 기회들이 다음 단계로 많이 이동했는가를 보여 주는 측정 방법이다.

이 컨버전은 파이프라인 관리에서 매우 중요한 개념이다. 매출을 높이기 위해서는 이 컨버전율을 높여야 한다. 그리고 파이프라인 관리자나 영업 매니저들은 컨버전율을 높이기 위해서 영업 사원들에게 압박을 가하게 된다.

그러나 경영진에서 컨버전에 압력을 가하는 경우, 또 다른 이슈가 발생한다. 원래는 정직하게 고객의 현실을 그대로 반영하여 영업 기회를 이동시켜야 하지만 영업 사원이 보고를 해야 하는 입장에서는 그렇지 못할 때도 있다. 그래서 보고를 위한 보고가 되기도 하는데, 영업 사원들은 딜의 단계를 거짓으로 이동시켰다가 다시 조정하는 경우도 있다. 파이프라인 경영 관리에 있어서 가장 중요한 것이 컨버전 속도를 높여서 매출화하는 것이지만, 그만큼 잘못된 보고가 될 위험성도 있다.

그러나 영업 팀장이 파이프라인 정보를 보면서 계속 푸시를 할 경우, 허위로 영업 단계를 조정해야 할 수밖에 없는 상황이 생기는 것이다. 특히 영업 단계에 세일즈 포캐스팅이 연동되어 있는 경우는 더욱 상황이 복잡해진다. 어떤 경우는 임의로 단계를 이동시키기도 하고, 또 어떤 경우는 이미 제안 단계임에도 단계를 업데이트하지 않는 경우도 있다. 또 어떤 경우는 딜의 금액과 납품 수량을 현실과 다르게 조정하는 경우도 있다.

실제 파이프라인을 운영하게 되면 많은 영업 사원들이 이 함정에 빠지게 된다. 영업 팀장이 지속적으로 특정 영업 기회에 대해서 체크하기 때문에 허위로 보고를 할 수도 있다. 또 한 번 허위로 보고한 것이 거짓으로 드러날 수도 있어서 신뢰를 잃기도 한다. 그야말로 컨버전의 함정이다. 그래서 영업 기회가 빨리 매출화되는 것도 중요하지만, 고객의 상황을 무시한 허위 보고는 하지 않도록 해야 한다.

파이프라인 관리에 있어서 중요한 점은 고객의 현황을 정확히 파악하고, 딜을 클로징 시키기 위해서 영업 단계에 맞는 전략을 수립하고 고객 영업을 더 과학적으로 하는 것이다. 파이프라인 관리를 하는 근본적인 이유이다. 파이프라인의 속도를 체크하는 방법, 즉 영업 기회들이 느리게 움직이는 현상을 체크하는 방법은 아래와 같다.

▶ 영업 사원들은 제대로 딜의 상황을 파악하고 파이프라인 단계를 업데이트하고 있는가?

▶ 회사에서 가이드를 정한 범위를 벗어나는 정체 딜은 어떤 건들이며 그 이유는 무엇인가?

▶ 평균적인 고객의 구매 사이클에 비해서 어떤 건들이 이동이 느린가?

▶ 영업 단계가 현실과 다르게 업데이트된 것은 아닌가?

3. 승률을 높여 매출을 더하라

파이프라인 관리 메커니즘의 또 다른 것은 '파이프라인에 들어온 딜이 얼마나 성공해서 매출화되느냐'이다. 파이프라인을 관리한다는 것은 과학적인 영업을 자랑하려는 것이 아니라, 안정적으로 매출 타깃을 맞추고 더 초과하기 위함이다. 이 관점에서 딜이 얼마나 성공하느냐를 보게 된다. 그래서 원칙적으로 [그림 10]처럼 성공률을 높여서 파이프라인의 맨 마지막 단계의 사이즈를 키우는 것이다.

파이프라인을 운영하다 보면, 영업 사원들이 입수하는 딜은 많은데 실제로 끝까지 단계를 이동하다가 매출화하지 못하는 경우가 많다. 제안 단계에서 떨어지는 경우, 협상 단계에서 결렬되는 경우 등이다. 영업 팀 전체적으

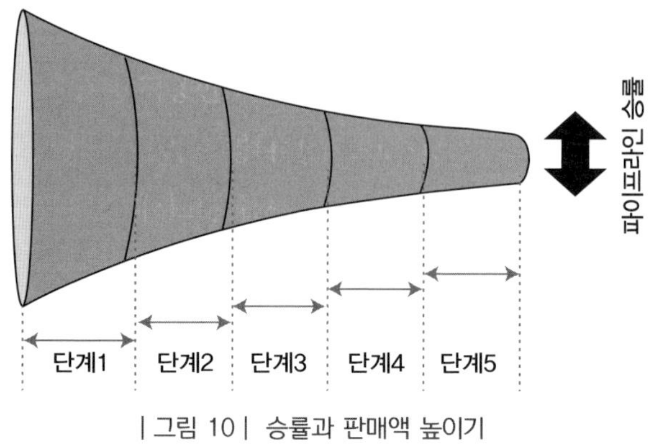

| 그림 10 | 승률과 판매액 높이기

로 이런 현상이 나타난다면 문제가 심각하다. 또 소수의 영업 사원들의 파이프라인에서 나타나는 현상이라면, 반드시 그 원인을 분석하고 시정하도록 하는 코칭이 필요하다.

파이프라인 성공률의 함정

그러나 영업 기회 성공률에는 함정이 있다. 상식적으로 우리는 성공률이 높은 것을 선호한다. 성공한 세일즈맨의 신화를 보면 대부분 힘들고 어려운 세월을 보내고 난 뒤, 신뢰를 바탕으로 만나는 고객마다 높은 성공률을 올린 애기를 흔하게 본다. 영업 사원이 100명의 고객을 만나서, 90명에게서 계약을 따내면 영업 기회의 건수 측면에서는 90%의 성공률이다. 그러나 파이프라인 관점에서는 이것은 비정상적인 일이다. 소수의 영업 사원에게만 나타날 수 있는 일일 뿐만 아니라, 상식적으로 여러 건 중에서 어떤 것은 성공하고, 어떤 딜은 경쟁자에게 질 수 있다. 예를 들면, 하나의 딜을 성사시키려면 최소한 세 개의 딜은 확보해야 한다는 것을 알고 있다.

파이프라인을 운영해 보면, 영업 사원들이 판매 성공률이 높은 건들만 시스템에 등록하여 지나치게 높은 승률을 보이는 사례가 많다. 승률이 60-70% 이상 넘는다는 것은 될 것 같은 딜만 입력하고 보고하기 때문이다. 이것은 파이프라인 가이드라인에 정면으로 위배된다. 파이프라인은 현실을 반영하고, 이기면 왜 이겼고, 지면 왜 졌는지, 또한 영업 단계 그 과정 속에서 어떤 전략이 옳았고, 또 어떤 전략이 좋지 못했나를 보면서 영업을 더 스마트하게 하기 위해서 만들어졌기 때문이다.

한편 10-20%와 같이 성공률이 지나치게 낮은 것도 문제가 된다. 영업 정보를 입수만 많이 하고 제대로 딜을 클로징을 못 시키기 때문이다. 그래서 자사의 딜 성공률을 가이드 할 때는 실제 시장의 수요와 상황, 과거의 승률 데이터, 그리고 현재 실적 데이터 및 제품군의 특성 등을 동시에 고려해야 한다.

2011년 미국의 CSO 인사이트라는 업체에서 대기업에서 중소기업까지 625개 기업의 영업 조직 대상으로 서베이를 한 결과, 영업 프로세스를 매우 잘 운영하는 기업의 경우 평균 영업 기회를 분석결과 52.3%의 승률을 보여주고, 보통의 기업의 경우 41.1%의 승률을 나타냈다고 한다. 필자의 관점으로는 30% 정도의 성공률이 적정한 가이드라인이라고 생각한다. 이상적인 승률은 정해져 있지 않다. 기업의 비즈니스 모델과 성격에 따라서 차이가 발생한다. 중요한 것은 이길 건은 이겨야 하고, 수익이 높은 건들을 이겨야 하며, 원래 이길 것을 예측한 딜들의 성공률을 높이는 것이다.

파이프라인 성공 공식은?

지금까지 세 가지 파이프라인의 핵심 요소를 살펴보았다. 이 삼박자를 정리하면, 될수록 많은 영업 기회를 포착하는 것이 중요하고, 파이프라인에 입수된 후로는 속도와 성공률이 높은 매출을 결정짓는다는 원리를 알 수 있다. 간단히 공식화하면 아래와 같다.

파이프라인 성공= 파이프라인 크기(S)×단계 이동 속도(V)×성공률(W)
(S : deal size, V : velocity, W : win rate)

파이프라인을 컨설팅하는 TAS 그룹은 아래와 같이 조금 더 자세히 정의한다.

파이프라인 매출 = (영업 기회 금액×영업 기회 건수×성공 가능성) / 영업 사이클 길이

여기서 '영업 사이클 길이'는 영업 기회의 처음과 끝의 이동 속도를 말한다. 쉽게 말해서, 파이프라인 매출을 올리는 요소에는 더 많은 영업 기회를 입수하고, 금액이 큰 건들을 더 많이 입수하며 또 영업 기회의 성공 가능성을 높이는 것이다. 그리고 단계별 진행 속도를 높여서 영업 사이클을 줄이면(분모) 매출에 긍정적 영향을 주는 원리이다.

실제 현장에서 영업을 하거나, 혹은 관리자로서 파이프라인을 운영해보면, 이 세가지 요소를 과학적으로 운영하기란 쉽지가 않다. 영업 기회를 의도하는 대로 획득하는 것도 쉽지않고, 고객의 의사와 관계없이, 클로징을 위해서 딜의 속도을 내기도 어렵다. 또한 승률을 높이는 것도 여러 조직의 도움과 설득, 그리고 오랜 시간의 노력으로 높아지는 것이지, 하루 이틀의

노력으로 되기도 어려운 것이 현실이다.

하지만 이 세가지 원리는 파이프라인을 통해 목표달성을 하는 데 있어서 결정적 요소이다. 그리고 이 과학적 조합을 위해서 글로벌 기업들은 다양한 방법들을 연구하고 있다. 가령 영업 기회를 더 많이 찾기 위해서, 마케팅 조직과의 긴밀한 마케팅 협의를 통해, 정교한 마케팅 프로그램을 만들어서 수요를 창출해 낸다. 딜이 목표로 하는 시점에 클로징 되도록, 고객의 의사 결정에 도움이 되는 가치 기반의 세일즈를 도입한다. 또 영업 조직 내부의 영업 역량을 데이터 기반으로 보다 과학화한다. 이 책에서는 파이프라인 성공을 위한 이러한 방법들에 대한 내용을 계속 설명할 것이다.

B2B 성공의 지름길
마케팅&영업 - 파이프라인을 구축하라

마케팅&영업 - 파이프라인을 구축하라

제3부

파이프라인 매출 혁신을 위한 성공 요소

제1장

파이프라인 성공은 CEO에게 달려있다

"파이프라인은 소프트웨어가 아니다. 영업 관리 리포트도 아니다. 이것은 고객의 목소리를 듣는 것이고, 기업의 영업 방식과 프로세스를 바꾸는 것이며, 기업의 미래를 보는 것이다. 그리고 고객을 향해 일하는 문화를 바꾸는 일이다. 조직의 최고 의사 결정자가 관심을 가지지 않으면 아무도 따르지 않을 것이다. 선진 기업의 파이프라인 운영 체제는 모두 CEO가 결정한 것이다."

어느 기업 CEO가 모든 임원들을 모아 놓고 이렇게 말했다.

"제가 과장일 때, 부하 영업 직원을 어떻게 관리할까 고민을 하다가, 매주 영업 기회를 엑셀에 적어서 가져오라고 했습니다. 그리고 매주 같은 날에 뭘 했는지, 뭘 할 것인지를 물어봤습니다. 주문을 기다리는 비즈니스를 할 수는 없었습니다. 그리고 일을 하는 일정한 운영 패턴을 만들었습니다. 그랬더니 곧 영업 사원들이 적응하기 시작했습니다. 일이 어떻게 되어 가는지도 보였습니다.

이제 저는 이 방법과 비즈빌리티(Visibility) 확보 방식을 우리 회사의 전 영업 조직에 뿌리내리게 하고 싶습니다. 시장에서 영업 기회를 더 많이 포착하고, 고객들에게 더 민첩하게 대응해서 더 많은 딜에 성공하며, 결과적으로는 우리가 시장 점유율을 더 넓히도록 했으면 합니다. 그러기 위해서는 이 파이프라인 제도가 제대로 운영되어야 합니다. 저와 여러분이 먼저 앞장서 주어야 합니다. 파이프라인은 우리가 솔선수범하지 않으면 아무도 따르지 않을 겁니다."

대부분의 파이프라인 성공의 시작은 이런 CEO의 생각과 의지에서 시작한다. CEO의 관심과 신념이 파이프라인의 모습을 만든다. 물론 CEO는 가장 큰 권한을 갖고 있고, 누구보다도 바쁘며 가장 중요한 의사 결정을 내려야 한다. 보고받아야 할 것이 너무 많고 또한 챙겨야 할 것이 너무 많다. 제조업이라면 마케팅 행사, 영업 회의, 관리 팀 실적 보고, 제품 품질 회의, 서비스 이슈, 생산 이슈, 신입사원 교육 인사 그리고 대외 기자들 미팅까지 손이 열 개라도 모자란다. 그렇다고 CEO가 모든 일을 다 할 수도 없고 항상 우선순위대로 움직이게 된다. 그러나 파이프라인은 CEO 혹은 가장 영향력이 있는 임원이 직접 챙겨야 성공할 수 있다. 파이프라인이 정상 운영된다면 경영에 도움이 되기 때문이다. 아래 항목 중 몇 가지는 확실히 나아질 것이다.

▶ 회사 전체 영업 기회의 흐름이 한눈에 보일 수 있다.
▶ 미래 판매 예측력이 나아지며, 실적 관리에 매우 유리하다.
▶ 수요 체인 관리의 안정화로 공급 체인 관리가 향상된다.
▶ 회사 전반의 고객 관리 방식이 더 과학화된다.
▶ 왜 우리 회사의 영업 기회가 이기고 지는지 그 원인을 파악한다.
▶ 영업 프로세스가 표준화된다.
▶ 영업 평가 프로세스가 더 공정해진다.
▶ 영업 전체 조직이 더 집중력을 갖도록 하게 한다.
▶ 잃어버리는 영업 기회 손실을 줄일 수 있어 매출이 높아진다.
▶ 마케팅을 더 스마트하게 할 수 있다.

그러나 파이프라인은 CEO 혹은 가장 영향력이 있는 임원이 챙기지 않으면 이런 기대를 하지 않는 것이 좋을 것 같다. CEO라면 재임 기간 중에 회사를 성장시키고 수익을 만들어 내는 일과 동시에 기업의 조직 역량과 경쟁력을 높이는 일을 해야 한다고 본다. 파이프라인은 조직 역량 향상 및 영업 생산성과 매우 관계가 깊다. 그래서 파이프라인은 CEO가 관심을 가질 수밖엔 없는 영역이기도 하지만, CEO의 관심이 없으면 조직 전체는 기존 방식대로 그대로 할 것이다. 오래된 관습은 관성처럼 계속 진행될 것이다.

CEO가 혹은 조직의 최고 의사 결정자가 관심을 가지지 않으면, 현장에서는 실무자들이 프로세스와 룰을 따르지 않아도 괜찮다는 생각을 하게 된다. 그래서 파이프라인 담당자들이 이러한 혁신 프로젝트를 추진할 때, 실행 단계에서 매우 큰 어려움에 처하게 된다.

시스코는 2008년 CEO와 COO의 주도로 파이프라인을 전면 개편하고 전사 표준 프로세스를 다시 만들었다. 시스코의 공개 자료를 보면 총 직원은 92개국에 65,000명 이상이다. 이 중에 영업이 27%, 지원 조직이 43%이고, 파이프라인에 의해서 동일한 프로세스로 움직인다. 영업 기회가 매출로 이어지고 생산에 영향을 주게 되므로 어떻게 최고 의사 결정권자가 관심을 갖지 않을 수 있겠는가? 규모만 다를 뿐, 대부분의 중소기업도 그 구조에는 차이가 없다.

파이프라인을 도입한다는 것은 영업을 하는 프로세스를 만들고, 임직원이 그 프로세스에 따라서 움직이며, 또 이 프로세스에 따라서 영업 사원이 고객과 커뮤니케이션을 하면서 딜을 성공으로 이끄는 일이다.

파이프라인이 정착하기 위해서는 꽤 오랜 시간이 걸리는데, 경영자들은 이 시간을 견디기 어려워한다. 또한 파이프라인이 바로 매출을 올려 주고, 영업을 선진화한다고 믿는다. 파이프라인 정보의 품질을 위해서는 많은 노력과 시간이 필요함에도 불구하고 많은 경영진들이 이것을 기다리지 못하고 먼저 활용할 수 없는 정보라는 판단을 내린다. 먼저 안정적으로 운영 체제를 뿌리내려야 파이프라인의 좋은 정보로 반영될 텐데 이 시간을 기다리지를 못하는 것이다. 그리고 악순환이 반복된다.

CEO가 변화관리의 리더가 되어야 한다

대부분의 파이프라인 도입 사례를 보면 초기 도입 시점이 매우 어렵다. 그어떤 것보다 내부 조직의 변화관리가 어렵다. 혁신이란 항상 여러 장애 요소가 있고 도전적이다. 그런데 다른 어떤 혁신 활동보다도 파이프라인이 어려운 이유 중의 하나는 그 변화의 대상이 상대적으로 프로세스를 싫어하고 습관을 바꾸기 힘들어하는 영업 사원들이기 때문이다. 이미 오랜 세월 동일한 영업 관리 방식에 익숙해져 있기 때문이다. 영업은 고객과의 만남이고, 관계 관리이고, 오프라인으로 이루어지는 일이며, 그들과 교감하면서 판매를 하는 행위이다. 이로써 실적이 발생하면 되는 것이지, 왜 이런 제도가 필요하냐고 주장할 것이다.

아마 이것은 기업의 임원들에게도 동일하다. 특히 컨슈머 비즈니스에 익숙한 사람을 대상으로 할 경우에는 더욱더 변화관리가 힘들다. 파이프라인을 도입하면 영업 사원들은 과거에 비해서 영업 활동을 보고해야 하는 등의 요구하는 것이 많아져서, 거부 반응이 자연적으로 발생한다. 일반적으로 CEO는 이런 새로운 프로세스가 매출 올리기 바쁜 영업 팀을 오히려 방해하지 않을까 걱정하기도 한다. 당기 매출에 영향을 준다고 생각하기 때문이다. 또 영업은 그저 고객을 만나고 돈을 벌어야 하는데, 영업 사원들이 이런 것에 시간을 빼앗긴다고 생각하기 때문이다.

그러나 파이프라인 같은 관리 제도가 없다면 왜 영업은 늘 바빠야 하는지도 모를 수가 있다. 어떤 고객을 방문해야 하는지, 고객에게 어떤 시점에 어떻게 커뮤니케이션을 해야 할지 모른다는 것이다. 영업의 비효율성은 이렇게 발생을 한다. 파이프라인은 바로 그 영업 활동 자체를 과학화하는 것이며, 파이프라인 운영의 핵심을 CEO가 이해하지 못하면 파이프라인 제도에서 큰 가치를 찾기는 힘들게 된다.

파이프라인은 영업 사원, 영업 팀장, 마케팅 팀, 재무관리 팀, 서비스 팀 및 심지어 R&D 팀까지 모두에게 중요하다. 회사의 미래를 위해서 또 자사의 선진적인 영업 관리 체제를 이러한 체제를 만들어 놓는 것이 훨씬 유리할 것이다. CEO는 이 혁신에서 유발되는 변화관리의 리더가 되어야 한다.

최고의 영업 사원을 해고하라

파이프라인을 도입하고 일 년 뒤, 어느 날 영업 실적이 매우 좋은 영업 사원이 다가와서 이렇게 얘기할 것이다.

"사장님, 이 프로세스는 낭비입니다. 그냥 예전대로 자유롭게 일하게 해 주십시오. 그렇지 않으면 저는 더 이상, 이런 영업 문화에서 일할 수가 없습니다."

영업 관리를 해 보면, 파이프라인과 영업 매출 측면에서 네 가지 유형의 영업 사원이 있음을 알게 된다. 파이프라인은 영업 과정이라고 보고, 영업 매출은 결과라고 보자. 우선 첫 번째는 최고의 영업 실적을 내고, 파이프라인 관리도 잘한 영업 사원, 두 번째는 최고의 영업 실적을 냈으나, 파이프라인 관리는 부실한 영업 사원(즉 영업 과정은 오리무중이며 그가 어떤 식으로 영업을 했는지 알 수 있는 데이터가 없음), 세 번째는 파이프라인관리는 매우 뛰어났으나, 매출 실적이 낮은 영업 사원(이 경우도 심각), 마지막으로 파이프라인 관리도, 매출 실적도 좋지 못한 경우이다. 마지막 케이스는 경고 조치를 받고 영업 방식을 바꾸거나 영업직을 해서는 안 되는 케이스이다.

파이프라인 운영 체제에 불만을 갖는 케이스는 두 번째와 네 번째이다. 영업 조직 관점에서는 이 두 번째 케이스, 즉 매출 실적으로 보여 주기 때문에, 이 세그먼트가 파이프라인 운영에 부정적인 경우, 매우 곤혹스러운 상황이 발생한다.

이런 케이스에 규모가 작은 기업은 더욱 난감해한다. 그를 잃는 것은 끔찍스럽기 때문이다. 이런 경우, 의사 결정자들은 딜레마에 빠진다. 싸움 잘하는 장수를 구할 것인가? 혹은 모두를 위한 방법을 택할 것인가? 가장 좋은 시나리오는 소수를 설득해서 파이프라인의 전사가 되도록 하는 일이므로 설득을 해야 한다. 그러나 설득으로도 되지 않을 경우 CEO는 단호해야 한다. 룰은 소수를 위한 것이 아니고, 예외를 두면 전체 조직에 영향을 주기 때문이다. 룰에 따르거나 조직을 떠나거나 둘 중에 하나를 선택해야 하는 경우가 온다면 그 카드도 무릅써야 한다.

반면 소수의 사람에게 의존하는 영업 체제도 문제가 된다. 회사는 여러 상황을 대비하여 특정 사람에 의존하기보다는 시스템에 의존해서 운영되어야 하기 때문이다. 외국계 글로벌 기업들은 대부분 이 부분에 있어서 매우 엄격했다. 영업사원들의 이직률 높은 것도 그 이유이지만, 시시각각 변화하는 시장에 대응하기 위해서는 파이프라인 데이터 분석을 세밀하게 해야 하기 때문에, 매출 실적만 높은 사람을 긍정적으로만 평가하지 않는다. 높은 실적이 지속적으로 일어난다고 보장하기도 어렵기 때문이다.

파이프라인을 운영한다는 것은 결과(매출)를 안정적으로 확보하기 위해서 영업 과정을 프로세스에 따라 진행하겠다는 의미이다. 이러한 제도를 도입하지 않더라도 높은 실적을 올릴 수 있는데, 왜 오히려 더 많은 일거리만 만드는 제도를 도입하느냐에 대한 불만이 생길 수 있다. 이들 중에는 회사에 충성도도 높고 고객 기반도 넓은 경우가 있는데, 통상 이들의 부정적 태도는 조직에 미치는 영향이 매우 크다. 업계에서는 이들을 '세일즈 프리마돈나(Sales Prima Donna)'라고 부른다.

영업 팀 규모가 매우 작고, 한두 사람의 영업 실적이 큰 비중을 차지하는 조직에는 예외일 수도 있다. 그러나 기업이 어느 정도 규모가 되고 파이프라인을 통해 움직이는 영업 사원이 50명만 넘어서는 경우에는, 이러한 상황에 더욱 엄격해야 유리하다. 많은 사례에서 한두 명의 프리마돈나 때문에 조직 전체가 무너질 것 같지만, 합리적인 프로세스와 보상책이 있다면 그런 일은 발생하지 않는다. 또한 파이프라인을 잘 이해하면서 높은 실적을 올리는 영업 사원이 많다. 오히려 한두 명이 전체 조직을 좌우하는 조직이 더 문제가 있다. 통상 조직은 다수를 위한 것이고, 누군가 입사하고 누군가 빠져나가는 물처럼 흐르는 것이다. 그래서 파이프라인과 같은 프로세스가 정착되도록 하려면 누가 회사에 새로 영입이 되든 회사의 룰과 프로세스에 따라 움직이게 해야 한다.

파이프라인은 차가운 것, 그러나 차갑게 놔두지 마라

변화를 위해서는 어떤 룰에 따르도록 해야 하기 때문에, 강한 추진력을 필요로 하는 것은 사실이다. 겉으로 보기에 파이프라인은 온통 숫자로만 만들어진 차가운 관리 방법이라는 생각이 들지 모른다. 오직 숫자로만 바라본다면 파이프라인은 매우 차가운 것이다.

그런데, 파이프라인의 성공 방법 리스트에는 영업 팀에 일방적 푸시(Push) 혹은 그렇게 할 수 있는 도구라는 말은 전혀 없다. 파이프라인을 그렇게 해석할 때는 성공과는 점점 멀어지게 될 것이다.

파이프라인 정보의 품질과 신뢰를 위해서 룰과 프로세스가 매우 중요하나, 보다 선진화된 영업 문화를 만드는 일이라 판단해야 한다. 과거의 비정형적·불규칙적인 영업 관리 방식에서, 조직 전체가 고객의 구매 사이클에 따라서 움직이도록 하는 문화를 만드는 일이다. 고객을 존중하고, 고객의 니즈를 파악하여, 고객의 타이밍에 맞춰서 솔루션을 제안할 수 있는 문화를 만드는 것이다. 하나의 영업 기회가 끝나서 모든 것이 끝나는 것이 아닌 고객과의 관계를 지속시킬 수 있는 문화를 만들어 내야 한다.

그리고 영업 활동으로 발생한 고객의 정보가 영업 사원 주머니에만 남아 있지 않도록, 그래서 시장을 분석할 수 있는 정보로 활용될 수 있도록 정보를 자산화하는 프로세스와 문화를 만들어야 한다. 이런 문화적 DNA가 되도록 깊게 뿌리내리게 해야 한다. 또한 파이프라인 프로세스대로 일을 하는 것이 습관화되도록 조직의 문화와 지속적인 교육을 실행해야 한다. 일하는 방식이 습관이 되면 룰에 따르는 것은 매우 자연스러워진다. 영업 사원이 시장 정보와 고객 정보를 정확하게 입력하는 것을 습관화해야 하며, 본인들도 그 정보로부터 혜택을 받도록 해야 한다. 파이프라인은 습관화되고 정보가 쌓이면 영업 사원 스스로도 고객 정보 및 영업 기회 관리가 더 쉬어진다.

파이프라인이 조직 문화로 자리 잡도록 하는 방법에는 여러 가지가 있을 것이다. 그중의 하나는 파이프라인 실적을 바탕으로 영업 사원에게 보상하는 방법이다. 특히 특출한 성과를 올린 영업 사원들에게는 상을 주는 방법이다. 이것은 파이프라인 제도가 회사의 대표적인 혁신 활동임을 알려 주는 공식적인 일이 된다. 또한 전사적인 파이프라인 미팅 문화를 정립하고, 그리고 월 혹은 분기 미팅은 CEO가 직접 주재하는 것이 바람직하다. SCM처럼 정해진 일자에 파이프라인 미팅이 제도화되도록 해야 한다. 상세한 방법은 '영업 미팅 방식이 회사를 바꾼다'에서 다시 설명하였다.

파이프라인의 중요성을 알리고 CEO의 관심을 나타내는 방법 중 또 하나는 매일 입수되는 영업 기회 정보 중에서 의미 있는 건들은 종종 영업 사원에게 직접 메일을 써서 코멘트를 하는 것이다. 이메일을 쓸 때는 칭찬과 진행 방향에 대한 조언을 적어 주면 효과적이다. CEO가 메일을 보내는 것이 놀랄 일이 될 수 있겠지만, 'CEO가 파이프라인에 정말 관심이 높구나'라는 사실에 더 놀랄 것이다. 그렇다고 많은 건들을 모두 그렇게 할 필요는 없다. 많은 영업 기회에 개입하는 것은 물리적으로 불가능하다. CEO가 해야 할 일은 그중에서 중요한 건들을 확인하고 독려하는 일이며, 매일 영업 기회를 보고 있다는 것을 가시적으로 보여 줄 필요가 있다는 것이다.

'파이프라인에 얼마 있지?'라고 물어라

CEO라면 '파이프라인에 잔고가 얼마 있지? 파이프라인 현황이 어떻게 되고 있는지 보고하라.'라는 지시를 내릴 수 있어야 한다. 그리고 한 장으로 볼 수 있는, 혹은 시스템에서 전체 진행 현황을 5분 안에 파악할 수 있는 하나의 리포트가 있어야 한다. 이것을 CEO가 파악해야만 파이프라인의 정보가 '건강'해진다.

그러기 위해서는 CEO를 위한 대시보드가 필요하다. 그리고 매일 아침 파이프라인 대시보드를 보는 것을 습관화하는 것이 좋다. 대시보드로 CEO가 해야 할 일은 회사의 파이프라인이 항상 채워져 있는지를 확인하는 일이다. 파이프라인에서 영업 기회 입수가 줄어들고 있다면 그것은 앞으로 수주할 금액이 줄 것이라는 표시이고, 파이프라인 규모가 전반적으로 큰데, 수주 건수가 줄고 있다면 영업 현장에서 정보를 업데이트하지 않고 있거나, 혹은 진행되고 있는 건들이 제대로 진행되고 있지 못한다는 징조이다. 파이프라인이 채워져 있지 않은 만큼 CEO에게 불안한 것은 없을 것이다.

실적은 이미 끝난 게임이다, 진행 중인 딜에 코칭을 하라

많은 조직의 수장들은 이미 결과가 나온 실적에 연연해한다. 이미 실적이 나왔다면 바뀌는 것은 아무것도 없다. 고객이 기업의 실적에 연민의 정을 느끼고 더 구매할 리는 만무하다. 실적은 현황 파악과 반성으로서의 가치는 있으나, 실적은 결과일 뿐이다. 실적은 이미 끝난 게임이다. 영업 팀을 실적으로만 푸시하고 스트레스를 주는 방법보다는 실적이 되어 가고 있는 과정에 초점을 맞추어야 승률이 더 올라가고, 실적이 예상되며, 더 나은 방법을 미리 강구할 수 있다.

중요한 것은 이 과정을 통해서 영업 사원들이 어떻게 하면 더 이길 수 있을까를 더 배운다는 것이다. 그리고 회사 전체적으로도 더 안정적으로 매출을 올릴 수 있다. 바로 이 이유 때문에, B2B 기업들의 경영진들은 파이프라인 정보를 늘 모니터링한다. 결과에 매달리지 말고 과정에 초점을 잡아야 한다. 향후 실적이 될 것에 전체 조직이 집중하도록 하는 것이 더 유리하다. 선진 영업 조직일수록 도래할 실적에 더 신경을 쓴다. 이것이 파이프라인 관리에 더 신경을 써야 하는 이유이다.

CEO가 파이프라인 코치가 되어야 한다

조직을 선행 관리 문화로 바꾸기 위해서 CEO는 회사 내의 최고의 영업 코치가 되어야 한다. 파이프라인 관리란 결국 정보의 흐름을 보면서 코칭하는 일이다. 주기적으로 변화하는 파이프라인을 보면서, CEO 관점에서 코칭을 해야 한다. 파이프라인은 아직 매출이 끝난 것이 아닌 진행형이기 때문에 결과에 대한 질책보다는 미래를 준비하는 사전 작전 회의로써의 코칭이 필요하다. 파이프라인이 일방적인 스트레스 도구로 작용하는 경우, 오히려 보고용으로 정보가 왜곡되는 현상이 있다.

영업 팀으로부터 시장의 목소리, 즉 고객의 요구 사항을 듣고 코칭 하는 문화를 만들어야 한다. 물론 영업 활동이 부진했거나, 파이프라인 모양이 문제가 있다면 정확한 의사 전달을 해야 한다. 영업 기회 입수가 부진하다면 부진한 이유를 설명 들어야 하고, 회사 차원에서 무엇을 해야 할 수 있을

지 고민해야 한다. 그것이 영업 팀이 느슨해서 문제가 있다면, 경각심을 일으켜야 한다. 파이프라인을 한다면, 데이터로 즉 영업 활동과 영업 생산성 정보의 리포트를 보면서 말할 수 있어야 한다.

영업 미팅의 대화 문화를 바뀌게 하라

파이프라인은 시스템도 소프트웨어도 아니다. 소프트웨어 그 자체는 아무것도 할 수 없다. 파이프라인은 프로세스이자, 영업 문화임을 계속 강조해 왔다. 파이프라인을 성공시키기 위해서는 실적 회의가 아닌 파이프라인 미팅이 필요하다. 그리고 영업 사원과 팀장 간에는 코칭 회의가 필요하다. 이 때는 파이프라인 내용만 논의해야 한다. 그렇지 않으면 모든 사람들의 눈은 과거처럼 오직 실적 테이블로만 갈 것이다.

또한 파이프라인 제도가 시행되면, 영업 미팅에서의 대화 내용도 바뀌어야 한다. 결과만이 아니라 영업 기회의 진행 과정에 대해서 코칭하고 전략을 짜는 대화가 많이 되어야 한다.

영업 팀장/관리자 교육에 집중하라

파이프라인을 선진화한 기업들을 보면, 영업 팀장 혹은 관리자 교육에 많은 에너지를 쏟고 있음을 알 수 있다. 이들을 대상으로 하는 연중 교육도 주로 파이프라인 관리, 판매 예측 관리, 코칭 기술, 고객 시장 분석, 그리고 수주 성공 사례 연구 등이다. 이렇게 된 이유는 영업 관리자들이 대부분 매일 과업 중에 하는 일들이기 때문이다. [그림 11]에서와 같이 전 세계 625개 회사를 대상으로 조사한 CSO 인사이트 보고서에 따르면, 대부분의 회사에서 영업 관리자들이 매일 시간을 보내는 주요 업무들은 영업 기회 코칭, 영

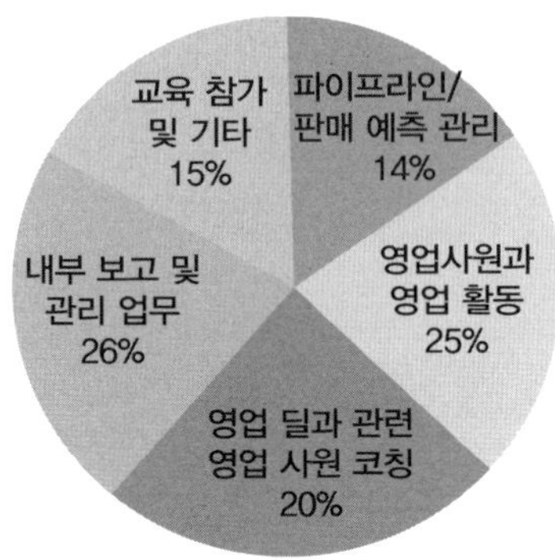

| 그림 11 | 영업 매니저들의 주요 업무 분포(CSO 인사이트 2010)

업 사원과 상담, 판매 예측 등이다.

영업 팀장에 거는 기대는 마치 군대에서 소대장, 중대장에게 거는 기대와 비슷하다고도 할 수가 있다. 영업 팀장들은 영업 사원들과 매일 머리를 맞대어 일을 하고 있고, 실무적으로 가장 큰 영향을 발휘한다. 매일 그들은 영업 사원과 주요 고객을 방문하거나, 영업 작전을 짜거나, 판매 관리 데이터를 만지고 있거나, 영업 사원들과 상담하면서 하루를 보낸다.

그리고 기업의 규모가 작지 않다면 CEO가 영업 사원과 대면할 일이 많지가 않다. 그래서 회사에서 추구하는 영업 방향과 혁신은 자연스럽게 매출의 전선에 나가 있는 영업 관리자와 팀장을 대상으로 하도록 되어 있다. 그래서 이들이 다시 자신들이 맡고 있는 영업 전선의 영업 사원을 코칭 하는 것이 효과가 크다. 이것이 파이프라인의 성공에도 가장 큰 영향을 미친다.

영업 기회 정보가 실시간으로 상하(수직적), **좌우**(수평적)**로 흐르게 하라**

파이프라인을 잘하는 기업을 보면, 수직적 & 수평적 영업 기회 공유에 뛰어남을 알 수 있다. 먼저 수평적으로 협업이 강하다는 것은 영업 기회가 입수되는 창구가 다양하여, 영업 기회를 찾아내는 일을 영업 팀에만 의존하지 않는다는 의미이다. 그리고 입수된 영업 기회가 영업 팀 간에도 협업이 되도록 한다는 의미이다. 수주율을 높이기 위해서는 내부 협업력이 높아야 한다.

수직적으로 협업한다는 것은 고객 접점부터 제품과 서비스의 공급 부서까지 모두 한 몸으로 움직인다는 것을 의미한다. 마케팅 팀과 영업 팀이 서로 협업을 잘하고, 영업 팀과 R&D 및 생산 팀과도 같은 파이프라인 정보를 보면서 고객의 니즈에 대응을 한다는 것이다. 이것은 수주 승률에 크게 영향을 미친다.

특히 마케터가 고객을 바라보는 관점, 영업 팀이 고객을 바라보는 관점, R&D에서 고객을 바라보는 관점, 그리고 생산 관리 부서에서 고객을 바라보는 관점은 태생적으로 모두 다르다. 그들은 그들의 직무와 KPI에서 고객을 바라본다. 그러나 고객의 입장에서는 기업 내부의 사정에는 아무 관심이 없다. 따라서 고객을 대응하는 데 있어서, 조직 전체가 최소한 고객의 니즈를 이해하고 대응하는 데 있어서는 동일한 파이프라인 정보를 실시간 공유하고, 각 팀의 역할에 맞게 대응하게 해야 딜에서 더 이길 수 있다. 따라서 최대한 내부 협업력을 높일 수 있도록 유도해야 한다.

궁극적으로 영업 생산성을 높여라

IDC(2009)의 서베이에 따르면 자신의 영업조직이 생산적이라고 판단하는 임원은 2%도 안 된다고 한다. 아베딘 그룹에서 발표한 영업 효율성에 대한 연구 자료에 따르면, 영업 생산성을 높이는 방법으로 아래 세 가지를 제시하였는데 의미가 있다. 즉, 영업 생산성을 높이려는 기업이 있다면 세 가지를 잘해야 한다. 첫째, 영업 팀과 영업 사원들이 영업에 집중할 수 있도록 비영업적인 요소가 적어야 한다는 것이고, 둘째는 합리적인 목표와 실적에 대한 보상이며, 마지막으로 영업 지원을 위한 시스템 지원이다.

파이프라인 제도와 인프라 도입은 이 세 가지 요구 조건과 매우 밀접한 관계를 갖고 있다. 파이프라인으로 집중해야 할 곳에 집중하도록 해야 하고, 영업 활동과 결과에 대해서는 투명하게 보상받는 것이며, 또한 파이프라인과 CRM 시스템으로 영업을 지원하는 데 투자를 아껴서는 안 된다.

파이프라인은 CEO가 기업을 운영하는 데 있어서 여러 도움이 될 수 있는 방법론이자 제도이다. 그러나 CEO가 파이프라인을 깊이 이해하지 않는다면 기존의 손에 잡히지 않는 CRM의 지식에 머물 수도 있고, 늘 해오던 과거의 수주 관리 방식에서 크게 벗어나지 못할 수도 있다. CEO의 이해와 판단에 따라 파이프라인을 기업의 과학적 판매 관리를 위한 내부 혁신물로 남게 할 수도 있고, 그저 그런 정보들로 가득 찬 쓰레기 정보 저장소로 남게 할 수도 있다. 파이프라인이 경영 무기가 될 수도 있고, 많은 영업 사원들의 시간을 빼앗는 또 하나의 제도가 될 수도 있다. 파이프라인 도입이 영업 생산성을 높이는 기회가 되도록 CEO가 파이프라인을 깊이 이해해야 한다.

또한 회사의 지속적 성장을 위한 토대를 물려주고자 한다면, 그 핵심 리스트에 파이프라인을 맨 꼭대기에 올려라. 마치 오랜 세월 화려한 영광을 유지한 로마 제국의 지속적 성장에는 그들이 제국을 확장하기 위해서 만들었던 훌륭한 도로가 큰 역할을 하였듯이, 고객의 구매 프로세스에 춤추는 파이프라인 플랫폼에서 당신의 훌륭한 직원들이 계속 성장의 걸음을 해나갈 것이다.

다음의 항목에서 '그렇다'라는 답이 최소 8개 이상 되어야, 현재 파이프라인 관리 수준은 높다고 볼 수 있다.

1. 사업 목표에 파이프라인 매출 목표가 반영되어 있다.
2. 파이프라인 관리를 위해, 파이프라인 미팅, 파이프라인 코칭이 조직에 뿌리내렸다.
3. 진행되는 영업 기회들의 판매 예측 정확도가 높다.
4. 파이프라인 정보를 바탕으로 미래 수주 잔고를 관리하고 있다.
5. 영업 조직이 가망 고객 발굴부터 영업 관리를 체계적으로 하고 있다. 그래서 제안 단계에서 이미 경쟁 우위를 확보하고 있다.
6. 영업 프로세스가 표준화되어 있다.
7. 유입되는 영업 기회가 파이프라인 목표 달성에 충분하다.
8. 마케팅 팀에서 영업 팀에 도움이 되는 영업 기회를 제공하고 있다.
9. 수주에서 이기고 지는 건들의 이유를 분명히 알고 있다. 고객과도 이 이유에 대한 VOC를 조사하고 있다.
10. 영업 팀 인당 평균 생산성을 계산할 수 있다.
11. 고객 타깃 세그먼트는 어디가 커지고 어디가 줄고 있는지 파이프라인 분석리포트로 파악이 가능하다.
12. 고객의 니즈를 정확히 파악하고, 고객이 원하는 솔루션을 제공하기 위해서 마케팅, 영업 및 R&D에서 협업을 잘하고 있다.

제2장

영업 팀장을 위한
파이프라인 코칭

"지속적인 매출과 높은 이익을 유지하려면 파이프라인 코칭 프로세스와 문화를 깊게 뿌리내리도록 해야 한다. 코칭은 파이프라인의 정보 품질을 높이는 역할을 하기도 하지만, 영업 사원의 고객 관리 수준을 당신이 원하는 수준만큼 올리는 가장 강력한 수단이다. 파이프라인 관리 수준의 차이는 조직 내부의 코칭 문화 수준에서도 결정된다."

우리에게는 전혀 친숙하게 들리지 않겠지만 파이프라인의 성공은 코칭에 달려 있다 해도 과언이 아니다. 앞 장에서 CEO의 이 프로젝트에 대한 격려와 관심 외에도 코칭 역할이 중요함을 설명했다. 그러나 코칭은 CEO에만 한정되는 것이 아니다. CEO는 CEO 지위로서의 코칭이 중요한 것이며, 가장 많은 시간을 고객과 보내고 시장을 접하는 영업 사원과 그들의 보고를 듣는 영업 팀장 간의 파이프라인 코칭이 매우 중요하다.

필자에게도 처음에는 이 '코칭'이라는 용어가 쉽게 이해되질 않았다. 파이프라인 전략, 프로세스나 시스템에는 익숙했어도 코칭은 도무지 익숙하지가 않았다. 영업 일선에 있다면 더욱 그렇게 생각할 것이다. 영업 관리, 고객 관리, 그리고 수주 관리에 무슨 코칭이 필요한가? 누군가를 코칭 한다는 것은 어떤 풍부한 경험과 또 그러한 자리에 있을 때 권위를 갖고 코칭 할 수 있는 것이 아닌가?

그런데, 파이프라인을 운영해 보면, 차갑고 냉정한 숫자의 리포트뿐만 아니라, 목표 달성을 위해서 코칭 방식을 뿌리내리지 않으면 파이프라인은 태생적인 한계가 있음을 알게 된다. 상사는 지시를 내리고 명령을 하는 입장이고, 현장의 영업 사원은 어떤 수단을 써서든 매출 목표를 맞추도록 돌아가는 많은 조직에 있어서는 코칭이라는 것이 매우 낯설겠지만, 우리는 비정형적으로 상사가 부하에게, 선배가 후배에게 그리고 임원이 팀장에게 영업 어드바이스를 늘 주곤 한다.

파이프라인은 영업 기회 정보가 입수되면서 계속 고객의 상황이 바뀌고 여러 딜을 동시에 다루면서 단계별로 코칭을 하지 않으면 파이프라인 데이터도 신뢰를 잃겠지만, 딜 관리도 영업 사원의 개인적 성향에 의존하게 되며 영업 활동 이력도 남지 않게 된다. 파이프라인 코칭은 영업 사원과 영업 팀장 간의 대화 창구이며, 고객에 대한 전략적 영업을 위한 작전 시간이기도 하며, 파이프라인의 품질을 높이는 최고의 수단이기도 하다.

파이프라인에서의 코칭은 조직의 팀장들을 모두 파이프라인 전문가가 되라고 요구하는 것이 아니다. 이 장에서 여러 코칭 하는 기본 자료를 제공할 텐데, 그렇게 어려운 것도 아니다. 기본적인 파이프라인 분석 스킬만 익혀도 훨씬 더 효과적으로 자신의 팀 파이프라인을 관리할 수 있다. CEO뿐만 아니라 영업 본부장에게도 이 룰은 동일하다.

파이프라인 코칭의 그라운드 룰(Ground Rule)

회사 생활을 하면 우리는 이런 말에 익숙하다.

"아, 김 과장, 최고야 최고. 잘했어. 다음 달에도 기대해."

이것은 실적이 좋을 때이다. 그러나 실적이 좋지 못할 때에는 이런 말을 기대하기는 힘들 것 같다. 특히 계속 실적이 저조하면 이런 말을 들을 것이다.

"김 과장, 일을 하자는 거야, 말자는 거야? 내가 지난달에 한 말 기억하고 있어, 없어? 당신 이러면 나도 다른 방법이 없어."

지난달 무슨 말을 했는지 모르겠지만, 이미 감정이 지배하는 미팅이다. 결코 남의 일도 아니다. '영업은 숫자다. 숫자가 인격이다.'라는 이 멋진 문장은 그러나 많은 단점을 갖고 있기도 하다. 좋은 결과는 좋은 과정의 산물임을 결국은 알게 된다. 그래서 영업은 방법론이 필요한 것이며 코칭이 필요한 것이다. 파이프라인 코칭을 위해서 지켜야 할 기본 룰이 있다.

첫 번째 원칙은 영업 팀장은 영업 사원과 일대일로 코칭을 해야 한다는 것이다. 조직 전체로 확대한 파이프라인 회의는 일대일로 진행할 수가 없으나, 팀장과 팀원은 규칙적으로 시간을 정하여 일대일 대면 시간이 가능하며 이렇게 하는 것이 가장 효과적이다. 가령 매주 금요일 15분을 영업 팀장과 영업 사원이 서로 면대면 미팅을 한다고 가정하자. 파이프라인 데이터를 기반으로 팀장은 미리 진행 중인 딜을 확인한다. 그리고 영업 사원에게 일주일간 변화된 상황이 있는지 확인한다. 그리고 영업 팀장은 영업 사원에게 딜을 성공하기 위해서 무엇을 지원해 주면 좋은지 물어본다. 1:1 미팅이 한 자리에서 여러 영업 사원들을 집합시켜 돌아가면서 진행하는 것보다 훨씬 효율적이다.

두 번째 원칙은 팩트 기반의 코칭이다. 실적이 좋지 못하면 이성적 판단이 흐려져서 코칭 방법을 잊어버리고 해당 영업 사원을 혼내는 시간으로 전락하는 일이 생긴다. 이렇게 되면 코칭은 영업 사원들에게 악몽의 시간이 된다. 그리고 영업 사원은 이 시간을 어떻게 피할까 혹은 데이터를 어떻게 임시적으로 조작할까 생각하게 된다. 코칭은 감정으로 진행하는 것이 아니라 파이프라인 '팩트'를 기반으로 진행해야 한다. 영업은 잘될 때도 있고, 안 될 때도 있다. 고객의 상황이 변하기 때문에 판매 예측 값이 불확실하며, 딜 사이즈가 줄어들 수도 있다. 파이프라인의 정보를 확인하고 이 데이터를 바탕으로 시장을 이해하고, 안정적인 딜을 확보하며, 딜이 성공적으로 클로징되도록 하는 작전을 짜는 것이 파이프라인 코칭의 핵심이다.

세 번째 원칙은 영업 사원에 대한 의심을 전제로 파이프라인 정보를 판단하기 시작하면 코칭은 정상적으로 진행되지 않는다는 것이다. 신뢰가 무너져 버린 상태에서 정상적인 진행은 매우 힘들게 된다. 파이프라인을 코칭을 하다 보면, 의심이 가는 데이터가 눈에 들어온다. 이럴 경우 영업 팀장은 이 정보를 반드시 확인하고 만약 영업 사원이 입력한 정보가 틀릴 경우, 정보를 정확히 업데이트하도록 코칭을 해야 한다. 이 프로세스가 파이프라인의 전체 정보 품질을 높이게 된다.

세 가지 기본 코칭 방법

그럼 무엇을 어떻게 코칭 할 것인가? 크게는 세 가지 측면에서 코칭 해 볼 것을 권장한다.

첫 번째는, 매출 목표 대비 현재의 실적에 대해서 코칭을 한다. 목표 대비 진행 중인 딜의 수나 금액을 예측해본 결과 목표를 맞출 수 없다는 분석에 이르면, 먼저 팀장은 영업 사원에게 대안과 방법을 어떻게 생각하고 있는지 확인한다. 그리고 팀장의 포지션에서 어드바이스를 한다. 두 번째는 파이프 라인 단계 (Pipeline Stage)에 따라 영업 사원이 무엇을 해야 하는지 코칭을 한다. 그리고 세 번째는, 파이프라인의 모양이 수시로 바뀌므로 이 모양(Shape)을 보고 코칭을 하게 된다.

1. 파이프라인 목표 달성을 위한 코칭

파이프라인 코칭의 첫 번째 단계는 파이프라인의 실적을 현재의 시점에서 볼 때 가능한지, 어떻게 가능할 수 있는지에 대한 세일즈 코칭이다. 영업 사원들은 실매출 목표와 파이프라인 목표액에 대한 가이드라인을 갖고 있다. 파이프라인에서 클로징 되는 딜들의 실적이 곧 실매출인 경우가 보통이다. 파이프라인에 들어 있는 딜들의 진행 현황과 예측 값을 볼 때, 월 마감을 예측할 수 있다. 그래서 영업 팀장은 영업 사원과 진행 중인 딜에 대한 논의를 한다. 클로징이 가능한 딜부터 마감을 하고, 진행 중인 딜에서는 영업 활동을 통해서 가능한 딜들에 대해서 집중 논의를 한다.

따라서 파이프라인을 운영한다면 파이프라인의 목표 대비 진행 상황을 한눈에 알 수 있는 측정 지표를 리포트로 볼 수 있어야 한다. 예상 클로징 금액을 보았을 때, 목표를 초과 달성할 것 같다 하더라도, 클로징까지는 항상 여러 가지 예상치 못하는 변수가 있기 때문에 파이프라인 관리를 철저히 하도록 가이드를 해야 한다.

2. 파이프라인 단계를 보고 코칭하라

파이프라인의 속성 때문에, 파이프라인 운영 팀은 영업 단계별로 영업 사원들이 회사의 가이드대로 체크할 사항은 체크하고 고객에게 적절하게 대응했는지에 대해서 확인할 것은 주문한다.

파이프라인 코칭이 과학적이라 불리는 이유는 단계별로 영업 활동을 점검하고 고객 영업에 앞서 미리 전략적으로 영업을 준비해서 영업 성공률을 더 높이기 때문이다. 파이프라인 단계는 본서에서 예로 제시한 것으로 각 단계별 코칭 방법을 알아보자.

가망 단계의 코칭

일반적으로 영업 사원이 고객의 딜을 정보를 포착하고 자사의 제품 판매와 관련이 높다면 가망 단계로 표시를 한다. 영업 사원들은 이 단계에의 정보를 밝히기를 주저하는 경우가 많다. 이 단계에서는 고객 구매 의도 및 경쟁 상황, 조직 내의 영향자 등이 전혀 파악이 되어 있지 않을 때가 있기 때문이며, 이러한 불충분한 정보가 매니저에게 세일즈에 대한 희망을 줄 때, 부담이 될 수밖에 없다. 가망 단계에서는 영업 사원이 최소한 고객이 누구인지, 어떤 제품과 솔루션을 궁금해하는지, 어떤 사람이 구매 대상인지는 파악을 하고 있어야 한다. 그러나 딜 사이즈 즉, 딜이 클로징 되었을 때, 수주 금액이 명확하지 않은 경우도 많다. 따라서 이때는 금액을 추정해서 시스템에 등록하도록 가이드하기도 한다.

하지만 부정확한 상황에서의 금액 기입은 영업 사원들로 하여금 지나친 부담을 줄 수 있으므로 파이프라인 시스템에서 영업 사원이 금액을 반영 혹은 미반영을 선택할 수 있는 옵션을 주는 것도 좋은 방법이다. 일반적으로 이 단계에서는 포캐스팅에 반영하지 않는다. 또한 이 단계의 총 수주 가능 금액은 실제 클로징 금액의 4배 정도를 확보하도록 가이드한다. 하지만 이미 언급하였듯이 4배는 절대적인 수치가 아니며, 참고 정보이다.

가망 단계에서는 영업 사원들이 알게 모르게 실제와는 다르게 영업 단계를 '조작'하는 경우도 있다. 이런 유혹이 발생하는 이유는 최근 새로 발굴한 영업 기회가 별로 없고, 파이프라인 미팅을 해야 하는 시간이 다가오면, 부정확한 딜의 정보도 시스템에 입력하고 싶은 유혹에 빠지기 때문이다. 이렇게 입력되는 정보는 회사의 파이프라인 품질을 떨어뜨리게 된다. 실제 영업 사원이 고객의 상황을 정확히 알고 있으나, 제때 정보를 시스템에 업데이트하지 않아서 계속 가망 단계로 남아 있기도 하므로 이 부분도 확인을 하고 코칭을 해 주어야 한다.

이러한 현상을 줄일 수 있는 가장 강력한 무기는 파이프라인 미팅을 주기적으로 진행하고, 이 단계에서 체크해야 할 사항을 확인하는 일이다. 먼저, 가망 단계에서 영업 팀장이 체크해야 할 사항은 아래와 같다.

▶ 고객이 정확히 누구인가?
▶ 이 고객과 과거에 진행된 딜이 있는가?
▶ 고객은 어떤 제품과 솔루션에 관심을 갖고 있는가?

▶ 고객사의 키맨은 누구인가?

▶ 고객이 구매를 위한 예산을 확보하고 있는가?

▶ 자사 영업 사원은 어떻게 이 정보를 입수했는가?

▶ 예상되는 영업 기회 금액은 어느 정도인가?

▶ 예상 클로징 시점은 언제인가?

▶ 경쟁 현황은 어떠한가?

구매 의사 확인 및 내부 검증 단계의 지침

구매 의사 확인 및 내부 검증 단계는 고객이 예산을 준비해서 구매할 예정이라는 것임을 확인하고, 자사에도 기회가 발생했다는 것을 확인한 단계이다. 그리고 내부적으로 이 영업 기회가 수익적인 측면에서 계속 진행할 만한 것인지 판단하는 단계이다.

이 단계에서는 고객과의 미팅을 최소한 한 차례 이상 진행을 한 상태이다. 그래서 고객이 바라는 제품 혹은 솔루션이 이미 확인이 된 상태이다. 영업 기회의 예상 금액도 정해진 상태이며, 고객사의 구매 조직 및 의사 결정권자도 파악이 된 상태이다. 어떠한 경쟁사가 관심을 갖고 있는지 혹은 반대로 고객사에서 이미 기존에 어떤 경쟁사 혹은 자사의 제품을 구매했었는지도 파악이 된 상태이다.

영업 팀은 여러 관점에서 이 딜을 진행하는 것이 좋을지, 포기하는 것이 좋을지 판단도 한다. 그래서 이 단계를 표현함에 있어 영어로는 'Qualification'이라는 용어를 쓰는데, 이 딜이 자사 영업이 맡아서 추진할 만큼의 이익성 측면에서 자격이 되는가를 보기 때문이다. 만약에 중도 포기 결정을 하지 않는 한, 이 단계에서의 액션은 고객과의 추가 미팅을 통해서 고객의 니즈와 고객이 원하는 것을 더 정확히 파악하는 일이다. 또한 고객과의 관계를 돈독히 해야 하는 결정적인 시점이다. 이 시점을 놓치면 바로 제안 단계에 들어가는데, 제안 단계에서 택할 수 있는 전략적 옵션은 이미 더 줄어든 상태이다.

고객과의 미팅이 얼마나 많이 필요한가에 대해서도 논란이 있을 수 있다. 이것을 가장 잘 아는 사람은 고객 담당자인 자사의 영업 사원이다. 필요시에는 영업 팀장 혹은 그 이상의 임원이 고객을 만나야 한다.

이 단계에서 영업 팀장이 체크해야 할 사항은 아래와 같다.

▶ 영업 사원이 고객과의 미팅은 진행했는가?

▶ 고객의 정확한 니즈는 무엇인가?

▶ 경쟁사의 제품과 솔루션에 대한 고객의 인식은 어떠한가?

▶ 자사 제품과 서비스의 차별점은 어떤 것인가?

▶ 예상 수주 금액은 구체화되었는가?

▶ 고객사의 의사 결정권자는 정확히 파악하였으며 커뮤니케이션 채널을 확
　보하였는가?

▶ 향후 진행에 있어서 예상되는 변수는 무엇인가?

제안 단계의 행동 지침

B2B 비즈니스에서 매출이란 딜이 성공해서 납품이 될 때 발생하는데, '딜 (Deal)'이란 용어는 '거래'를 의미한다. 이 거래의 단계가 있고, 단계 중에서 중간쯤되는 것이 제안이다. 영업을 함에 있어서 제안에서 이기고 계약에 이르는 그 과정은 희열감을 주기도 한다. 하지만 제안은 시간과 자원의 투자를 필요로 하고, 성공을 장담할 수 있는 것도 없다. 그래서 실제 비즈니스에

서는 공식적인 제안이나 공개경쟁을 하지 않고 딜을 따내는 것이 유리하다.

만일 제안을 하더라도 매우 형식적으로 하되, 이미 영업 앞 단계에서 유리한 상황을 만드는 것이 공식적인 제안 단계에 이르는 것보다 낫다. 물론 이 상황을 기대하려면 사전에 많은 영업 활동과 고객 관계 관리를 하여 고객의 마음을 훔쳐야 한다. 신뢰가 형성되어 있어야 하며, 제품과 서비스에 대한 가치 설득 작업이 선행되어 있어야 한다.

그래서 파이프라인 관점에서 사전에 우호적인 상황을 만들어 내기 위해서 영업 팀은 가망 단계와 검증 단계에서 긴밀하게 영업 전략을 짜는 것이 가장 중요하다.

이 우호적인 상황을 만들어 내지 못하면 남는 것은 공개경쟁이다. 우호적인 상황 요소가 형성되지 않은 상태에서 공개경쟁에 돌입하면 고객의 결정에 대해서 예측하기가 더 힘들어진다. 고객의 구매 결정 요소를 찾아내기가 매우 어렵게 되어 있다. 세상에 까다롭지 않은 고객이란 있을 수도 없고, 자사에서 제공하는 상품과 서비스를 무조건 수용하는 고객도 많지 않다.

제안 단계까지 오기 전에 대부분 기업들은 수익 시뮬레이션을 한다. 그리고 그 결과에 따라 제안에 참여할 것인지를 판단한다. 수익성이 낮음에도 이 딜을 진행하는 경우는, 이 제품의 2차 판매, 즉 이 영업 기회가 성공한 후에 미래에 지속 발생할 수도 있을 또 다른 영업 기회를 고려할 때이다. 혹은 이 영업 기회가 전체 제품 판매에 상징적인 의미를 가질 때이다. 마케팅 효과를 위해서 좋은 레퍼런스 사이트를 만들어 놓기 위함이다.

이 모든 전략적 판단은 기업의 파이프라인 미팅을 통해서 이루어지도록 프로세스화 및 체계화해야 한다. 그리고 그 과정은 파이프라인에 기록이 남도록 해야만 추후에 어떠한 상황에서 어떠한 판단을 했고, 그 결과가 어떠했는가를 분석하는 데 매우 유리하다. 이것이 기업 관점에서 파이프라인 정보를 분석 시에 인사이트를 주는 소위 비즈니스 인텔리전스(Business Intelligence)가 된다. 제안 단계에서의 체크해야 할 항목은 아래와 같다.

- ▶ 고객의 니즈를 충분히 파악하고 제안서를 만들었나?
- ▶ 제안서는 고객의 눈높이를 상회하는 수준급 템플릿을 이용했는가?
- ▶ 자사 제품의 장점을 충분히 전달하고 있나?
- ▶ 제안하는 수익성은 충분히 검토하였나?
- ▶ 고객의 관점에서 솔루션을 제공하고 있는가?

계약 단계의 코칭

계약이란 고객이 자사의 제품과 서비스를 구매하겠다는 것이다. 계약 단계도 엄격히 판단해 보면, 기업이 어떻게 정의를 하느냐에 따라서 구두 계약이 있고, 실제 계약서에 서명하는 경우가 있다. 이 둘의 차이는 매우 크다. 영업 사원이 확인한 결과, 고객이 자사의 제품과 솔루션으로 결정을 했다고 확인을 한 경우이다. 혹은 이메일, 팩스 등으로 가계약을 받은 것을 의미한다.

가장 확실한 것은 공식 서류에 계약을 하는 것이다. 계약 물량이 혼란을 주는 경우도 있다. 계약 시에는 분명 1,000개였으나, 실제 구매는 900개가 될 수도 있다. 계약이 확실한 경우에도 고객의 재무 상황 및 조직적 변화 상황 등으로 주문이 안 되거나 혹은 물량이 변하는 경우도 있다. 이럴 경우 매우 난처한 상황이 발생한다. 특히 자사의 미래 판매 예측에 나쁜 영향을 주게 된다. 물량이 변경되었는데도, 계약을 파기하지 못하는 경우도 발생한다. 특히 월 혹은 분기 목표 매출을 올려야 하는 입장에서는 제품을 팔고도 약자의 위치에 서기 때문이다. 팔 수도, 안 팔 수도 없는 상황 그러나 팔 수밖엔 없는 상황을 의미한다.

그래서 계약 단계에서는 매우 구체적으로 계약 상황을 따져 봐야 하고, 영업 팀장들은 계약 이후의 납품 현황까지 담당 영업 사원과 확인을 해 보아야 한다. 경우에 따라서는, 어떤 기업들은 영업 사원의 실적 인정이 계약 단계에서의 물량과 매출 금액을 정산하고 인정받는 경우도 있다. 이러한 경우, 영업 관점에서는 이미 프로세스가 끝나고 실적이 인정되어이후 납품 관리에 어려움을 겪는 경우도 있으니, 파이프라인 관계자들은 프로세스가 중단되지 않도록 신경을 써야 한다. 계약 단계에서 체크해야 할 사항은 아래와 같다.

- ▶ 수주의 이유를 정확히 분석하였는가? 혹은 패한 이유를 제대로 분석하였는가?(흔히 파이프라인에서는 'Win/Loss' 분석이라 한다)
- ▶ 계약 금액 및 예상 납품 시점을 확인하였는가?
- ▶ 일괄 구매 혹은 단계별 구매인지 확인하였는가?
- ▶ 고객 요구 사항 충족 및 만족도는 확인하였는가?

영업 단계 클로징(Closing) 단계의 코칭

클로징은 판매가 되었음을 의미한다. 이미 언급한 대로 클로징 한다는 것은 영업 기회가 주문으로 이어져서, 주문한 내용이 완전히 전달된 상황일 수도 있고, 혹은 첫 주문이 들어간 상황을 클로징으로 볼 수도 있다. 이것은 기업에서 정의하기 나름인데, 기업마다 달리 정의내리고 운영하는 경우도 있으며 정의에 따라서 클로징 금액은 큰 차이를 보인다.

영업 팀에서는 첫 주문을 클로징으로 보길 원하는 경향이 강하다. 영업 입장에서는 영업이 끝났다고 보기 때문이며, 클로징 단계로 설정될 경우 전체 프로세스가 끝나기 때문이다. 재무 관리팀 입장에서는 모든 물량이 완전히 고객에게 전달된 후에 클로징으로 처리되기를 바란다. 하나의 영업 사이클이 완전 종료되는 것을 두고 해석이 달라질 수 있다.

통상 파이프라인 관리 측면에서는 첫 주문이 발생하면 영업 단계에서는 클로징으로 처리를 하는 경우가 많다. 그리고 잔여 주문이 남은 것은 미래의 판매 물량이 되는 것이다.

클로징 단계에서 조심해야 할 것은 고객의 약속과는 달리 구매 시점이 달라져서 미래 판매 물량이 계속 변화할 수 있다는 점이다. 이 정보를 업데이트하지 않으면 전체 예측이 계속 틀어지게 된다. 그래서 이 정보를 영업 팀 혹은 파이프라인 전담 팀에서 계속 추적을 해야만 미래 판매 예측이 가능해진다. 클로징 단계에서 체크해야 할 사항은 아래와 같다.

▶ 제품의 납품 혹은 설치 예상 시점은 언제인가?
▶ 계약 사항과 클로징 시점의 차이점은 확인하였는가?
▶ 추가 구매 기회를 확인하였는가?

파이프라인 관점에서 클로징 단계에서는 주로 많이 짚어 보는 것이 납품 물량과 조건 외에 딜의 승과 패에 대한 이유이다. 이 정보를 바탕으로 영업 매니저는 영업 사원을 코칭 하도록 되어 있다. 파이프라인 시스템은 필수 입력 정보로 승·패에 대한 설정 및 그 이유를 넣도록 되어 있다. 이것은 모두 사후 분석 자료로 쓰이고, 파이프라인 미팅에서 딜의 결과에 대한 분석을 하게 된다. 영업 매니저와 영업사원간의 1:1뿐만 아니라 조직 전체의 딜 분석 시에 승·패 분석은 시장 환경 변화, 자사 제품의 수요, 영업 활동의 이슈 등을 분석하는 매우 중요한 정보로 쓰인다.

딜에 패할 경우 주로 그 이유를 분석해 보면, '자사의 가격 경쟁력이 낮아서'라는 이유가 가장 많다. 이것의 진실은 알기가 쉽지는 않다. 가격 요소가 고객의 결정 시점에서 가장 크게 작용하는 요소이나 절대적 요소는 아니기 때문이다. 가격 이외에 기업의 브랜드 파워, 사후 서비스 품질, 그리고 영업 방식에 있어서의 이슈 등 다양한 요소들이 영향을 준다. 파이프라인 미팅을 통해서 냉정하게 분석하고 코칭을 해 주는 것이 매니저의 일이다.

3. 파이프라인이 모양에 따라 코칭하라

파이프라인을 도입하는 이유 중의 하나가 바로 파이프라인 모양에 따라 관리를 할 수 있는 이점이 있기 때문이다. 파이프라인은 무조건 모든 단계가 항상 가득 채워져 있도록 하는 것이 가장 좋겠으나, 그렇게 되기는 매우 어렵다. 파이프라인은 정보가 입수되고 업데이트되면서 그 모양이 항상 변한다. 마치 신규 매장 앞에서 바람을 불어넣어 만든 춤추는 키다리 아저씨처럼 수시로 출렁인다. 물론 영업 사원이 자신의 파이프라인을 업데이트하지 않는다면 한 사람의 파이프라인은 전혀 바뀔 것도 없겠으나, 회사 전체의 파이프라인은 다른 영업 사원 혹은 다른 팀으로 인해 계속 그 모양이 바뀐다.

파이프라인 관점에서는 중요한 것이 파이프라인의 모양을 보고 매니저가 영업 사원을 코칭하는 것이다. 모양은 영업 사원 혹은 세일즈 조직의 전체 영업 활동 현황을 한눈에 보여 주는 데이터이자 그래프이다. 우선 파이프라인 모양을 보고 코칭을 하기 위해서는 기준점이 필요한데, 그 측정값을 영업 기회 건수로 보는 방법과 영업 기회 금액으로 보는 방법이 있다.

실제 파이프라인은 목표 대비 얼마나 매출화를 했는가가 중요하기 때문에 영업 기회의 금액으로 측정하는 것이 더 유리할 수 있다. 즉, 대형 영업 기회만 찾아내서 매출을 많이 하고 실적을 올려도 탓할 이유가 없다. 특수한 비즈니스 모델, 즉 특수 선박 제조 회사 등은 대형 수주 건이 중요한 비즈니스 모델이 있으나, 많은 B2B 비즈니스에는 중·소형 건들로 매출이 이루어지는 비즈니스가 많다. 또한 기업의 규모가 크고 영업 사원들의 수가 많을수록 영업 기회 건수는 대부분 많아진다. 그래서 파이프라인의 모양의 변화를 볼 때 금액과 영업 기회 건수를 같이 보게 된다. 영업 기회 건수 측면에서의 모양의 변화를 보면, 언제 얼마나 많은 건들이 혹은 적은 건들이 입수되는지를 알 수 있고, 대형 건들과 중·소형 건들이 어떻게 차지하는지 그 변화도 감지할 수 있다. 아래에서는 건수별로 코칭 방식을 설명하였다.

첫째, [그림 12]처럼 영업 기회 입수만 많은 경우, 반드시 코칭을 해야 한다.

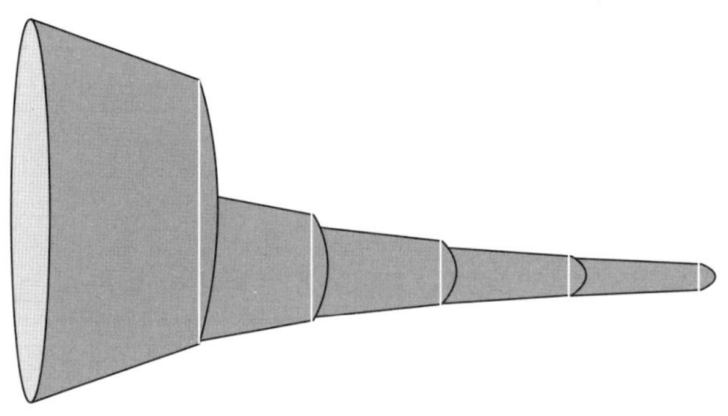

| 그림 12 | 가망 기회만 많은 파이프라인

왜 이런 현상이 생길까? 그 이유는 실제로 가망 기회가 크게 증가한 경우도 있다. 계절적인 이유도 가능하며 혹은 그동안 노력해 온 결과로 갑자기 이 시점에 가망 기회가 증가한 이유도 있다. 혹은 바람직하지는 않지만, 영업 사원이 갖고 있던 정보들이 갑자기 입력된 경우도 있다. 특히 이런 경우는 영업 사원들이 영업 팀장에게 잔소리를 듣지 않기 위해서 파이프라인 미팅 전에 입력하기 때문이기도 하다.

어떠한 경우이든 가망 기회가 많아졌다는 것은 향후 이 기회들이 매출화 될 수 있는 가능성이 높아진 것이므로 긍정적인 신호이긴 하지만, 이 후의 단계와 비교해서 지나치게 영업 기회 포착 건만 많다는 것은, 즉 파이프라인 첫 단계의 모양이 지나치게 크다는 것은 문제가 있을 것이다. 이 현상을 보고 코칭을 할 시에 체크해야 할 사항은 아래와 같다.

- ▶ 입력한 정보들이 모두 가망 단계에 해당하는 것이 맞는가?
- ▶ 갑자기 커진 이유, 즉 이 시점에 영업 기회가 신규로 많이 발굴된 이유가 무엇인가?
- ▶ 고객의 구매 사이클은 어느 시점이며, 다음 단계로 넘기기 위해서 영업 활동을 해야 할 사항은 무엇인가?

둘째, [그림 13]처럼 영업 기회 입수가 적고 진행 중인 건만 많은 경우이다. 가망 기회는 적은 대신 고객 구매 의사 확인 및 내부 검토 단계나 제안 단계만 많은 경우가 있다. 모양이 마치 배불뚝이 같다. 이러한 모양이 발생하는 것은 여러 이유가 있을 수 있는데, 최근에 새로운 영업 기회도 없고, 계약되는 건도 없을 경우 이러한 현상이 나타난다. 그래서 이러한 파이프라인 모양이 나타날 때는 미래의 먹거리가 없고, 확실한 계약 건도 줄어든 상태

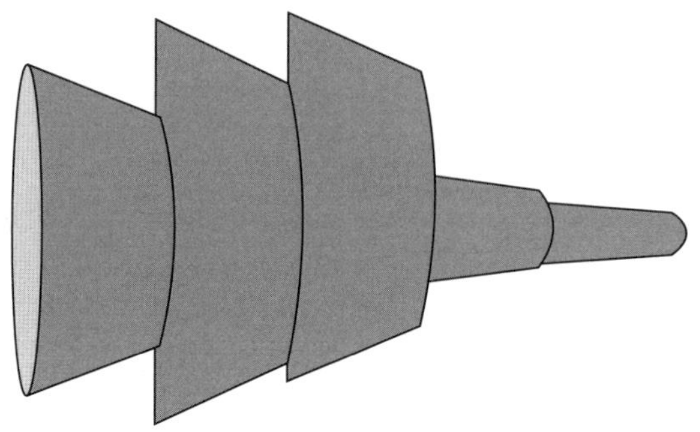

| 그림 13 | 중간 단계에 진행 중인 영업 기회만 많은 경우

라 경영자나 영업 팀장 입장에서는 매우 불안해지게 된다.

두 번째 이유는 이미 진행 중인 건들이 충분히 많고 영업 활동을 할 수 있는 시간은 제약이 있기 때문에, 신규 영업 기회 발굴의 영업 활동을 의도적으로 줄이고 진행 중인 건들에 집중해서 이런 모양이 발생할 수도 있다.

이러한 이유가 원인일 때는 반드시 코칭을 해야 한다. 영업 사원과 대면해서 최근 영업 활동을 체크하고, 영업 기회가 상대적으로 없었는지 확인해야 한다. 만약에 이 데이터가 진실이라면 고객의 구매 결정 시점을 확인해서, 계약을 더 따낼 수 있도록 미리 준비하고 고객의 구매 결정 타이밍을 놓치지 않도록 해야 한다.

또한 데이터 갱신의 문제일 수도 있으므로 혹시 이미 계약된 건들을 영업 사원이 계약으로 정보를 갱신하지 않아서 파이프라인 리포트 상에서 이렇게 나타나는지 먼저 확인해야 한다. 진행 중인 건들, 특히 오래된 건들을 확인하고 진행 현황을 체크하여 바로잡도록 코칭을 해야 한다.

세 번째 이유는 영업 사원들의 손실 회피(Loss Aversion) 경향 때문이다. 미국 브리티시컬럼비아 대학의 심리학자인 다니엘 카니만이 발표한 '위험 회

피(Risk Aversion 1983)’ 이론 때문에, 유명해진 손실 회피를 파이프라인 관점에
서 설명해 보면, 영업 사원들이 자신이 갖고 있는 영업 기회들이 질 확률이
높음에도 불구하고, 새로 획득할 영업 기회에 대해서 생각하기보다는 기존
의 영업 기회를 잃는 것에 대한 손실을 더 크게 생각하기 때문에, 계속 파이
프라인에 두고 지켜보고 있는 것이다. 이 경우, 과감하게 포기를 못하게 되
므로 영업 사원 자신도 집중할 곳에 집중을 못하고, 회사 전체로도 잘못된
파이프라인 모양을 갖게 되므로 손실이다.

따라서 영업 팀장은 이러한 징후를 감지하고, 해당 영업 기회를 살펴보면
서 포기할 것은 포기하도록 코칭을 해야 한다. 배불뚝이 파이프라인 모양의
현상을 보고 팀장이 코칭할 시에 체크해야 할 사항을 정리하면 아래와 같다.

- ▶ 제안 검토 및 제안 대상에 있는 건들은 어떤 건들인가?
- ▶ 진행되는 건들의 컨버전 속도는 어떠한가?(이때는 단계별 체류 기간을
  체크함)
- ▶ 지나치게 오랫동안 제안 단계에 머물고 있는 건들은 어떤 것인가?
- ▶ 영업 기회의 업데이트 상황은 어떠한가?
- ▶ 신규 영업 기회를 발굴하는 데 문제가 생기고 있는가?

셋째, [그림 14]와 같이 계약 단계만 높은 경우이다.

가망 단계부터 제안 단계까지 모두 저조한데, 계약만 많은 경우이다. 이
경우도 매우 위험한 현상이다. 단순히 보면 계약이 많이 되어 있어서 안심
할 수 있으나, 미래에 계약될 건들이 지나치게 적다는 점이다. 또한 실제 매
출화된 것도 얼마 되지 않는 경우다.

이러한 모양이 생기는 이유는 영업 활동이 줄어든 경우, 혹은 시장 수요가

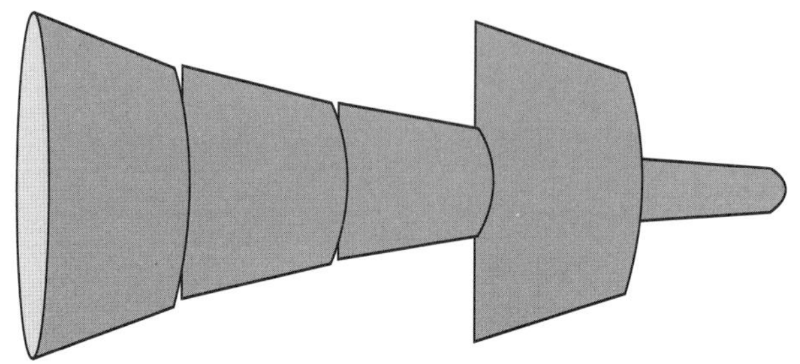

| 그림 14 | 계약 단계의 영업 기회만 많은 경우

최근 감소한 경우, 그리고 저조한 경우에도 발생한다. 또한 정보가 제대로 업데이트되지 않아서 발생한 경우도 있다. 이 현상을 보고 영업 팀장이 코칭할 시에 체크해야 할 사항은 아래와 같다.

▶ 단계별 영업 기회의 평균 이동 속도 및 단계 전환율(Conversion)은 어떠한 가?(전반적으로 속도가 낮을 경우 제안 단계 앞의 모든 단계에 걸려 있는 영업 기회들을 체크할 필요가 있다)
▶ 계약 단계에 장기간 걸려 있는 건들 확인: 결과를 보고 다음 단계로 넘기 도록 코칭
▶ 신규 영업 기회 입수에 어떠한 문제가 있는지 확인

마지막 현상은 [그림 15]와 같이 클로징(판매 완료)만 높은 경우이다. 클로징 단계에만 몰려 있는 건들이 지나치게 많고, 앞 단계에는 영업 기회 건수가 저조한 경우이다. 파이프라인 모양의 관점에서는 가장 위험한 신호이다. 극단적으로 말해서 미래가 없다는 의미이다.

확보한 가망 단계의 영업 기회도 적어서 앞으로 수주할 건도 적은 상태이

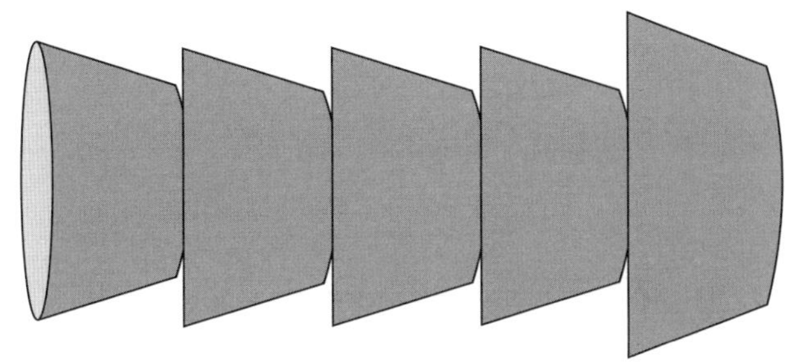

| 그림 15 | 클로징할 영업 기회만 많은 경우

고, 계약한 건도 적은 상태이다. 미래에 먹고살 거리가 매우 적은 상황이다. 전반적으로 파이프라인이 위축된 상황이다. 미래를 관리해야 하는 기업 대표나 영업 본부장 입장에서는 매우 우려되는 상황이다. 왜 이러한 현상이 발생하는가?

여러 가지 이유가 있을 수 있다. 시장 경기가 매우 좋지 않은 경우 이런 모양이 나올 수 있다. 실제로 입수되는 영업 기회도 적고, 진행 중인 건들도 별반 움직임이 없는 경우이다. 단계별 이동이 된다 하더라도 전반적으로 영업 기회가 적어서 계속 이런 현상이 지속될 수 있다. 또한 관리자나 코칭 하는 매니저들의 소홀, 혹은 전반적으로 파이프라인을 모니터링 하는 기능이 약해져서 이러한 모양이 나타날 수도 있다. 이러한 현상이 나타날 때, 영업 팀장은 아래 항목을 체크해야 한다.

▶ 가망 단계에서 계약 단계까지 전체 영업 건수 및 이동 속도 확인
▶ 영업 사원별 활동 건수 확인
▶ 최근 영업 기회 입수 채널 및 부진 채널 확인
▶ 최근 중도 포기 혹은 경쟁사에게 지는 영업 기회 건수 확인

▶ 각 영업 사원별, 조직별 파이프라인 체크

▶ 전반적 판매 촉진을 위한 마케팅 프로그램을 고려

▶ 장기간 정체 혹은 방치되고 있는 영업 기회 정리토록 코칭

영업 관리자여, 훌륭한 파이프라인 코치가 되라

이 장에서 설명한 코칭 내용은 가장 많이 알려져 있는 방식들을 정리한 내용이다. 다시 한 번 파이프라인 코칭을 현장에서 가장 많이 해야 하는 조직에서의 레벨은 바로 영업 팀장이다. 영업 팀장이 코칭을 포기하거나 소홀히 하는 순간, 영업 사원의 파이프라인은 제각각 갈 길을 간다. 결과적으로 회사 전체의 파이프라인에 악영향을 끼치게 되니, 영업 팀장의 역할이 크다고 할 수 있다. 이 장에서 설명된 것을 활용해서, 실전에서 건강한 파이프라인이 만들어지도록 참조되었으면 한다.

제3장

영업 미팅 방식이
영업의 미래를 바꾼다

"파이프라인은 영업 미팅에 혁신을 불러온다. 파이프라인 미팅 방식은 이미 끝난 실적 결과에만 치중하기보다는 미리 고객의 구매 사이클과 니즈에 맞춰서 전 조직이 고객의 리듬에 움직이도록 함으로써 더 많은 영업 기회를 이길 수 있도록 해 준다."

파이프라인 코칭과 마찬가지로 파이프라인이 도입되면서 '파이프라인 미팅'이라는 용어가 생겼다. 파이프라인 미팅이란, 파이프라인 정보를 바탕으로 영업 회의를 하는 것을 의미한다. 기존의 영업 미팅과의 차이는 기존의 미팅이 영업 실적에 중심을 둔 것이라면 파이프라인 미팅의 목적은 딜의 결과가 나오기 전에, 즉 매출 결과가 나오기 전에, 진행 중인 영업 기회의 현황을 체크하고 영업 전략을 짜는 미팅이라는 점이다. 파이프라인 코칭을 파이프라인 미팅에서 동시에 진행할 수도 있으나, 영업 조직이 크다면 영업 사원과 영업 팀장 간의 파이프라인 코칭은 1:1로, 영업 팀장과 본부장은 파이프라인 미팅에서 코칭을 하는 것이 더 효과적일 수 있다.

성공적인 파이프라인 미팅을 위해서는 케이던스(Cadence) 및 리듬이 중요하다는 말을 하게 되는데, 필자도 파이프라인 운영의 경험을 통해서 깊이 인식하게 되었다. 파이프라인 미팅은 영업 사원과 영업 팀장 간에 먼저 시작하여 마치 연쇄 고리처럼 맨 하단에서 경영진까지 같은 패턴으로 반복적으로 진행된다. 어떤 새로운 변화를 정착시키기 위해서는 꾸준함이 필요한데, 파이프라인 미팅을 매주 화요일 10시처럼 규칙적으로 운영하는 것이 중요하다. 그리고 동일한 리포트 형태로 이 미팅이 계단처럼 영업 팀장과 본부장 간의 미팅 식으로 이어 진행된다.

필자의 경험은 예를 들면, 목요일 오후 2시는 영업사원과 영업 팀 간의 미팅, 금요일 오전 10시는 팀장과 영업 본부장 간의 미팅을 진행했다. 미팅 시점에 맞춰서 파이프라인 데이터는 고정된다. 이렇게 하면 조직 전체가 리듬감 있게 움직이며, 데이터 품질도 시간이 지날수록 좋아지고, 영업 조직도 파이프라인 프로세스에 따라서 움직이게 된다. 그리고 모든 대화의 중심에는 딜을 성공하기 위한 전략에 포커스를 둔다. 다시 정리해 보자.

1. 규칙적으로 진행한다

파이프라인 미팅은 주기가 매우 중요하다. 비즈니스는 계속되는 것이다. 영업 기회 역시 발굴하고, 제안하고, 수주는 프로세스의 반복이다. 파이프라인은 끊임없이 꿈틀대며 앞으로 나아가기 때문에 파이프라인 미팅은 규칙적으로 진행되어야 한다. 이렇게 해야만 일선의 영업 팀에서도 일회성 행사가 아니라 하나의 영업하는 문화로 생각하게 된다.

파이프라인 미팅의 주기는 주간, 월간 그리고 분기별로 진행하는 것이 바람직하다. 주간은 영업 팀 내부에서 영업 사원과 영업 팀장이 일대일로 진행을 하는 것이 가장 효과적이다. 영업 팀장이 관리하는 영업 사원이 10여 명이 넘는다는 가정 하에 영업 사원과 영업 팀장 간의 회의 시간은 20-30분 정도로 파이프라인 내용에 집중해서 진행 한다. 월간은 영업 팀 전체로 확대되어 전체 미팅은 시간이 더 소요된다. 월간 및 분기별 회의는 영업 팀과 회사의 대표가 참석하여 진행한다.

2. 동일한 데이터와 동일한 포맷으로 진행한다

파이프라인은 누군가에 의해서 정보가 항상 입력된다. 그래서 특정 시점에 추출한 정보를 바탕으로 만든 동일 리포트를 보고 진행을 해야만 코칭이 가능하고 효과적이다. 또한 회의 시에 리포트는 많지 않도록 해야 하고 회의 전에 미리 정해져 있어야 한다.

3. 조직 전체에 계단식 방식으로 상향 전개한다

파이프라인 주간 미팅이 금요일이라면 매주 영업 팀장과 영업 사원 간에 진행될 것이다. 그러나 격주 혹은 월 미팅은 영업 팀과 영업 본부장이 같은 방식으로 진행하도록 하고, 전체적으로 규칙성과 일관성을 유지시켜야 한다. 물론 데이터는 상위 조직으로 갈수록 해당 조직 전체에 대한 것을 보게 된다. 분기별로는 모든 조직에서 분기 결산 형식으로 진행해서, 분기 전체의 목표 및 실적, 이슈 그리고 다음 분기 전망을 논의한다.

영업 사원은 매일 파이프라인을 보며 영업 활동을 계획하고 정보를 업데이트하는 것이 이미 생활화되어 있어야 한다. 그리고 정해진 주간 파이프라인 미팅 시점이 오면 일주일 동안의 활동을 정리해서 미팅에 참가한다. 영업 팀이 클 경우, 팀장과의 일대일 미팅은 격주로 하는 것도 방법이다. 일주일에 여러 번 진행은 현실적으로 비효율적이다. 예를 들어 화요일에 미팅을 하고 다시 목요일에 미팅을 하는 방식인데, 굳이 파이프라인 미팅이 아니어도, 급한 건은 바로 보고 하는 것이 다반사이므로 공식적으로 그렇게 미팅 간격이 짧아지면 그만큼 보고할 만한 건이 줄게 되어서 오히려 영업 사원은 미팅을 위한 미팅을 준비하게 된다. 이것은 오히려 영업 생산성을 해치는 일이다.

전 영업 조직으로 확대되는 파이프라인 미팅의 예를 들어 보자. 주간 영업 팀 미팅을 매주 금요일로 정하면, 영업 사원은 지난주 금요일부터 금주 목요일까지의 영업 활동을 정리해서 보고 한다. 매주 금요일에는 자신의 순서가 정해진다.

큰 조직인 경우, 영업 본부장과의 미팅이 매주 금요일에 잡힌다면, 영업 사원과 영업 팀장 간의 회의는 목요일로 잡고, 금요일은 팀장과 본부장 간의 미팅이 진행되어야 한다. 그리고 패턴이 일정하게 유지되어야 한다.

4. 고객을 미팅의 중심에 둔다

파이프라인 미팅은 고객을 중심에 두어야 한다. 이 미팅 시간은 영업 사원의 개인사적 애환을 듣는 시간도 아니고, 영업 실적을 두고 야단치는 시간도 아니다. 고객의 니즈, 고객의 이슈 그리고 고객이 원하는 솔루션에 중심을 두고 진행해야 한다. 필드 영업 사원에게서 이러한 이슈를 들어야 시장의 흐름과 반응을 이해할 수 있다. 고객이 원하는 솔루션을 미리 파악하고, 자사에서 어떻게 접근할 수 있을지를 논의해서, 경쟁사가 먼저 관계를 발전시키고 솔루션을 제공하기 전에, 자사의 가치를 제안하는 것이 딜을 성공시키는 데 있어서 훨씬 유리하다.

파이프라인 미팅에서 다루어야 할 내용은 무엇인가?

파이프라인 미팅은 이미 언급한 대로 주간, 월간, 분기/반기, 연말 미팅으로 나눌 수 있다. 그런데 파이프라인 미팅에서는 누가 참석하고 어떤 내용을 주로 다루어야 하나? 먼저 주간 회의 시에 영업 팀장 산하의 전 조직원들이 미팅을 진행한다. 이 회의에서는 팀 전체의 영업 기회 현황을 공유하고, 전략을 짠다. 영업 사원 개인이 아닌 여러 사람이 같이 협력해야 할 경우, 이 미팅은 더욱 중요하다.

주간 전체 미팅에서 체크할 주요 내용

- ▶ 주간 팀 목표 및 현황
- ▶ 팀 내부에서 협력해야 할 사항
- ▶ 제품 이슈
- ▶ 진행 중인 주요 영업 기회 공유

조직 전체 미팅과 별도로 파이프라인 코칭 미팅이 반드시 따로 필요한데, 파이프라인 코칭은 일대일이 원칙이므로, 영업 팀장은 주간 혹은 격주에 1회 정도 영업 사원과 일대일로 진행을 한다. 영업 팀장은 앞 장에서 설명한 파이프라인 코칭 방법을 충분히 익히고 영업 사원에게 아래의 사항을 체크하고 질문한다. 영업 사원도 동일한 리포트를 미리 준비한다. 시스템의 도움을 받아서, 별도로 리포트를 만드는 시간을 가급적 줄여야 한다.

일대일 코칭 미팅 시에 체크할 주요 내용
- ▶ 이번 주 목표 대비 현재 실적은 어떠한가?
- ▶ 이번 주 예상 판매 실적 금액은 어떠한가?
- ▶ 이번 주 신규 영업 기회는 어떠한가?
- ▶ 이번 주는 지난주와 비교해서 주요 영업 기회의 변화 상황은 어떠한가?

일주일 만에 기대하기는 힘들겠지만 등록된 영업 기회들이 짧은 시간 다루기에는 많을 경우, 모든 건들을 논의 대상으로 하지 않고, 몇 개 정도의 중요한 건들만 선택한다. 그리고 과거부터 진행 중인 영업 기회들의 주간 변화를 체크한다. 변화가 생겼다는 것은 영업 사원이 영업 활동을 통해서 새로운 내용을 갱신했고, 고객사에서도 뭔가 변화가 생겼다는 것을 의미한다. 고객 영업 활동 시 애로 사항 및 이번 주에 팀장이 지원해야 할 내용을 물어본다. 또한 특정한 건의 영업 기회에 대해서 물어볼 경우는 아래의 사항에 대해서 체크한다.

- ▶ 이 영업 기회는 현재 어느 구매 사이클인가?
- ▶ 판매 성공 확률을 어느 정도인가?

▶ 고객사의 의사 결정 구조는 어떠한가?

▶ 영업 사원은 어느 고객과 접촉하고 있는가?

▶ 고객이 원하는 니즈가 특별히 있는가?

▶ 다음에 당신이 할 일은 무엇인가?

▶ 경쟁 상황은 어떠한가?

▶ 언제쯤 고객이 구매를 결정하는 시점인가?

▶ 팀장이 혹은 임원 레벨에서 지원해야 할 사항은 무엇인가?

이런 질문들에 답을 하기 위해서는 영업 사원이 자신이 보고할 영업 기회의 건에 대해서 전반적으로 제대로 파악하고 있어야 한다. 물론 이 영업 기회가 아직 파이프라인의 초기 단계, 즉 고객의 구매 사이클의 초기 단계에 머물고 있다면 상세한 정보를 모를 수도 있으니, 이 점을 감안해야 한다. 그러나 영업 기회가 가망 단계를 넘어서면 영업 사원은 팀장이 확인하는 질문에 대한 답을 할 수 있어야 한다. 이런 확인 과정을 쉽게 지나치면 그만큼 해당 영업 기회는 충분한 내부 확인이나 검토 없이 다음 단계로 진행하게 된다. 그래서 대부분의 파이프라인을 운영하는 회사는 영업 기회 검증 체크 리스트를 만들어 놓고 있다.

또 특정 영업 기회를 의논할 때, 영업 사원들이 실제 고객과 확인도 하지 않고, 추측하는 경우가 있다. 영업 사원이 말하는 고객의 현황과 시스템에 등록된 정보가 상이할 경우 또한 정보를 업데이트하도록 명확히 코칭을 해야 하며, 사안에 따라서는 다음 파이프라인 미팅이 도래하기 전에라도 별도로 보고를 받아야 한다.

월간 미팅에서는 조직 전체를 대상으로 진행하며, 아래와 같은 내용을 바탕으로 진행을 한다. 주간 및 월간 회의 자료는 회의 하루 이틀 전에 마감한 정보로 진행한다.

월간 미팅 시에 체크할 내용

▶ 월간 파이프라인 실적 및 판매 예측 상황은 어떠한가?

▶ 이번 달에 이기고 진 건들의 원인은 무엇인가?

▶ 이번 달 파이프라인 모양은 어떠한가?

▶ 목표 대비 갭이 크다면 그 원인은 무엇이고, 어떤 영업 활동으로 갭을 줄일
것인가? 신규 영업 기회는 어떤 계획으로 획득할 것인가?

▶ 다음 달에 구매가 결정될 예정인 영업 기회 건들은 어떤 것인가?

▶ 다음 달 예상 판매 잔고는 어떠한가?

▶ 전반적인 영업 기회 데이터의 품질은 어떠한가? (지체되고 있는 건들 혹
은 전혀 업데이트가 안 되고 있는 건들)

그리고 월간 미팅을 하면 영업 팀에서 추가 분석 리포트가 필요할 경우가
많다. 소규모의 기업이라면 영업 팀에서 준비를 해야 하고, 조직이 크고 영
업 팀에서 준비를 하지 못할 경우, 파이프라인 관리와 분석을 담당할 부서
에서 분석 지원을 해야 한다. 월간 회의에서는 마케팅 조직에서도 월간 진
행된 캠페인의 결과와 파이프라인에 새로 등록된 마케팅 리드 등을 보고한
다. 또한 영업 기회들의 활발한 컨버전을 위해 마케팅 지원이 필요한지 체
크해야 한다.

제조업이라면 기술 지원 조직 혹은 R&D 부서에서 참석을 하는 것도 바
람직하다. 두 부서 모두 시장의 목소리, 고객의 목소리를 들을 수 있는 좋은
시간이 될 것이다. 기술 지원 조직은 또한 고객이 특별한 솔루션을 원할 경
우, 이를 지원할 방안을 강구해야 한다. R&D 부서는 새로 출시한 신제품

의 시장 반응을 들을 수 있는 시간이 된다.

분기 및 반기 미팅은 전체 관련 조직이 모여서 진행을 한다. 일반적인 영업 미팅의 일환으로 파이프라인을 중심으로 하여 진행하는 것이 좋다. 회사의 규모가 큰 경우에는 전체 인력이 모이기도 어려울 경우가 많다. 그래서 이러한 미팅은 분기/반기 결산과 더불어 제품 교육도 같이 진행하는 것이 유리하다.

파이프라인의 주간, 월간 및 분기별 이러한 규칙적 진행은 파이프라인 제도를 가장 효율적으로 조직에 깊이 뿌리내리기 위해 필수적인 제도적 장치이다. 이러한 미팅을 통해서 영업 사원들에게는 일의 우선순위에 대한 개념을 심어 주고, 조직 전체에는 조직이 고객과 영업 자체에 집중을 하고 있다는 느낌을 주게 된다. 파이프라인 미팅의 참고할 만한 미팅 방식으로 다음의 [표 2]와 같이 정리하였다.

| 표 2 | 파이프라인 미팅 종류 및 내용

(파이프라인 미팅)종류	주기	내용	참석자
주간 회의	주간 혹은 격주	주요 딜 진행 현황, 고객 이슈, 경쟁 현황, 제품 이슈 등	영업 팀장 하 전체
월간 회의	월말	• 시장 동향, 경쟁 상황 • 파이프라인 실적 및 예측 • 수주 잔고 • Win/Loss 분석 • 제품 이슈 • 다음 달 플래닝	영업 관련 전체 조직, 영업 본부장
파이프라인 코칭	주간 혹은 격주	• 목표 대비 갭 확인, 영업 활동 코칭 • 파이프라인 데이터, 모양, 컨버전 등 체크 및 코칭	영업 사원 일대일

(파이프라인 미팅)종류	주기	내용	참석자
분기 회의	분기 말	• 분기 실적 점검 • 목표 대비 대응책 점검	영업 관련 전체 조직, 영업 본부장
연말 회의	연말 1회	• 당해 연도 파이프라인 실적 리뷰(고객, 시장, 성공/실패 리뷰 및 반성) • 실적 우수자 포상 • 다음년도 파이프라인 목표 및 개선 방향	영업 관련 전체 조직, 영업 본부장
Health check 회의	매 분기	영업 사원 및 영업 팀 대상 파이프라인의 품질 리뷰	영업 팀장, 파이프라인 담당

파이프라인 미팅 참석 대상

흔히 파이프라인 미팅을 진행하면 여러 예상치 못한 장애물을 만난다. 첫 번째는 파이프라인 미팅을 하기로 약속 되어 있어도 기존의 매출 실적회의로 회귀하는 경우가 있다. 또한 파이프라인에 대한 내용을 논의하고 코칭하기로 되어 있는데, 회의를 주재하는 최상급자가 자신만의 방식으로 진행하는 경우도 있다. 파이프라인 미팅은 팩트 중심으로 상사와 부하 직원 간 코칭 하는 형식으로 진행이 되어야 하는데, 감정이 우선하여 질책의 시간이 된다거나, 반대로 좋은 게 좋은 것이 되는, 형식적인 시간이 될 수도 있다. 이 경우도 파이프라인은 이미 잘못된 방향으로 가고 있다고 보면 된다. 또 회사 전체로 봐서도 엄청난 영업시간의 손실이 된다. 영업시간은 곧 돈이니 재무적으로 손실이다.

마지막으로 파이프라인 미팅을 망치는 경우는 가장 영향력을 주는 팀장급, 본부장급 및 대표이사가 정해진 미팅 시간에 다른 이유로 불참하게 되는 경우가 있다. 이 경우도 파이프라인 미팅의 목적을 흐려지게 만든다. 파이프라인은 참석해야 할 대상이 참석하지 않는 경우, 그 선임자의 하부 조직으로 그 분위기가 전달되어 전체 흐름을 끊게 된다. 그래서 만약에 미팅에 참석이 불가하다면 오히려 일정을 조정하는 것이 더 유리할 수도 있다. 한번 흔들리면 계속 이런 일이 반복적으로 발생하고 관성화된다.

문제는 이 새로운 영업 관리 방식이 영업 사원들의 영업 활동에 영향을 주도록 되어 있는데, 모든 룰이 흔들리고 과거의 방식대로 다시 돌아가게 된다는 데 있다. 파이프라인 미팅을 하면, 파이프라인의 정보가 주기적으로 업데이트되는 기회가 된다. 그러나 파이프라인 미팅을 지속적으로 진행하지 않으면 데이터의 품질이 지속적으로 저하될 가능성이 있다. 이런 식으로 해서 계속 정보의 품질이 떨어지면, 이후에 평소 파이프라인 미팅에 대한 소홀함을 깨닫기보다는 파이프라인 정보에 대한 불신이 쌓이고 악순환이 시작된다. 이런 현상이 지속되면 영업 본부장은 전체 영업 팀의 데이터를, 영업 팀장은 영업 사원의 데이터를 신뢰하지 못하는 현상을 초래하게 된다. 또 데이터 때문에 파이프라인의 효용성을 거론하는 상황에까지 오게 되므로, 뭔가 앞뒤가 안 맞게 되는 것이다.

파이프라인은 파이프라인 미팅을 반드시 필요로 한다. 그것도 정해진 룰과 프로세스에 따라서 진행이 되도록 해야, 원하는 결과를 얻을 수 있다. 파이프라인 미팅을 통해서 민첩하게 고객의 니즈와 변화에 대응할 수 있도록 해야 한다. 파이프라인 미팅을 정해진 일자에 규칙적으로 진행해서 정보의 신뢰도 높여야만, 건강한 파이프라인을 만들 수가 있다.

사례 – IBM의 케이던스(Cadence) 미팅의 탄생

파이프라인으로 가장 유명한 회사 중 하나는 IBM이다. 현재는 많은 회사에서 파이프라인 미팅을 진행하고 있고 진행 방식도 다양화되었지만, 파이프라인 미팅으로도 가장 유명했던 것은 IBM의 '케이던스(Cadence)'라 불리는 방식일 것이다(IBM의 케이던스가 파이프라인 미팅만을 의미하는 것은 아니다).

IBM은 내부적으로 충분한 검증과 활용을 통해 가치를 인정하고, 공식적으로 이 제도에 대한 내용을 공개 했었다. IBM의 비즈니스 모델과 이 케이던스 혁신이 모든 기업에 그대로 맞을지 모르나, 이 내용은 분명 참조할 만한 것이 많다고 본다. '케이던스(Cadence)'란 사실 '시의 운율 혹은 드럼의 박자, 연속적인 리듬'이란 의미인데, 왜 이 의미를 썼을까?

IBM의 케이던스 공개 자료를 보면 그 의미를 유추할 수 있다. IBM은 1992년 IT를 대표하는 글로벌 회사로서 그 어떤 회사보다도 오랜 역사를 자랑한다. 우리가 알다시피 잘나가던 IBM은 과거 한때 큰 고비를 맞았다. 포춘지가 1992년 IBM을 '공룡'이라 불렀을 때, 이미 이 회사는 그 조직이 방대 혹은 비대해져 있었다. 너무 많은 제품이 판매되고 있었고, 또 어디로 판매되는지도 모르고, 공룡의 조직 속에서 누가 무엇을 하는지도 모르는 상황이었다. 사실 대다수의 기업들이 조직이 외형적으로 성장하면서 이 현상을 겪는 것을 필자도 보아 왔다. 또한 이 이슈를 해결한 것이 아니라 미완의 숙제로 갖고 있는 회사가 아직도 대다수이다.

IBM은 글로벌 회사였으나 그 많은 정보에서 사람의 수작업 없이는 1%의 데이터도 제대로 접근하여 파악도 힘든 상태였고, 1994년 IBM 제품의 삼분의 일은 공산품화되어 가고 있었다. 더욱 큰 문제는 IBM 제품이 제품의 가치로 승부하는 것이 아니라 가격이 최고의 경쟁력으로 되었다는 점이다.

조직마다 일을 따로 하고 있었고 고객 정보도 모두 따로 존재하였으며, 서로가 무슨 일을 하는지 모르는 현상에 직면한다. 이 부분은 전 IBM CEO 루거스너의『칭찬은 고래도 춤추게 한다』에도 잘 묘사 되어 있다.

고객은 여러 제품을 같이 원하고, 여러 장소, 여러 국가에 원한다. 고객은 하나의 채널로, 즉 한 사람과 커뮤니케이션을 하고 싶어 한다. 만약에 부서에서 교통정리가 안 되어서, 혹은 부서 간 경쟁, 영업 사원 간의 경쟁으로 한 기업 안에서 하나의 고객을 두고 제각각 대응을 한다면 많은 혼란을 일으키고 고객 만족도는 떨어진다. 고객사의 누가 키맨(Key Man)인지에 대해서도 각자 보는 시각에 따라서 달라지기도 한다.

그러다 보니 회사의 고위 의사 결정권자에게는 매우 혼란스러운 상황이 발생하는데, IBM뿐만 아니라 다수의 회사에서 이런 상황이 생겨도, 파악조차 못하는 경우를 많이 보아 왔다. 왜냐하면 상부 부서에서는 정확하게 상황을 보고받지 못해서 모르는 경우가 많기 때문이다. 이럴 경우, 아무리 중요한 영업 기회라 해도 고객의 의사 결정권 구조 및 구매 의사 결정 현황도 모르게 된다. 그래서 최악의 경우는 팀 내부에서도 서로 같은 딜을 두고 경쟁하는 결과도 초래한다. 많은 기업에서 이러한 현상이 실제로 일어난다. 또 적절한 타이밍에 고객에게 적절히 대응해야 하는데, 그 시간과 기회를 놓쳐 버린다. 비즈니스는 타이밍이란 말이 있음에도, 타이밍 자체를 모르는 상황이 된다.

IBM은 이 와중에 마케팅 팀에서는 '우리는 글로벌 회사다. 우리는 당신이 필요로 하는 모든 제품을 갖고 있다.'라는 메시지를 보냈다. 그 결과는 딜을 잃는 것도 있지만 IBM이라는 오랜 세월 쌓아 온 회사의 브랜드에 악영향을 준다.

IBM은 세 가지 혁신을 주도했다. '첫째, 비즈니스 프로세스에 혁신을 일으키자. 둘째, 시스템에 혁신을 일으키자. 그리고 마지막으로 모든 초점을 고객에 맞추고, 가치 중심의 경영을 해나가자.'이다.

비즈니스 프로세스 혁신은 IBM의 각 제품별 판매 방식과 프로세스가 모두 제각각이어서 반드시 필요했을 것이다. 이 현상은 많은 회사에서 나타나는 현상인데, 특히 제품 단위로 권한이 많을 경우에는 제품 판매에 대한 독립적인 입지 때문에, 각 제품 단위 독립 사업부에서 주장하는 프로세스도 논리적인 경우가 많아서 실제 전사 표준 프로세스로 통합하는 것은 쉬운 일이 아니다. 그러나 이대로 버려둘 경우, 교차 판매도 매우 힘들고, 고객을 하나의 관점에서 관리하기도 힘들게 된다.

둘째는 시스템인데, IBM은 시스템 총 책임자도 한 명으로 줄이고, 고객 데이터베이스 수도 통합시켜 나갔다. 가장 어려운 과제가 고객을 중심으로 모든 직원과 모든 프로세스와 모든 시스템이 움직이는 것이다. IBM은 이것을 케이던스에서 찾은 것 같다. 케이던스는 쉽게 이해가 되지 않을 수도 있는데, 정의하자면 모든 부서와 조직 그리고 일하는 행위가 고객을 중심으로 체계적으로 진행되는 것을 의미한다. 여기서 '케이던스 미팅'이라는 것도 생겼다. 파이프라인 미팅이라고도 볼 수 있다. 고객의 리듬에 조직 전체가 움직이도록 설계한 것이다.

지금까지 언급한 IBM 사례는 아무리 제품이 좋고 많아도, 운영 프로세스에 문제가 있으면 조직이 어떻게 되는지, 한 회사가 경쟁력을 어떻게 잃을 수 있는지를 잘 보여 준다. 또한 IBM이 어떤 것을 혁신하려고 했는지를 보면, 여기서 언급한 세 가지가 결국 전체 운영의 체질을 바꾸고 완전히 새로운 조직으로 바꾸는 데 있어서 핵심적인 부분이라는 것을 알 수 있다. 그것은 비즈니스 프로세스를 갖추고 있어야 하고, 시스템이 받쳐 주어야 하며 모든 직원이 오직 고객을 중심에 두고 일을 해나가는 것이며, 이것이 운영의 탁월함을 만든다. IBM은 이것을 케이던스라는 철학과 프로세스와 문화로 위기를 극복했다. 운영의 탁월함 없이 최고의 회사가 된다는 것은 어불성설일 것이다.

(참고 : 스캇 캘퍼 & 아나 타이, "혼란에서 케이던스로", IBM 백서, 2009)

제4장

영업 사원들이여,
파이프라인을 즐겨라

"만약 고객을 끊임없이 발굴할 수 있고, 매출에 자신이 있으면 이 영업 사원에게 파이프라인은 필요가 없다. 그러나 그것이 불가능하다면, 그리고 계속 안정적인 실적을 올려야 한다면 파이프라인 지식이 강력한 무기가 될 것이다."

영업을 하는 사람들에게 늘 공포스럽게 찾아오는 시점이 있다. 바로 월 매출 마감 기간이다. 매출 마감 스트레스는 영업직을 매우 힘들게 한다. 한 달이 4주라고 하면, 매월 목표만큼 채우지 못하는 달의 3주 때 시작된 스트레스가 4주차에는 극에 달한다. 이 글을 혹시 영업 사원이 읽고 있다면 '저의 스트레스는 주차와 관계없어요.'라고 할 수도 있겠다. 영업 사원의 스트레스는 대리나 과장 때보다 조직을 책임져야 하는 부서의 상위급 매니저들에게 더 심해진다. 임기가 보장되지 않은 임원 및 대표이사는 그 스트레스가 극도에 달한다.

이것은 세상 어디에서나 똑같다. 필자는 각국의 영업 사원들을 만났지만, 월말에는 당장 영업 매출에 도움을 주지 않을 거라면 만나지 않는 것이 좋았다. 숫자가 인격이고 숫자로 말해 주어야 하는데, 매출이 좋지 못할 경우, 그들은 딱히 이유를 둘러댈 방법을 찾을 길도 없다. 영업은 자본주의가 만든 꽃이라고 하는데, 숫자가 안 나오면 이것은 더 이상 꽃이 아니다. 매출이란 게 매월 쭉쭉 올라가기만 한다면 좋겠으나, 그런 사례를 보편적이라 하기에는 힘들다.

10%의 성장만 하게 해 주소서

영업 사원의 꿈이란 최고의 실적을 올려서 높은 연봉과 성취감을 얻는 일일 것이다. 또 승진이 되면 더욱 좋은 일이다. 많은 경쟁자들 속에서 최고가 되는 일은 결코 쉽지가 않다. 올해 200% 성장, 내년 300% 성장? 이런 수치는 현실적으로 매우 어렵다.

영리한 영업맨이라면, '지속적 성장'이라는 기업이 좋아하는 단어에 눈을 뜬 사람이 아닌가 생각한다. 즉, 매달 엄청난 매출 초과 달성을 하는 사람이 아니라, 예를 들면 5-10%만 계속 목표를 초과 달성하는 것이다. 이 수치도 아무런 노력을 들이지 않고도 맛볼 수 있는 그런 것은 전혀 아니다.

영업 활동을 하면서 지속적으로 매출을 올리기를 원한다면 세 가지 기본 조건을 갖추고 있어야 한다. 우선 이 목표에 도달할 수 있는 충분한 고객을 가지고 있어야 한다. 또 지속적으로 영업 기회를 찾아내야 한다. 그리고 고객과 영업 기회를 꾸준히 관리해야만 한다. 그러면 그중에 몇 개는 성공하고 몇 개는 실패할 것이다. 성공률을 더 높이려면, 개인적인 감각이나 운에 맡길 수는 없다. 운을 믿는 사람에게 고객이 찾아올 가능성은 매우 낮다. 고객의 고민을 들어 주고 고객에게 귀가 솔깃한 솔루션을 제공해 줄 때, 어렵게 고객은 그들의 마음을 조금 열 뿐이다.

점점 더 영업하기 힘들어지는 환경

문제는 열심히 영업 활동을 하는데도, 불황의 시장은 지속되고, 영업 기회는 잘 보이질 않는다는 점이다. 고객에게 정보를 탐색할 수 있는 수단은 점점 많아지고, 고객은 더 똑똑해지고 있다. 이러한 환경에서 세상은 영업 사원들에게 과거보다 더 스마트해질 것을 요구하고 있다. 일하는 방식도 그러하고, 커뮤니케이션 방식, 고객 관리 소프트웨어를 다룰 줄 아는 능력, 그리고 고객을 과학적으로 관리할 수 있는 능력 등, 점점 요구는 강해져 가고 있다. 기술의 발달이 반드시 영업 사원들에게 호의적이지만은 않다. 영업 자동화 같은 솔루션이 세상에 나오고 진화되어, 이것이 영업에 도움을 주기도 하지만 역으로 영업의 일자리를 점점 빼앗아가는 결과를 초래하고 있다.

가트너 보고서에 따르면, 2020년에는 비즈니스에서 구매자와 판매자 간의 응대의 85%가 인간의 개입 없이 이루어질 것 같다고 예언한다. 미국 같은 경우 2011년 기준 1천 8백만 명의 영업 사원이 있는데, 향후 2020년 안에 4백만 명만 남게 될 것이라고 예측한다. 이것은 어느 정도 수긍은 된다. SNS 같은 새로운 접점은 고객과 소비자를 직접 이어 준다. 또한 인터넷의 정보는 소비자의 정보 탐색과 의사 결정 과정을 바꾸어 놓아, 사람이 하던 역할이 그만큼 줄게 되었다. 그러나 그 영향은 B2B보다는 B2C 영업 사원에서 더 나타나고 있으니, B2B 기업에 종사하고 있다면 좀 안심해도 되겠다. 그러나 이 말은 또 시장이 영업 사원에게 변화하는 시대의 요구에 맞게 더 전문화, 지식화 그리고 높은 판매 역량을 갖출 것을 요구하고 있다는 것임을 알아차려야 한다. 파이프라인 지식을 쌓는 것도 영업 스킬에 전문성을 더하는 일일 것이다.

고객은 여전히 영업 사원을 원한다

오길비(2012)에서 4개국, 즉 주요 대륙의 대표 국가들인 중국, 미국, 영국, 브라질의 영업 사원을 대상으로 조사를 했다. 그 결과 지금의 시대에는 고객이 영업 사원보다 더 많은 제품 정보 지식을 갖고 있다는 데 무려 83% 이상의 응답자가 그렇다고 동의했다. 매우 흥미로운 것은 고객을 많이 안다고 해서 반드시 영업 사원보다 더 잘 알고 있는 것은 아니라고 하는 데에도 67% 이상이 동의를 하고 있다는 점이다. 고객은 자신이 알고 있는 혹은 특정 채널에서 새로 입수한 정보에 대해 더 합리적인 판단을 하기 위해서 영업 사원들의 견해를 듣길 원하기 때문이다.

만약 이 서베이가 독자에게 갔다면 어떻게 답변을 했을까? 아마도 동일하게 답변을 했을 것이다. 그 이유는 많은 시간 제품에 대해서 공부하거나 탐색하면서 보냈지만, 결정의 시간에는 영업 사원에게 직간접적으로 영업 사원에게 의존하는 경우가 많기 때문이다. 그래서 반대로 영업 사원 입장에서는 어떻게 고객의 이러한 상황을 고객의 관점에서 이해하고 어떠한 솔루션을 제공하는 것이 좋은가 고민하는 것이 판매율을 더 높이게 된다는 의미이다.

파이프라인을 어떻게 활용할 것인가?

그렇다면 고객의 구매 프로세스에 맞춰서 돌아가는 이 파이프라인에 대해서는 어떻게 해석해야 할까? 점점 더 많은 기업들은 이 파이프라인의 스킬을 요구하고 있다. 분명 영업 사원들에게 파이프라인을 피하기 어려운 시대가 점점 도래하고 있는 것이다. 이 책에서 말하는 파이프라인이라는 용어가 아니어도 그와 비슷한 것을 계속 요구하고 있다.

그럼에도 불구하고 파이프라인은 영업 사원들에게 달가운 그런 신세계는 아닌 듯하다. 왜 그러한가? 우선 파이프라인은 영업 사원들에게는 무엇인가 더 요구하는 새로운 제도나 시스템으로 이해되고 있다. 파이프라인을 이렇게만 보면 절대 매력적인 존재가 못 된다. 영업 사원들은 파이프라인에 대한 거부감을 갖고 있으면서도 싫다고 말하기가 어렵다.

파이프라인은 영업 사원을 빼고 홀로 존재할 수도 없는 것임에도 불구하고 영업 사원들은 파이프라인을 두려워한다. 마치 회사로부터 스마트폰을 무상으로 받아서 좋았는데, 알고 보니 이것으로 일도 해야 하고, 언제 연락이 올지 모르는 항상 '빅 브라더'의 손에 매여 있다는 느낌을 가질 때와 비슷할 것이다. 마치 내가 어렵게 얻은 소중한 정보를 그냥 내주는 느낌이다. 분명 고객의 정보를 얻고, 비즈니스를 배우며 성과를 올리는 자체가 사실 회사가 그러한 환경을 제공했음에도 고객의 정보는 개인적인 것으로 간주 한다.

고객도 영업 사원도 사람이다. 사람 간의 관계에 의해서 영업이라는 것이 진행되다 보니, 뭔가 정보를 등록한다는 것이 괴로울 수 있다. 내가 얻은 고객 정보를 내가 언제까지 다닐지도 모르는 회사에 준다는 생각이 적어도 몇 번은 스쳐 지나갈 것이다. 만약에 실적이 부진했거나, 상관과의 관계가 매우 나빠졌거나, 회사로부터 서운한 일을 당했다는 생각이 들면 이런 생각이 더 날지 모르겠다. 그리고 또 아래와 같은 생각도 들 것이다.

'이것은 내가 피땀 흘려 얻은 정보이다. 다음 회사로 가져가도 알 게 무엇인가?'

실제 필자는 여러 국가에서 이런 정보의 유출 사례를 많이 접했었다. 영업 사원들은 그것에 대해서 크게 잘못되었다 생각하지 않는 경우가 많다. 서양에서는 영업 사원들이 이메일 계정으로 아웃룩을 쓰는 경우가 많아서, 가급적 정보를 개인 PC에서 별도로 관리하는 사례가 많다. 그러나 회사는 이것을 당신의 자산이라 생각하지 않는다. 그래서 파이프라인을 강화하면, 개인이 모은 정보를 제공해야 한다는 인식이 작용을 한다.

파이프라인에 대해서 또 부정적인 이유는 파이프라인에 정보를 올리는 순간 보고의 틀 속에 갇히는 느낌을 갖게 되기 때문이다. 우선 영업 팀장부터 사사건건 개입하는 탓에 늘 보고를 해야 하는 부담을 갖게 된다. 그것도 매주 정해진 일자마다 나를 찾는다. 영업 사원에게는 이러한 미팅에 대해 스트레스를 많이 받을 것이다. 특히 매니저들이 아래와 같은 질문을 하기 때문이다.

"이번 달 파이프라인 클로징은 얼마지?"

"다음 달 판매 예상금액이 적군. 파이프라인 더 채워 넣어야겠어."

"저번에 등록한 건들은 왜 아무 움직임도 없는 거지?"

이런 질문들을 받으면서 스트레스는 배가된다. 물론 얼마 뒤 영업 사원이 영업 팀장이 되면 정반대의 입장이 되겠지만, 인간이라면 무엇인가 속박당하지 않고 누구나 자유로워지고 싶어 하는 것은 당연하다. 그러나 파이프라인 혹은 그 유사한 제도에 영업 사원들은 익숙해져야 하는 세상이 이미 도래해 있다.

파이프라인을 즐겨라

파이프라인을 제대로 보면 영업 사원들에게 매우 큰 이점을 동시에 갖고 있다. 그리고 파이프라인 시스템도 효율적인 영업을 위해 매우 유용하게 사용할 수 있다. 파이프라인은 자신의 영업 기회를 과학적으로 관리해서 더 많은 매출을 올리는 데에 도움을 주기도 하지만, 영업 사원의 영업 활동을 증명할 수 있고 객관적으로 평가받을 수 있는 좋은 수단이기 때문이다. 그리고 파이프라인 활동을 통해 상사로부터 신뢰를 얻을 수 있다. 평소 영업 활동이 좋고, 성과가 좋을 때는 최고의 영업 사원이 된다.

실적만 좋을 때는 사랑을 받을 게 확실하나, 평소 어떻게 하는지에 대해서 가끔 의심을 받을 수도 있다. 또한 매출 실적 없이 파이프라인 관리만 잘할 경우도 문제가 된다. 매출 마감을 잘 못한다는 인상을 주기 때문이다. 그래서 파이프라인 관리는 꾸준히 해야 하고, 파이프라인 미팅 시에 영업 팀장과의 대화의 창구로 활용하여 꾸준히 신뢰를 쌓아야 한다. 파이프라인을 하게 되면 모든 것이 기록에 남는다. 영업 팀장의 코멘트도 기록된다. 이런 기록들로써 정당하게 평가받을 수 있는 수단이 된다.

또한 당신이 승진할수록 파이프라인에 대한 관리 스킬을 늘려야 한다. 영원히 영업 사원으로 남을 수 없지 않은가? 파이프라인의 관리 방식이나 기법은 영업 팀장이 되어서도 더 필요하니, 배워서 손해 볼 일이 아니다. 그리고 파이프라인은 당신의 상사와 회사에 정당하게 요구 사항을 낼 수 있는 수단이다. 이러한 파이프라인 미팅을 통해서, 고객의 구매 단계마다 고객의 니즈와 상황 및 영업에 어려운 점, 그리고 회사에서 지원해 주어야 할 것을 요구할 수 있다.

마지막으로, 직장 생활을 하면서 한 번씩은 전임자가 제대로 정리해 놓지 않고 떠나서, 당신이 부임한 뒤 모든 것을 처음부터 해야 하는 상황이 있었을 것이다. 혹시 복잡한 문제를 놔두고, 그것을 모른 채 당신이 부임했다면, 썩은 고기를 치우느라 힘든 세월을 보내야만 한다. 파이프라인 시스템은 그나마 전임자가 남긴 이력을 추적할 수 있는 정보를 제공해 준다. 또 만약에 당신이 새로 부임했는데, 후임자에게 좋은 선물을 주는 것이 옳다고 생각한다면 파이프라인은 유용하기 그지없다. 당신이 어느 지역의 어느 고객을 담당했는지, 영업 기회 현황은 어떤 상황인지, 어떤 영업 활동을 진행했는지 파이프라인이 다 가지고 있기 때문이다.

파이프라인을 활용하는 열 가지 방법

어떻게 파이프라인이 나의 영업에 무기가 되게 할 것인가? 10가지 방법을 정리해 보았다.

1. 자갈과 바위를 동시에 관리하라

B2B 영업은 성격상 '한 방'의 비즈니스 모델도 있다. 수주 하나가 성공하면 관련된 많은 식구들이 적게는 몇 달, 많게는 몇 년을 먹고 살 수도 있다. 성공을 위해서 치열한 수주 작업을 하고, 고객 밀착 관리에 들어간다. 고객

이 원하는 것을 먼저 읽어 내고 고객이 바라는 어떠한 솔루션도 제안한다. 그러나 이러한 한 방이 성공하지 못했을 때, 그 여파가 매우 크다. 또한 많은 기업들에게 이렇게 큰 건들로만 비즈니스를 하는 것이 아니라, 매주 매달 비즈니스 기회를 찾아야 하는 영업 팀이 더 많다.

파이프라인 관리 방법론은 자갈과 바위를 동시에 관리하도록 가이드 한다. 파이프라인에 큰 건들과 작은 건들을 항상 같이 채워 놓도록 하는 것이 유리하다는 것이다. 큰 건 하나 혹은 작은 건 열 개 중에 어느 것이 더 유리할지는 결과를 봐야 알겠지만, 작은 건 열 개가 슬럼프에 빠졌을 때, 더 큰 도움이 될 수도 있다. 처음에는 구매 금액이 적은 영업 기회가 한번 클로징이 된 후 고객과의 관계가 좋을 때, 다시 재구매의 기회가 온다면, 그 규모가 과거보다 훨씬 커지는 경우도 흔하게 발생한다.

2. 계획하고 실행하는 모습을 보여 줘라

영업 사원들은 대부분 일정 관리를 한다. 누구를 만날 것인가? 오늘은 어느 고객과 어떤 대화를 나눌 것인가? 내일은 누구를 만날 것인가? 파이프라인을 관리하면서 진행을 해야 일의 우선순위가 정해진다. 또한 영업 팀장도 같은 정보를 보기 때문에, 동일한 기대와 눈높이에서 서로 이해할 수가 있다. 회사가 제공하는 파이프라인 시스템을 보면 어떤 영업 기회가 어느 단계에 있고, 언제 무엇을 해야 하는지를 알기 쉽도록 지원하면 확실한 도움이 된다. 대부분 파이프라인 시스템이 아웃룩으로 연계되는 솔루션이 많아서, 일정 관리를 아웃룩으로 하고 있다면 이중 관리를 할 필요가 없을 것이다. 고객과의 커뮤니케이션 이후에도 정보를 업데이트해야 한다. 그렇지 않으면, 파이프라인 정보가 엉망이 된다.

그리고 잠재적인 영업 기회에 예민해야 한다. 파이프라인에 지속적으로 고객 영업 기회가 입력되어 있어야 미래를 준비할 수 있다. 또한 팀장의 그러한 지적에 대응할 수가 있다. 모든 영업 기회는 예상 마감, 즉 성공한다면 첫 판매가 언제 가능한지에 대한 정보가 있어야 한다. 이 정보가 다음 달 혹은 그다음 달의 예상 매출이 된다.

3. 파이프라인에 모든 것을 넣지 마라

모든 영업 기회 정보를 시스템에 입력해야 한다고 하고 싶지만, 현실적으로 그것은 불가능하다. 사실 영업 기회를 잡았다면, 무조건 시스템에 입력하지는 않을 것이다. 시스템에 입력한다는 자체가 보고가 될 수 있기 때문이다. 요즘은 실시간으로 모니터링 된다. 따라서 고객의 기본 정보, 자사 신상품 혹은 앞서 구매한 제품의 교체에 대한 니즈 정도는 파악을 해야 한다. 최소한의 기본 요건을 검토하고 파이프라인 시스템에 입력하는 것이 유리하다.

4. 영업 리듬을 만들어야 한다

보통 파이프라인 프로세스를 운영하면, 요일별로 무엇을 해야 할지 정해지기도 한다. 가령 매주 금요일은 일주일간의 활동에 대해서 보고를 해야 하는 고정 시간이 정해지면, 영업 활동을 할 수 있는 요일은 월요일에서 목요일까지이다. 월요일 오전에 영업 계획을 짜다 보면 남은 시간은 사흘이 조금 넘고, 이 시간도 금방 지나간다.

계획을 잘 짜지 않으면, 보고할 내용이 별로 없는 상황에서 다시 보고를 해야 하는 숨 막히고 매일 재미가 없는 날들로 채워질 수도 있다. 그래서 외근해서 만나야 할 대상, 사무실에서 연락할 대상, 기존 고객 연락 혹은 신규 고객 발굴 그리고 시스템에 영업 활동을 등록할 시간 등을 미리 정해 놓고 움직여야 한다. 영업 활동은 모두 시간이자 비용이다. 총 개인이 올린 매출을 시간으로 나누면 시간당 매출이 나온다.

뛰어난 영업 사원들은 이 시간 관리, 주어진 시간에 우수 고객 만들기 그리고 한번 만든 고객에게서 다시 매출을 올리는 역량이 뛰어나다. 영업은 그래서 계획이고, 실행이다. 영업 계획과 실행은 리듬처럼 반복되도록 연습이 필요하다.

5. 고객과 같이 춤을 춰라

영업 팀장이 늘 '고객에게 다시 확인해 보라' 그리고 '다시 연락해 보라'를 쏟아 놓는다. 대부분의 영업 팀장은 조급하다. 매니저가 될수록 매출에 대한 압박으로 많은 스트레스를 받기 때문에 은연중에 조급해진다. 그래서 당신이 특정 딜에 대해서 영업 팀장에게 보고를 할 때, 여러 상황의 어려움을 얘기하면 영업 팀장은 이렇게 말할 것이다.

"도대체 그 상황이 어떻다는 거야? 복잡하게 얘기하지 말고, 그래서 지금 정확히 어떤 상황인데? 고객이 구매한다는 거야, 만다는 거야? 고객이 예산은 있어?"

이러한 상황에서, 영업 사원은 파이프라인이 말하는 그 영업 단계를 정확히 전달해야 한다. 파이프라인이 존재하는 이유가 이것이 아닌가? 그래서 고객의 현재 상황과 구매 사이클 관점에서 구매 단계를 얘기해야 한다. 그리고 나는 무엇을 했는가를 얘기해야 한다. 그러나 계속 푸시는 이어지고 영업 팀장은 이런저런 지시를 한다. 문제는 고객은 준비가 안 되어 있음을 당신은 더 잘 알고 있다는 점이다. 준비되지 않은 상황 혹은 적절하지 않은 타이밍에 고객을 만나는 것은 오히려 극약이다.

구매를 결정하는 것은 고객이다. 고객은 구매할 시점에 구매를 한다. 그래서 고객이 듣고 싶은 것을 얘기해 주어야 하고, 고객이 받아들일 준비가 되어 있을 때, 전략을 갖고 제안을 해야 한다. 고객을 목적과 준비 없이 무조건 만나지 마라. 그리고 그 상황과 접근 방법을 영업 팀장과 허심탄회하게 얘기를 해야 한다. 영업 사이클은 고객의 사이클이고 우선 원칙은 고객이 추는 춤의 리듬에 맞추는 것이다. 물론 고객이 춤을 조금 더 잘 추게 도와준다면 훌륭한 솔루션 세일즈가 된다.

6. 파이프라인의 룰을 잘 이해하고 움직여야 한다

파이프라인은 단계가 나뉘어 있고, 이것은 회사가 정해 놓은 규칙이자 절차이다. 또 그렇게 진행하는 것이 영업 관리에 도움이 된다고 검토하여 설계를 한 것이다. 만약에 이 룰을 주관적으로 해석하면, 정보가 쌓여 가면서 어느 시점에 팀장으로부터의 신뢰를 잃어버릴 수도 있다. 팀장은 다시 본부장에게 보고해야 하는데, 잘못된 정보로 정보의 신뢰성이 이미 떨어져 있기 때문이다.

특히 영업 팀장은 가망 단계를 강조한다. 고객을 가급적 구매 사이클의 초기에 발굴해서, 이후에 가격으로 승부를 걸지 말고 승률을 높이길 바라기 때문이다. 그래서 그다음 단계로 넘어갈 때마다 팀장은 팀원이 전략적 영업을 하기를 바란다. 또한 영업 활동 중에 고객의 니즈가 변화하는지를 탐지하고, 가급적 고객이 원하는 솔루션을 해결해 주기를 바란다. 고객에게 판매를 강요할 수는 없다. 고객의 컨설턴트가 되어야 하고, 고객의 걱정을 들어 주고 고객이 편하게 느끼도록 해야 한다. 이것이 가능하려면 가망 단계부터 관리가 시작되어야 할 수밖에 없다.

7. 악성 가망 고객을 가려내고 키맨(Key Man)을 파악하라

가장 미운 고객이 누구인가? 오랫동안 공들여 온 고객이 결국 껍데기만 화려할 뿐 전혀 알맹이가 없는 고객이라고 판단했을 때일 것이다. 고객이 매우 친절하고 제품 구매에 대한 예산이 있을 것처럼 말해도 결과적으로는 이미 경쟁사 제품을 결정한 상태에서, 고객은 자신이 합리적인 결정을 한 것인지 알아보기 위해 다른 판매자에게 견적을 요구하는 경우도 있다. 전혀 결정권이 없으면서 있는 척하는 경우도 있다. 또한 고객의 잘못은 아니나, 몇 달을 상담하고도 다른 내부 조직으로 이동하는 경우도 있다.

이런 경우 이 딜은 실패하거나 혹은 처음부터 다시 판매 사이클을 시작해야 하는 경우도 있다. 실제 고객의 내부 사정과 키맨을 알기가 쉽지 않다. 그래서 어떤 영업 기회가 보이면, 내부 정보를 캐내는 데 최선을 다할 수밖에 없다.

8. 거짓 보고를 하지 마라

파이프라인을 운영하는 회사에서 근무를 하면, 파이프라인에 입력하는 정보에 대해서, 영업 사원 스스로도 놀라는 경우가 많다. 특히 생성한 영업 기회 건수가 50개 이상을 넘어서면 본인 스스로도 '이 건을 왜 입력했을까?', '이 건을 깜빡 챙기지 못했군.', '이 건은 이미 죽은 건인데…….' 등, 수시로 생각이 난다.

보고를 해야 할 시점이 오면, 여러 유혹에 빠진다. 왜냐하면 자신의 지역에 자신이 만든 영업 기회를 다른 사람이 모를 것이라 쉽게 생각할 수 있기 때문이다. 그렇게 해서, 거짓 보고를 하기도 한다. 이런 경우 한두 번은 문제가 안 되나, 특정한 건이 사실이 아닐 경우로 확인되면 다른 모든 건들도 의심을 받고 신뢰를 잃을 수도 있다. 따라서 가급적 정확하게 보고를 하는 것이 가장 바람직하며, 주어진 기간에 신규 영업 기회가 보이지도 않고 기존 영업 딜의 변화가 별로 없어서 보고할 만한 내용이 적어 고민할 경우에는 '확인하겠다' 혹은 '미처 확인 못했다'라고 하는 것이 더 유리하다.

특히 많은 정보의 왜곡이 영업 단계에서 일어난다. 결정은 고객이 하고 고객은 준비가 안 되어 있는데, 파이프라인의 단계는 이미 다음 단계로 넘어가 있다. 고객이 이 사실을 알면 매우 우스운 모양이 되겠지만, 이런 유혹이 파이프라인의 아킬레스건이다. 한번 왜곡은 계속해서 왜곡의 연쇄 고리가 될 수도 있으니, 정보 관리에 신경을 많이 써야 한다.

9. 소프트웨어에 친숙해야 한다

보통 영업 사원을 충원할 때, 전문성, 영업 이력, 커뮤니케이션 능력 및 과거 실적 등을 참고로 하나, 시스템을 잘 다루는 능력을 크게 보지는 않는다. 또한 영업 사원들도 시스템을 잘 배워서 매출을 더 올리겠다는 생각을 잘 하지 않는다.

현재까지 시장에 소개되어 온 IT 혁신 시스템을 살펴보면, 영업 사원을 위한 진정한 시스템이 거의 없음을 알 수 있다. 3대 대표적인 비즈니스 시스템은 CRM, ERP 그리고 SCM이라고 할 수 있다. CRM은 마케팅 부서로 흘러갔고, ERP는 고객에 대한 영업 활동 관리를 하지는 않는다. SCM은 공급 체인 관리로, 아무리 시장 기반의 SCM이라 할지라도 영업 사원의 필드에서의 영업 활동과는 거리가 멀다. 그 외 제품 정보 관리 시스템, 가격 승인 시스템 등은 모두 지원 세력 정도로 간주할 수 있다. 정녕 영업을 위한 시스템은 없다. 그나마 쓸 수 있는 것이 SFA(Sales Force Automation)와 파이프라인 시스템이다. 이 둘은 같이 묶여 있는 경우가 많으니, 이것뿐이다.

이 툴들에 익숙해지길 바란다. 이 툴들은 영업 사원의 고객 관리와 영업 기회를 관리하기 위해 만들어져 있다. 100% 활용하는 스킬을 배우는 것이 영업 활동에 훨씬 도움이 된다. 그리고 궁극적으로 영업 역량을 높이는 데 분명 도움이 된다.

10. 클로징을 잘해야 성공한다

영업 사원은 매출을 올려야 한다. 목표는 그것밖엔 없다. 파이프라인은 이 매출을 좀 더 사전에 관리하기 위한 제도이고, 회사는 영업 사원이 입력한 정보로 다음 달, 다음 분기를 보고 싶어 하는 것이 원리다.

성공적인 세일즈란 파이프라인의 클로징을 잘하는 것이다. 더 멋진 일은 이 클로징 시에 고객과의 좋은 관계가 이어져서 계속 매출의 기회가 만들어지는 것이다. 그래서 판매 이후의 관리가 얼마나 중요한지도 새삼스럽지 않다. 또한 클로징을 새로운 영업의 시작이라는 말도 한다.

지금까지 영업 사원이 파이프라인 관리를 하면서 더 효율적으로 영업 기회를 관리하는 열 가지 방법을 알아보았다. 파이프라인의 성공은 영업 사원의 손끝에 달려 있다고 해도 과언이 아니다. 영업 기회를 가장 많이 만들어내는 조직도 영업 조직이고, 고객들에게 판매를 해야 하는 책임도 영업 조직과 영업 사원들에게 있다. 이 영업 기회의 움직임을 관리할 수 있는 플랫폼이 파이프라인이며, 파이프라인의 메커니즘을 이해하는 것은 더 많은 매출을 올리는 데에 큰 도움이 될 것이다.

제5장

우리는 왜 지는 게임에 익숙한가?

"지는 게임에 익숙해지면, 어느 순간 패배의 모든 원인이 경쟁사 대비 제품의 높은 가격이라는 논리에 함몰된다. 그런데 고객은 바보가 아니지 않은가? 고객은 가격이 높다는 이유로 거절하거나 혹은 낮다는 이유로 구매 결정을 하지는 않는다. 그들은 합리적인 구매 이유를 찾는다. 그래서 고객이 구매 이유를 합당화할 수 있도록 도와주어야 한다. 그것은 제품 품질, 서비스 조건, 영업 사원의 관계 관리 및 설득, 브랜드 파워, 가격 조건 혹은 이 모두의 결합일 수도 있다."

"김 부장, 이번 건 어떻게 되었어요?"

영업 본부장이 물었다.

"아, 예. 고객이 가격에 부담을 많이 느껴서, 경쟁사 제품을 선택해 버렸습니다."

영업 팀 김 부장이 대답했다.

"그놈의 가격, 가격, 당신은 언제까지 제품 가격 타령할 거요?"

영업 본부장은 심기가 또 불편하다.

영업 전선에서 이런 얘기를 듣는 것은 흔한 일이다. 그리고 높은 직급으로 올라갈수록 가격 때문에 졌다는 말을 듣기 싫어한다. 자신의 회사 제품을 더 사랑해서 그러할까? 혹은 내가 직접 영업을 했더라면 이런 결과가 나오지 않았을 것이라는 생각하기 때문일까?

그런데 흥미로운 것은 이 세상 모든 영업 기회로 비즈니스를 하는 기업의 딜(Deal) 승패를 분석해 보면, 패의 원인 1위가 바로 가격이다. 즉, 어떤 하나의 영업 기회가 포착되고 이 딜을 영업 사원이 관리를 하며, 마지막 단계에서 종료될 때, 딜은 이기거나 지거나 결정이 된다. 그리고 진 경우에 영업 사원들이 그 이유로 가격 경쟁력을 가장 많이 꼽는 것이다. 그러나 이것은 모두 진실만은 아니다. 반대로 고객에게 타 회사 제품과 서비스를 선택한 이유가 무엇이냐고 물어보면, 제각각 다르게 나올 가능성이 높기 때문이다.

흔히 고객이 가격이 높다고 했을 때는 판매자가 제공하는 가치에 비해서 제안하는 가격이 높다는 것이다. 또 경쟁사의 유사한 제안 대비 가격이 높았다는 것이다. 그리고 판매자의 제품이 가치가 매우 높으나 고객이 가진 예산으로는 감당할 수가 없는 이유도 있다. 후자의 경우, 공급자가 협상 과정을 통해서 최종가를 내렸음에도 예산이 감당하지 못할 범위에 있었던 것이다. 고객이 최종적으로 결정하기 전에 고객의 이런 고민까지 파악한 판매자의 영업 팀이 믿을 수 없는 수준까지 가격을 낮춰 제안을 하기도 한다. 물론 손해를 볼 수도 있음에도 이렇게 제안을 할 수밖에 없는 경우는 전략적으로 다음에 발생할 수 있는 후차적인 판매 혹은 좋은 레퍼런스를 만들어 다른 고객에게 홍보를 하기 위해서이다.

그런데 높은 가격 때문에 졌다는 결과가 나올 때, 우리는 분명 가격만이 그 이유가 아닐 것이라는 생각을 하게 된다. 이것은 영업 사원이 관리하던 영업 기회를 결국 잃게 되었을 때, 가장 손쉬운 이유를 댈 수 있는 것이 자사 제품의 현실성 없는 높은 가격이라고 말하기 때문이기도 하다. 물론 경쟁사 대비 그렇다는 것이다. 무엇이 진실이었을까? 고객은 어떤 생각을 갖고 의사 결정을 한 것일까?

고객의 의사 결정에는 무엇이 작용하였나?

만약에 가격만이 절대적인 결정 요소가 아니라면 고객의 의사 결정에는 어떤 요인이 영향을 주었단 말인가? 잠깐 파이프라인의 세계로 들어가 보자. 어느 정도 규모가 되는 기업이라면 파이프라인 프로세스가 진행되면서 매주 어떤 것은 이기고 어떤 것은 지는 것을 경험해야 한다. 그런데 지는 건들이 점점 늘어나게 되면, 조직 전체에 주는 영향도 만만치 않다. 그러나 파이프라인을 운영하는 기업의 경영자들은 지는 것은 지는 것이고, 왜 졌는지 그 정확한 사실을 알고 싶어 한다. 그렇게 해야 시장을 정확히 읽어 낼 수가 있기 때문이다.

모든 영업 기회는 가격 제안 과정을 거치게 된다. 그리고 누군가의 제안은 선택을 받고 또 누군가의 제안은 선택을 받지 못한다. 선택은 단 하나밖에 없다. 이겼는가? 졌는가? 고객이 마음이 너그러워서 혹은 마음이 약해서, 이미 결정이 난 후에도 판매자의 제품을 사 주지 않는다.

영업도 관성이 있는지, 잘될 때는 계속 승률이 높고, 또 질 때는 계속 지는 속성이 있다. 그래서 기업의 경영자들은 이것이 영업 팀의 사기에 영향을 주지 않도록 전전긍긍하기도 한다. 특히 기업 문화에 영향을 주어서는 안 된다는 것을 잘 알고 있다. 지는 게임이 늘어날수록 기업이 할 수 있는 것은 고객이 혹할 정도로 제품과 서비스의 매력을 높이는 일이나, 이것은 단기간에 할 수 있는 일이 아니다.

같은 조건 속에서 영업 단계가 진행되고 제안 단계까지 오면 판매자는 협상력이 약해져서 가격을 더 낮추어야 하는 상황이 온다. 그러나 문제는 고객은 판매자가 가격을 낮추었다는 이유로만 결정을 하지는 않는다는 점이다. 그래서 판매자 입장에서는 가격도 낮추었는데, 딜을 성공시키지 못하는 나쁜 판매 사이클이 시작되는 것이다.

한번 이 사이클에 들어서기 시작하면 좀처럼 그 트렌드에서 벗어나질 못한다. 낮아진 가격 전략은 수익성에 영향을 주어서 재무 관리 측면에서도 매우 위험한 요소이다. 그래도 여전히 더 위험한 것은 '우리 회사 제품은 경쟁력이 없어'라는 자괴감이고, 이런 생각은 영업 팀의 일하는 문화에 영향을 준다.

고객을 직접 만나는 횟수가 영업 사원에 비해서 턱없이 적어 고객의 상황을 모르는 경영진이나 재무팀은 영업 사원들이 문제라고 생각한다. 영업 능력이 없어서 딜을 성공시키지 못했다고 판단을 한다는 것이다. 그런데 고객이 어떤 제품을 선택하지 않는 것은 영업 사원의 판매 능력 문제인지 혹은 다른 제품적인 이슈인지는 쉽게 판단할 수는 없다. 영업 사원들은 기업의 문화나 프로세스에 지배를 받는 사람들이고, 그들도 이전의 회사에서는 뛰어난 실적을 낸 적이 있는 훌륭한 자원이었을 수도 있다.

가격만이 고객이 마음을 결정하는 유일한 요소가 아니라면 고객의 구매 결정에 영향을 주는 결정적 요소는 무엇일까? 2010년 미국 CSO 인사이트라는 업체에서 전 세계 1,500여 주요 기업들을 대상으로 왜 딜에서 이겼는지 그 이유를 조사한 적이 있다. 결과는 아래와 같다.

1위 – 기존 고객과의 관계 때문(56%)

2위 – 사후 지원(42%)

3위 – 제품의 우수성(35%)

4위 – 브랜드 명성(35%)

잊지 말아야 할 것은 응답자는 모두 기업의 영업 담당자이므로 구매한 고객의 의사 결정과는 차이가 날 수 있다는 점이다. 그럼 가격은 어떠한가? 가격 때문에 이겼다는 대답은 22%였다. 그리고 '왜 졌는가?'라는 질문에는 반대로 '경쟁사의 가격 제안이 더 낮아서'가 63%였다. 즉, 기업의 영업 매니저들은 자신이 혹은 자신의 팀이 고객 관계 관리를 더 잘해서 이겼고, 경쟁사의 낮은 가격 때문에 졌다고 생각한다는 것이다. 아마도 이 책을 읽고 있는 독자가 자신의 기업 제품과 서비스를 대상으로 똑같은 설문을 해도 유사한 결과가 나올 것이다. 이 조사와 유사한 결과를 퍼센트 비율만 다를 뿐 반복적으로 경험을 하였다.

위의 조사에서 또한 사후 지원과 서비스가 주요 이긴 이유라고 했는데 (42%), '왜 졌는가?'라는 질문에서는 10%만이 이것 때문이라고 답변했다.

또 흥미로운 것은 진 이유가 경쟁사가 해당 고객과의 관계 관리를 더 잘했기 때문이라는 것인데, 이것이 60%를 차지했다.

꼭 기억해야 할 것은 위의 조사에서 21%의 응답은 고객 때문이 아니라, 자사의 관리 이슈 때문이라고 응답했다는 것이다. 즉, 파이프라인에 들어온 영업 기회가 '잠자고' 있어서라는 것이다. 영업 기회를 제대로 관리를 하지 않았다는 의미이다. 이것은 맥킨지 리포트가 말하는 "관리를 잘했어도 매출의 10%는 더 할 수 있다."는 논리와 얼추 맞아떨어진다. 관리를 못하면, 썩어 버린 영업 기회가 21%가 아니라 50%도 될 수 있다. 최악의 케이스는 그런 사실도 모르는 회사들일 것이다.

딜에 지는 이유와 관련해서 USC 대학의 스티브 마틴 교수도 이와 유사한 조사를 진행하였다. 그리고 아래와 같은 열 가지 이유를 발표하였다. 이 조사도 다양한 산업군, 다양한 규모의 B2B 기업 대상으로 진행하였다. 아래와 같은 결과를 참고해 보자.

1. 고객이 결정을 하지 않는다

금액이 일정 범위가 넘어설 경우 내부 조직의 의사 결정 과정이 복잡하고 책임을 지지 않으려는 상황이 발생한다. 고객사 내부적으로 정치적인 이슈도 있다. 이런 경우, 판매를 해야 하는 영업 사원 입장에서는 매우 곤혹스러운 상황이다. 그리고 미결정 상태로 딜이 끝나는 경우가 있다.

2. 길어진 구매 사이클

판매를 하려는 영업 사원이 판매 기술이 부족해서 설득을 못하는 경우, 또 고객사의 구매 담당자의 잦은 변경으로 구매 사이클이 다시 시작하는 경우,

또 예산에 이슈가 생겨서, 구매 결정을 계속 미루는 경우 등이 발생하면, 구매 사이클이 하염없이 늘어나면서 흐지부지하는 경우가 있다. 1번과 2번의 경우, 판매자의 소모가 매우 클 수 있다.

3. 영업 사원의 고객 관계 관리의 이슈

새로운 고객사를 뚫어서, 영업 기회를 확보하기란 매우 어려운 일이다. 그런데 확보한 고객과의 관계 관리를 못해서 제대로 딜을 발전시키지도 못하고 딜을 잃는 경우도 많다.

4. 제품 차별화 이슈

고객사에 어필할 수 있는 제품의 차별점이 확실하지 않을 경우에도 딜을 잃게 된다. 자사 제품의 강력한 차별점, 즉 USP(Unique Selling Point)가 약해서 고객을 설득하지 못한 것이며, 패배의 원인이 제품에 있다.

5. 제품 가치에 대비 비합리적 가격

고객이 제안한 제품이 제공하는 가치에 비해서 비싼 반면, 경쟁사 제품이 더 합리적인 가격이라고 판단한 경우이다. 이 경우, 고객의 생각이 확고하고, 자사 제품의 가격을 더 낮추기 힘든 상황이면, 다음 사이클로의 진행은 불가능해진다.

6. 브랜드 파워

딜에 참가한 다른 경쟁자가 시장 1, 2위인 경우, 고객이 이미 이러한 슈퍼 브랜드를 생각하고 있는 경우에도 딜은 실패한다.

7. 경제적 이슈

고객이 회사의 경제적 이유로 구매 예산을 삭감 혹은 철회한 경우 이 딜은 진행이 어렵게 된다.

8. 내부 관리 이슈

딜이 일정 금액을 넘어서면, 판매자의 영업 사원이 결정을 못하는 경우가 많다. 이 결정은 판매자 조직의 의사 결정 라인으로 넘어온다. 그러나 이 의사 결정 조직 안에 여러 이해 관계자들이 의견이 다양하고, 대립각을 세우며 의사 결정을 미적거릴 경우, 이 딜은 잃게 된다.

9. 내부 행정

영업 사원에게 시간은 돈이다. 그런데, 회사에서 요구하는 각종 행정 및 관리, 보고 업무로 고객 관리를 충분히 못해서 딜을 놓칠 수 있다.

10. 영업 지원 부족

기술 영업 혹은 솔루션 영업은 영업 사원만 열심히 해서 딜을 이길 수가 없다. 고객이 원하는 타이밍에 고객이 원하는 수준의 제품 설명을 할 수 있어야 하는데, 이런 욕구를 충족하지 못할 경우, 딜을 잃는다.

기술 지원 팀의 역할이 필요한 경우가 매우 많다. 이 기술 지원 팀 외에도 대기업은 고객을 상대하고 매출을 올리는 영업 부서와 사전 영업을 하는 부서를 독립적으로 분리하기도 한다. 그래서 이들의 조합이 조화를 이루면 큰 힘을 발휘하고, 조금이라도 책임선 긋기, 벽 쌓기 등의 나쁜 관행이 있으면 이러한 조직 운영은 큰 힘을 발휘하지 못한다.

이런 조사 결과가 시장의 진실을 모두 말해 주지는 않는다. 영업 사원들은 진 이유를 주로 가격 경쟁력이라고 할 수 있기 때문에 그 점은 감안할 필요가 있다. 그러나 지는 게임을 줄일 방안을 연구하면 이길 수 있는 이유를 찾아낼 수 있다. 기업의 내부 환경이 다르고, 제품과 서비스가 다르기 때문에 별도로 조사할 것을 권장할 수밖에 없다.

지는 게임을 어떻게 줄일 것인가?

우리는 지는 이유를 보면 대충 감을 잡는다. 그러나 고객이 채점표를 보여 주지 않으면 의사 결정에 어떤 것이 가장 크게 작용했는지 정확하게 알기는 어렵다. 의사 결정이란 보이는 이유, 보이지 않는 이유, 복합적 이유가 동시에 작용하는 경우도 많기 때문이다. 기업마다 다른 환경과 상황을 갖고 있기 때문에 지는 이유를 추측만 해서는 안 된다.

그래서 판매자 입장에서는 파이프라인에 입수되어서 진행되다가 '패'로 끝나는 영업 기회들의 이유를 정기적으로 파악하는 프로세스와 문화를 만들어야 한다. 영업 사원을 인터뷰하는 방법도 있겠지만, 외부 업체에 조사를 요청해 보는 것도 하나의 방법이다. 그리고 파이프라인에서 영업 기회를 클로징 할 때는 반드시 영업 기회를 담당한 영업 사원이 '패'한 이유에 대해서 이유를 기록하도록 의무화해야 한다.

파이프라인 관리를 잘해야 한다는 의미는 지는 게임을 줄이는 것과 매우 관계가 깊다. 파이프라인 관점에서 어떻게 하면 지는 게임을 줄일까? 이번에는 영업 사원이 해야 할 일을 살펴보자.

딜을 이기기 위해 영업 사원이 체크해야 할 8가지 사항

어떤 누군가가 다가와서 고객을 한마디로 정의해 보세요.'라고 한다면, '미안합니다', '모르겠습니다'라고 할 수밖엔 없다. 고객을 어떤 가을 단풍처럼 선명한 색깔로 정의하기란 매우 어렵다. '너' 다르고 '나' 달라서, 구매 결정에 어떤 요소가 정확히 영향을 줄 것 같은지, 사전에 알기란 더 어렵다.

B2B 고객은 특히 그러하다. B2B 시장에서는 기업 고객이 구매를 하고, 정부 기관이 구매를 하고, 학교 행정실의 누군가가 구매를 한다. 그러나 사실은 그 조직 속에 있는 '사람(들)'이 구매를 한 것이다. 결국 사람이므로, 아무리 합리적인 의사 결정 프로세스에 따라서 구매 결정이 이루어졌다 하더라도 사람의 성향과 감정이 배재되었다고는 할 수 없다. 오히려 이런 요소가 강하게 작용할 것이다. 고객이 멋진 바에서 술을 좋아할지, 어떤 제품의 최신 트렌드 리포트를 좋아할지는 모를 일이다.

1. 나는 누가 키맨(Key Man)인지를 파악하고 있는가?

어떤 영업 기회가 포착되면 노련한 영업 사원은 귀신같이 누가 키맨인지를 먼저 파악해 낸다. 키맨이라 함은 의사 결정에 가장 큰 영향을 미치는 사람을 의미한다. 경력이 짧은 영업 사원은 대화하기 쉬운 고객, 대화가 통하는 고객만 접하는 경우가 많다. 그러나 조직의 의사 결정은 키맨이 하게 되어 있다. 그래서 키맨이 누구인지를 알아내고, 그 사람과 대화를 할 수 있는 기회를 만들어 내는 것은 영업 사원이 지닌 영업 능력이다.

키맨이 고위급일수록, 혹은 C-레벨의 임원일수록, 그 기회를 만들기란 매우 어렵다. 그리고 부담을 갖는다. 그러나 반대의 경우도 많다. 구매의 금액이 클수록 키맨은 자신이 구매에 대한 책임을 져야 하는 입장인 것임을 알게 된다. 그리고 판매자의 영업 팀으로부터 합리적 판단을 위해서 제품과 서비스에 대해서 더 학습하고 싶어 하는 욕구가 생긴다. 그전에는 그동안 자신이 알고 있는 혹은 들었던 지식으로 이미 선입관을 갖고 있다. 이 선입관이 구매 결정 시점이 다가와도 확신감으로 발전하지 못할 경우, 구매자는 의사 결정 단계에 들어가기 전에 판매자로부터 구체적인 정보를 듣기를 바라는 경우가 많다. 그래서 영업 사원은 고객의 구매 사이클을 분석하고 계속 키맨과 의사소통 채널을 유지하면서 고객이 원하는 것을 예의 주시하고 있어야 하는 것이다.

만약 영업 사원이 영업 기회를 알게 된 지 오래되지 않았고, 고객과 관계를 형성하고 있는 단계라면, '누가 의사 결정권자이죠?'라고 직설적으로 묻지 않는 것이 좋다. 조직에 여러 의사 결정 단계에 있을 때, 초급 매니저들도 대부분 자신이 중심인물임을 인지하게 해 주고 싶은 욕망이 있다.

이들에게 질문은 '이런 일을 진행하면, 결정이 쉽지 않고, 내부적으로 협의 절차가 복잡하겠어요? 그렇지요?'라고 물어보라. 그럼 '네, 그렇긴 하죠. 이 건은 제가 실무이긴 한데, 상무님이 결정을 하실 거예요. 그래도 저를 우선 통하시면 됩니다.'라고 할 것이다.

영업 기회를 성공으로 만들어 가는 길에 가장 중요한 요소가 바로 이 고객의 핵심 인물을 알아내고, 그들의 성향과 그들이 가진 사전 지식수준을 분석하는 일이다. 또한 고객이 갖고 있는 기존 제품에 대한 의견을 확인해야 한다. 많은 딜에서 패하는 이유들 중에는 고객이 기존의 거래선에서 절대 바꿀 가능성이 없다는 것도 있다. 그래서 어떤 식이든 전략적 판단을 해야 하는 시점이 온다. 그래서 키맨을 제대로 파악해야 한다.

2. 나는 고객의 구매 사이클을 정확히 파악하고 있는가?

딜을 이기기 위해서는 고객의 상황과 고객의 구매 사이클을 제대로 알고 있어야 한다. 이것을 모르고 있으면 '타이밍'을 모르고 접근하는 것과 같다. 연애를 잘하는 남자는 여성의 심리 상태를 파악하는 데 선수들이다. 추남이 미인을 얻는 경우, 이미 심리에서 여성을 리딩(Leading)한 뛰어난 그의 역량 때문일 것이다. 귀찮을 때와 외로울 때를 알고 그 리듬에 맞춰서 상대방을 배려하면서 마음을 얻는다. 무언가를 판다는 것도 인간 세상에서 일어나는 일이어서, 크게 차이가 나지도 않는다.

고객의 구매 사이클을 반드시 파악해야 한다. 고객이 문제 해결을 궁금 해하는데, 가격을 자꾸 얘기해서는 안 된다. 고객이 데모 제품을 보고 제품 비교 후 선택할 단계에 있으면, 데모에 충실해야 한다. 타이밍을 잘 맞추어 야 고객이 영업 사원과 해당 공급자에게 프로라는 생각을 갖게 되고, 신뢰 가 형성된다.

B2B에서는 고객사의 담당자도 내부적으로 지시를 받고 움직이는 하나의 조직이다. B2B 거래는 구매자 조직과 판매자 조직의 만남이다. 이 구매자 조직의 조직원도 자신의 상관으로부터 '언제까지 기대하는 성과를 보여라' 라는 업무 지시가 있기 마련이다. 구매는 항상 성과 혹은 목적에 의해서 일 어난다. 고객사도 자신들의 데드라인을 갖고 있다. 그래서 이 고객사의 구 매 타이밍을 잘 파악해야 한다는 것이다. 100% 만족의 솔루션을 준비하면 서 고객에게 기다려 달라고 설득을 했는데, 기준에 부합한 70%의 솔루션에 만족한 고객이 다른 경쟁사로 가는 경우도 흔하다. 사이클을 읽어야 하고, 타이밍을 잡아야 한다.

3. '나는 이 고객이 중요하다'라는 평가 측정 기준이 있는가?

영업 관리론을 공부해 보면, 영업 생산성에 대한 분석이 매우 많다. 영업을 과학적인 영역으로 간주하기 때문인 듯하다. 영업 생산성은 곧 시간과 결부된다. 이렇게 된 이유는 영업이란 주어진 시간 속에 고객과의 영업 활동을 통해서 매출을 올리기 때문이다. 그들은 영업 성공을 아래와 같은 수식으로 계산한다.

영업 매출(R) = 영업 사원의 판매 스킬(S)×영업에 투자한 시간(H)

'열심히 발품을 파는 자, 그 누가 이기랴'는 열정과 근면을 존중할 만하고, 틀린 말도 아니지만, 현대의 영업 환경은 모든 집을 다 방문해서 파는 일과는 점점 거리가 멀다. 기술 집약적인 제품을 판다면 더욱 그러하다. 이메일로 그리고 전화로 끊임없이 연락이 오는 회사가 있다. 전혀 고객이 될 수가 없음에도 여전히 그 방법을 쓴다.

승률이 높고 매출 실적이 좋은 영업 사원은 고객을 보는 눈이 매우 냉철하다. 고객이 중요한 고객인지 아닌지 판단하는 기준을 갖고 있다. 시간과의 싸움이자 투자이므로 돈을 쓸 가능성이 제로인 고객과는 시간 낭비를 줄이는 것이 현명하다. 또한 고객의 말을 맹신해서도 안 된다. 많은 고객들이 자신이 책임지지 못할 말을 하기도 한다. 이런 경우는 자신이 구매자의 우월적 위치에 있고, 구매 결정이 나기 전까지는 책임질 일도 없어서, 판매자에게 크게 미안한 마음을 갖지도 않는다.

어디까지 믿을 것인가 그에 대한 판단도 영업 사원에게 달려 있다. 필자가 아는 고객은 늘 얘기만 하고 싶어 한 적이 있다. 물론 영업 기회로 이어질 가능성이 '제로'는 아닐 것이다. 그런데 '제로'에 가까운 것도 매우 많음을 우리는 알고 있다.

4. 나는 고객의 니즈를 읽고 솔루션을 팔고 있는가?

B2B 시장의 고객들은 제품만 홍보하는 영업 사원을 매우 싫어하는 경우가 많다. 왜냐하면 그들은 투자비용도 중요하지만 투자에 대한 가치를 많이 따지기 때문이다. 개인적인 구매라면 자신이 택한 선택에 기쁘거나 기분 나쁘거나 그뿐이겠지만, 조직적 구매에서 의사 결정에는 항상 책임 소재와 이력이 남기 때문에 중압감을 갖는다. 그래서 가치를 따진다. 그리고 구매에 대한 합리적 근거를 남겨 두려고 한다.

영업 사원은 이 점을 정확히 알고 있어야 한다. 그들의 문제를 듣고 이해해 주는 것만 잘해도 50%는 이미 판매를 한 상황이 오기도 한다. 이런 상황을 이해하지 못하는 영업 사원은 계속 자기 회사의 제품 특징만 얘기한다. 그러나 고객은 이미 그런 말에 귀를 기울이지 않을 것이다. 그보다는 고객에게 어떻게 해결하면 좋을까 상의하는 태도와 제품이 그 문제에 어떤 솔루션 역할을 해 줄지를 얘기해 주어야 고객의 마음을 얻을 수 있고 승률을 높인다.

5. 고객이 예산을 갖고 있는지 확인하였는가?

가장 미운 고객은 자신이 의사 결정권자가 아님에도 그렇게 행세하는 고객이다. 그리고 예산이 없음에도 모든 시간과 에너지를 쏟게 하고 마지막에 예산이 없음을 밝히는 경우이다. 그래도 이들은 잠재 고객인가? 그렇게 분류할 수도 있겠지만 매우 힘이 빠지게 만드는 고객이다. 그리고 경제학적 입장에서는 시간 손실 비용이 매우 클 수가 있다. 영업 기회를 포착하면 가장 먼저 체크해야 할 사항 중에 하나가 고객이 예산을 집행할 것인지를 파악하는 일이다. 예산은 대부분 집행되므로 고객은 어떠한 선택이라도 할 것이기 때문이다.

6. 나는 집중할 곳에 집중하지 못하는 것은 아닌가?

훌륭한 영업 사원에게는 한 가지 놀라운 재능이 있는데, 집중할 딜에 집중하는 능력이다. 동시에 여러 가지 건이 진행 중일 때, 우선순위를 정하지 못하면 매우 허둥대는 모습을 고객에게 고스란히 노출하게 된다. 그런데 고객은 이 영업 사원이 관리하는 다른 회사와 관련된 영업 기회에는 전혀 관심이 없고 자신과 관련된 건에만 영업 사원이 프로답게 대응해 주기를 바란다. 그래서 영업 사원은 제한된 시간 안에 집중해야 할 것에 집중하는 능력을 갖추어야 한다. 한 가지 방법은 파이프라인을 관리하면서 자신의 영업 기회 정보에 충실히 기록을 하는 습관, 그리고 중요도를 표시하는 방법이다.

7. 나는 파이프라인의 변화를 잘 감지하고 있는가?

파이프라인을 잘 활용하길 바란다. 파이프라인에 정보 갱신을 철저히 했다면, 고객 관리에 매우 큰 도움을 받을 수 있다. 만약 파이프라인을 할 수가 없는 상황이라도, 엑셀 혹은 CRM 툴로써 고객 정보를 충실히 업데이트하여, 고객 응대에 프로의 모습을 갖추어야 한다. 머리가 아무리 좋아도 모든 건들에 대한 기억에는 한계가 있으며, 당신의 상관은 항상 정보에 대해서 공유받기를 원한다.

8. 혼자 이길 수는 없다. 나는 상관에게 도움을 청하고 있는가?

지는 이유를 분석해 보면 그중에는 고객사의 의사 결정권자에게 가 보지도 못하고 진 경우도 있다. 특히 고객사의 의사 결정권자들은 판매자의 임원을 만나고 싶어 하는 경우가 있다. 영업 사원 가운데 혼자 해결하려는 성향을 가진 사람도 있고, 가급적 판매자의 윗사람과 만나서 구매 프로세스를 진행하고 싶어 하는 성향이 강한 사람도 있다. 그러나 그 어떤 건이든 임원의 도움을 받아야 승률이 높아지는 경우가 있다. 이때는 도움을 빨리 요청해야 한다.

고객이 공급자사의 높은 직급의 담당자를 만나려는 이유는 구매의 중요성을 부각시키고 싶은 욕망이 존재한다. 또한 리스크에 대해서 부담을 낮추고 싶기 때문이다. 공급자 혹은 판매자의 고위직 임원의 말은 신뢰를 주기 때문이다. 자신이 갖지 못한 힘을 빌려 쓰는 것은 스스로 자신감이 없어서가 아니라, 매우 현명한 전략이다.

영업 팀장과 경영진을 위한 지는 게임을 줄이기 위한 11가지 전략

회사의 영업 기회의 승률을 높이기 위해서 영업 팀장과 경영진들은 어떻게 해야 할까? 현장에서 보내는 시간보다 관리자로서의 시간을 더 많이 보내는 자리에 있기 때문에, 이 자리에서 해야 할 중요한 일들이 있다.

1. 영업 기회를 필터링(Filtering)하는 체계를 갖춰야 한다

첫째, 영업 기회를 필터링하는 체제를 갖추어야 한다. 파이프라인 시스템에 올라오는 영업 기회를 보고 판단을 해야 한다. 좀 더 지켜볼 것인가 혹은 바로 명확한 방향을 줄 것인가, 또 이것은 내가 챙겨야 할 만큼 중요한 건인가 혹은 보통 수준으로 판단하면 되는 것인가를 결정해야 한다. 영업 사원의 말을 듣고, 고객의 상황을 가급적 사실에 가깝게 분석해야 한다. 이렇게 하기 위해서는 보고받는 영업 기회들 중에서 자신이 집중하고 관리를 하기 위한 '우선순위화' 혹은 영업 기회 필터링을 위한 측정 기준표가 필요하다.

영업 팀장의 판단은 영업 생산성에 큰 영향을 준다. 영업 팀장의 지시는 곧 영업 사원의 영업 활동에 영향을 주고, 이것은 자원의 투자이다. 자원이 투입되기 전에 가장 합리적인 판단을 해야만 손실을 줄이기 때문이다. 제안 작업에 들어가면 해당 영업 기회를 위해 더 많은 시간과 비용이 소요된다. 잘못된 제안은 낭비다. 모든 고객이 다 중요한 것도 아니고, 파이프라인에 등록된 영업 기회 모두 중요한 것도 아니다. 그리고 모두 같은 시간을 투자해서 관리하는 것은 매우 현명하지 못한 판단이다.

2. 영업 초기 단계에 제대로 집중 관리하라

그래서 언제 자원과 시간을 분배하는 것이 더 유리한가에 대한 분석 니즈가 강해졌다. 여러 팀원이 각자 영업 기회를 관리하면 그 수가 많기 때문에 모든 영업 기회에 공평하게 시간을 나눠서 관리하기란 불가능하다. 특히 영업 기회를 늦게 발굴하고 집중할수록, 이미 다른 경쟁자와 관계가 맺어졌을 확률이 높아져서 소요되는 자원은 더 많이 투입되면서도 승률은 높아지지도 않는다.

영업 기회는 조기에 포착해야 하고, 고객의 구매 단계 초기에 고객의 니즈를 파악해야 하며, 관계를 맺어야 한다. 영업 활동 시간도 영업 단계 초기에 많아진다. 이것을 도식화해 보면 [그림 16]처럼 승률과 같이 간다.

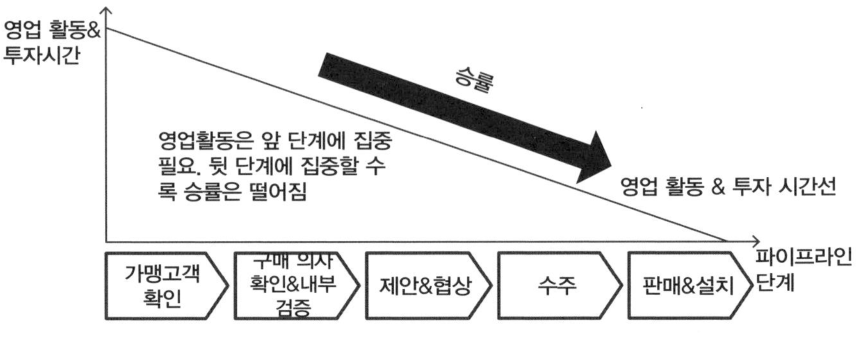

| 그림 16 | 초기 단계의 집중의 중요성

영업 단계 관리가 없던 시절에는 영업 기회의 현황을 정확히 알 수 없었을 것이므로 영업 관리자들이 할 수 있는 일은 매출 관리에 더 많은 시간을 보낸다. 그러나 영업 단계 관리에 팀장이 손을 놓게 되면 어떤 영업사원은 초기 포착한 건부터 보고를 하고, 또 어떤 영업 사원은 자신이 관리하던 영업 기회가 승산이 확실해지는 시점 혹은 제안에 들어갈 무렵에 보고를 한다.

이에 대응해서 설상가상으로 영업 관리자에게 관리 기준이 없다면 관리자의 성향에 따라서 영업 관리를 하게 되거나, 자신의 경험을 비추어서 지시를 내린다. 또 어떤 매니저는 간섭이 좋지 않다고 판단하여 상당한 기간 기다린다. 기다리는 것을 미덕이라고 생각할지도 모른다. 그 결과는 팀의 수주 승률을 매우 낮추게 할 수도 있다.

성공적인 팀의 영업 활동 관리를 위해서 두 가지를 분명히 해야 한다. 먼저 팀장으로서 팀원들의 영업 활동에 대한 '개입' 시점을 정해야 하며, 고객 구매 사이클의 앞 단계부터 코칭을 해야 한다. 고객 구매 사이클의 뒷단계로 갈수록 이미 고객과 영업이 진행된 시점이라 영업 매니저가 도와줄 수 있는 전략적 옵션이 계속 줄어든다.

코칭의 효과는 판매 예측과는 정반대이다. 판매 예측은 단계가 뒤로 갈수록 확실해지나, 영업 활동은 초기 단계에 집중된다. 영업 사원을 푸시하고, 아직 알아내지도 못한 정보를 보고하라는 것이 아니다. 아직 익지도 않은 사과를 따 버리는 것을 말하는 것이 아니라, 고객과 영업 기회에 대해서 파악하고 방향에 대해서 코칭을 해야 한다는 의미이다. 중요한 고객은 같이 영업 전략을 짜서, 초기 단계부터 승률을 높여 가야 한다는 것을 의미한다.

두 번째는 팀 전체가 고객의 영업 기회를 조기에 발굴하고, 팀장에게 보고하여 선행 관리할 수 있는 팀 문화를 만들어야 한다. 이를 통해 팀이 초기부터 고객과의 관계를 발전시키고 가치를 제공함으로써 영업 생산력을 향상시킬 수 있다.

3. 지는 딜을 심층 분석하라

자기 자신을 알아야 제대로 성공할 수 있다. 지면 지는 이유를 정확히 알아야 개선할 수 있다. 파이프라인 관점에서 지는 딜은 프로세스 상에서도 심층 있게 분석이 되어야 한다. 모든 영업 기회에는 시작이 있고 끝이 있다. 그리고 기업이 정해 놓은 판매 단계까지 가 보지도 못하고 [그림 17]처럼 중간에서 사라지는 건도 많이 있다.

전략적으로 수익성이 맞지 않아서, 팀에서 포기한 건도 있을 것이다. 또

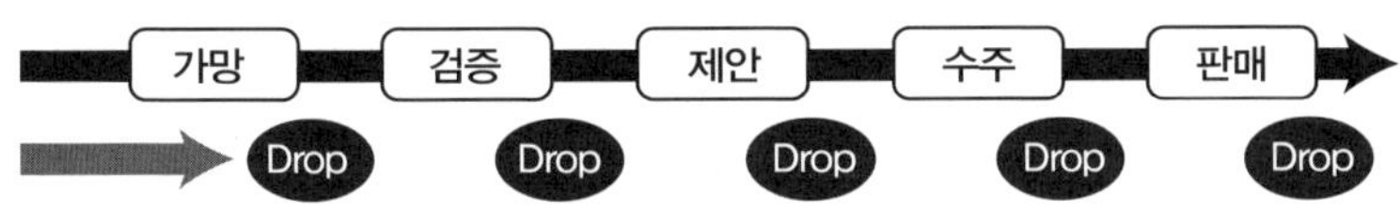

| 그림 17 | 영업 사이클과 지는 딜의 분석

영업 사원이 보고를 했는데, 나중에 알고 보니, 조용히 포기한 것도 있다. 또는 고객사의 상황에 의해서 중간에서 끝난 것도 있다.

중도 포기는 심지어 수주를 한 상태에서도(가계약이 된 상태에서도) 판매로 이어지지 못할 수도 있다. 모든 이런 건들이 정상적으로 하나의 사이클이 돌지도 못하고 끝난 건들이며 승률에 악영향을 준다. 중도 포기한 건들이 증가할 경우는 어떤 영업 사원이, 어떤 팀이, 어떤 제품들이, 어떤 단계에서 그리고 어떤 상황에서 자주 발생했는지를 분석해야 승률을 더 높이게 된다.

4. 이기고 지는 과정을 커리큘럼화해서 교육해라

강한 조직, 잘나가는 조직은 경험 학습을 지식화하는 데 매우 강하다. 왜냐하면 비즈니스는 한 번으로 끝나는 것이 아니라, 반복적으로 일어나고, 다음 반복이 시작될 때, 과거보다는 다른 방법으로 대응해서 승률을 높여야 하기 때문이다. 그래서 영업 방법론이라는 것을 계속 발전시킨다.

딜에 진 사례뿐만 아니라 이긴 이유도 분석을 하는 것도 중요하다. 많은 기업들이 이긴 이유를 분석하지 않고 '이기는 일은 좋은 일이다'라는 생각을 한다. 혹은 자사의 제품이 우수해서 그렇다고 믿는다. 그러나 이것은 사실이 아닐 경우가 많다. 이기고 진 이유는 다음 판매 혹은 미래 판매에 매우 중요하다. 이긴 이유는 마케팅 용도로도 쓰인다. 고객이 원하는 것이 무엇인지, 자사의 역량이나 제품이 어떤 강점을 갖고 있는지 정확히 알고 이 메시지를 지속 전달할 수 있기 때문이다.

이긴 이유, 진 이유 분석을 또 활용하는 방법은 정규 영업 사원 교육 시에 사례를 교육하거나 혹은 사례를 직접 발표하게 하는 방법을 쓰는 것도 좋다.

5. 영업 지원 조직과의 협업을 극대화하라

영업 조직이 규모가 작으면 영업 사원이 맡은 지역 혹은 제품군을 홍보부터 시작해서 주문을 받기까지 일인 다역을 해야 한다. 조금 도움을 받는 다면 마케팅 지원 정도이다. 그러나 제품과 서비스가 전문화되어 있고, 기술 집약적일수록, 영업 사원이 혼자 다 할 수 없다는 것을 깨닫게 된다. 일에 있어서도 효율성이 떨어지기 때문이다. 고객사에서 어떤 경우에는 엔지니어와 따로 얘기를 하고 싶어 하는 경우도 많다. 이것은 영업 사원을 배제하자는 것이 아니라, 기술적인 이슈를 해결할 수 있는가를 알기 위해서이다. 영업 건이 전문적일수록 그들만의 용어와 문화가 다르다.

기업의 조직이 더 커질수록 영업 팀마저 쪼개는 경우가 있다. 사전 영업 팀(Pre-sales Team)과 고객 담당 영업 팀(Account Sals Team)이다. 사전 영업 팀은 주로 고객에게 새로운 전문 지식이나 시장 트렌드등을 발표를 하면서 고객의 수요를 끌어내고, 새로운 고객이나 기존 고객으로부터 수요를 만들어낸다. 그리고 고객 담당 영업팀이 고객과 밀착하여 딜을 성공시키기 위해 전반적인 관리를 담당한다. 솔루션 판매나 기술 집약적 하이테크 산업에서 이러한 조직 구조를 쉽게 찾아볼 수 있다.

이 모든 사항에서 중요한 것은 고객이 원하는 수준으로 대화를 할 수 있느냐이다. 영업이 안 된다고 할 것이 아니라 규모가 크든 작든 기업이 그런 대응을 할 수 있는지, 그렇게 대응하도록 조직이 짜임새가 있는지 살펴봐야 한다.

6. 내부조직과 고객과의 커뮤니케이션 채널을 정비하라

기업의 조직적 역할이 잘되어 있는 곳은 고객과의 커뮤니케이션 채널이 통일성이 있고 고객 지향적으로 짜여져 있음을 알 수 있다. 마케팅 조직, 사전 영업 조직 그리고 영업팀이 고객과 커뮤니케이션 하는 방식이 매우 전문적이라는 인상을 갖게 된다. 그런데 내부 조직의 커뮤니케이션 채널이가 제대로 정립되어 있지 않은 조직을 보면, 여러 부서에서 조율되지 않은 정보를 흘림으로써, 고객에게 혼란을 일으키는 경우도 흔하다. 또한 고객이 판매자의 여러 조직과 커뮤니케이션을 해야 하는 상황이 종종 생긴다. 수평적 협업이 잘 안 되고, 서로 정보가 공유가 안 되어서 동일 고객을 대상으로 독립적으로 접촉하는 일도 있다. 역할에 대한 분명한 정의 및 성공한 딜을 대상으로 그 기여에 대해서 명확한 KPI가 있어야 한다. 고객을 잃지 않으려면 기업은 고객 커뮤니케이션 채널을 명확히 교통정리하고 프로세스대로 흘러가도록 해야 한다.

7. 가치를 판매하도록 교육을 하라

많은 영업 사원들이 가치를 판다는 의미를 이해하지 못하는 경우가 많다. 제품을 파는 데에만 익숙해져 있어서 그러하다. 컨슈머 비즈니스에서는 제품 위주로 판매 행위를 하는 것이 큰 문제가 되지 않는다. 그러나 B2B는 고객이 제품만을 원하는 경우보다 솔루션을 원하는 경우가 많기 때문에, 판매자 입장에서도 접근 방식을 바꿔야 한다. 박스 제품 판매에 습관화되어 있을 경우, 협상 카드가 대부분 가격 할인이기 때문에, 제품이 지닌 특장점 외에 제품이 제공할 수 있는 부가 가치에 초점을 맞추어야 한다. 이것은 영업 교육 프로그램에 반드시 포함하여, 습관화하도록 해야 한다. 또한 가치를 판매 사례를 공유하고, 하나의 시나리오를 만들어서 연습시키는 것도 좋은 방법이다.

8. 이기는 문화, 이기는 프로세스를 만들어야 한다

영업 문화가 한두 명의 개인 스타일에 좌우되는 것은 한계가 있다. 리더는 언젠가 바뀌고, 우수한 영업 사원도 떠나기 마련이다. 이러한 문화에서는 지속적 성장을 기대하기 더 어려워진다. 훌륭한 영업 조직은 훌륭한 문화와 프로세스를 갖추고 있어야 한다. 이 문화와 프로세스는 한 사람의 최고 영업 사원을 만들기보다는 다수의 우수한 영업 사원을 만들도록 기획되어 있어야 한다. 훌륭한 문화와 프로세스는 보이지 않는 성공의 자산 역할을 분명히 한다.

9. 목표 지향적이고 공평한 평가의 문화를 만들어라

어떤 딜이 성공을 거두고 영업 사원은 평가를 받고 인센티브를 받는다. 그러나 평가 기준이 모호하면 불만이 쌓인다. 평가가 공정하지 못하면 조직을 목표 지향적으로 만들 수가 없다. 공정한 평가 체계가 조직을 목표 지향적으로 만들고, 이기려는 습관을 더 강하게 만든다. 영업 결과에 대해서 보상이 합리적이어야 한다.

우수한 영업 사원이 다른 회사로 옮겨 가는 경우를 보면, 더 많은 연봉을 약속받았기 때문일 것이다. 그러나 또 많은 경우, 마치 고객이 제품의 가격 조건만으로 구입 결정을 하지 않는 것처럼, 내부 관리 프로세스나 대우에 대한 불만도 이직에 크게 작용한다. 정당한 평가를 받도록 평가 체계가 잡혀 있어야 이기려는 문화를 만들 수 있다.

10. 관계 관리 전문가로 만들어라

무엇이 고객의 구매에 영향을 주는가? 가장 큰 이유 중의 하나는 분명 고객이 관심을 받고 있고, 적절한 정보를 제공받고 있으며, 구매 프로세스가 합리적이라고 느낄 때이다. 이때 영업 사원에게 신뢰를 준다. 영업 사원은 관계 관리의 도사가 되어야 한다. 기업은 자사의 영업 사원들이 관계 관리의 ABC를 알고 영업을 하도록 계속해서 교육을 받도록 해야 한다.

관계 관리는 관계를 맺는 처음도 중요하지만, 구매가 끝난 뒤에도 관계를 단절하지 말고, 초심으로 관계를 유지하는 것이 더 중요하다.

11. 코칭을 통해 영업 수준을 높여라

우리가 어떤 조직을 떠나고 훗날 이렇게 기억을 한다. '내가 그 회사에서 힘들었지만 제대로 배웠어.'라고 생각한다면, 이때의 배움이 미래의 발전을 위한 초석이 된다. 잘나가는 조직은 코칭 문화가 자리 잡고 있다. 잘나가는 조직은 후배가 선배에게 배울 것이 많은 조직이다. 잘나가는 조직은 이런 속성을 잘 이해하고 지식을 관리할 줄 아는 조직이다. 고객은 이런 조직의 대응에 더 신뢰를 느낀다. 코칭이 몸에 배도록 하라.

이상으로 이기는 조직을 위한 영업 사원이 알아야 할 사항과 영업 팀장과 경영진이 지원해야 할 사항을 알아보았다. 이기고 지는 것은 다반사로 일어난다. 그러나 이기는 조직은 진 딜에 대해서 반성하고 인사이트를 가지려고 하지, 비난하거나 책임을 돌리지 않는다. 왜냐하면 다시 고객은 생기고 영업 기회는 또 발생하기 때문이다. 두 번째 기회에서는 첫 번째 기회에서보다 더 나은 방식으로 고객을 관리하도록 하기 위해 노력하는 것이 이기는 조직의 문화이다.

또한 세계 최고의 영업 조직은 대부분 자신들 방식의 파이프라인을 갖고 있다. 이 장에서 권고한 여러 방안들이 대부분 파이프라인과 물려서 돌아가게끔 설계되어 있다. 고객 구매 프로세스, 교육, 승률 분석, 영업 활동 단계, 영업 보상 및 전략적 고객 선별 모두 그러하다. 이기는 조직을 만들기 위해서도 파이프라인 체제로 무엇을 할 수 있고, 무엇이 너무 과하면 안 되는지도 잘 파악하여 영업 기회의 승률을 높여 가야겠다.

제6장

영업사원만으로
파이프라인을 채울 수는 없다

"영업 팀만으로 더 이상 매출 확대의 한계에 봉착할 경우, 기업들은 다른 방법을 찾아야 했다. 그 답을 찾은 것은 마케팅 활동을 통한 더 많은 수요 창출, 영업비용을 줄이는 아웃소싱 영업, 그리고 파트너 협업을 통한 파이프라인 확대였다."

하늘에서 고객이 한여름 밤 별처럼 쏟아진다면 얼마나 좋을까? 애플 제품의 광신도처럼 제품이 출시되기도 전에 매장 앞에 줄을 서고 있다면 얼마나 좋을까? 홍보에 큰돈을 쏟지도 않았는데, 제품 문의가 쏟아져 들어오고 있다면 얼마나 좋을까? 하지만 대부분 판매자에게는 이런 일은 별로 없다. 특히 히트 상품보다는 고객과의 꾸준한 영업 기회 발굴로 매출을 올리는 B2B에서는 더욱 이런 모습을 기대하기는 힘들다.

모든 B2B 판매자들이 영업 기회를 찾고 있다. 이 세상에는 우리 회사의 제품과 서비스를 원하는 고객이 충분히 있을 텐데, 우리는 그 고객이 어디에 있는지를 모른다. 마케팅 팀도 어떤 고객이 자사 제품의 니즈를 갖고 있는지 정확히 알지 못한다.

B2B 기업은 영업 기회를 찾아 헤맨다. 영업 기회가 있어야 판매를 할 수 있는 대상이라도 생긴다. 포착한 파이프라인을 운영하는 기업이라면 영업 기회를 파이프라인의 창고 속에 가득 채워 놓고 싶어 한다. 파이프라인을 운영하는 기업의 CEO, 영업 본부장 및 영업 팀장은 이러한 이유로 파이프라인의 영업 기회 트렌드를 유심히 관찰한다. 어떤 고객에게서 어떤 종류의 영업 기회가 입수되는지만 봐도 감이 잡힌다. 평소에 유심히 관찰하던 영업 사원이 실적이 좋아졌다면, 그 이유도 그간의 영업 활동을 연관해서 생각을 한다.

그런데 어느 날 파이프라인을 확인해 보니, 월간 영업 기회 입수가 계속 감소 추세에 있다는 것을 목격하는 순간, 정확한 원인을 모르고 있다면 걱정을 하기 시작한다. 혹자는 성공가능성이 높은 영업 기회만 잡아서 관리하고 매출화하면 될 것이라 주장할지 모른다. 그러나 이 방법은 관리 중인 딜들이 성공한다는 보장을 못하기 때문에 리스크가 크다는 사실을 알게 된다. 그래서 경영자는 영업 기회가 파이프라인을 통해서 물처럼 계속 흘러가기를 바란다.

그런데 사업 목표가 더 높아진 경영진에게는 기존의 영업 사원을 통한 영업 파이프라인 창출 방법 외에 뭔가 다른 차원의 방식을 찾아야 하는 상황임을 알게 된다. 영업 조직이 할 수 있는 것도 한계가 있기 때문이며, 판매를 자사 영업조직 단독으로만 하는 것도 아니기 때문이다.

그렇다면 가능한 방법은 무엇인가? 단순한 논리로 기존의 자원으로 매출을 더 하려면, 영업 팀을 확대하든가 혹은 영업 사원당 영업 생산성을 높여야 하는데 이것은 평균 승률과 일정한 패턴이 있기 때문에 실현하기가 쉽지 않다. 그래서 기업의 의사 결정자들은 고민에 빠진다. 파이프라인을 통한 매출을 이끄는 주동력은 영업 팀인데, 영업비용 부담으로 영업 팀을 무조건 크게 늘리지 못하는 상황에 직면하게 된다. 그렇다면 영업 팀 외의 다른 수단을 찾아야 한다. 어떻게 하면 영업 기회 입수 창구를 더 넓힐 수 있을까? 어떻게 하면 파이프라인의 크기를 더 크게 할 수 있을까?

영업 외 조직을 통한 파이프라인 확장

영업 사원들이 가망 기회를 많이 포착해 내는 능력을 제외하면, 의사 결정자들이 택할 수 있는 방법은 다른 고객 접점 채널을 통해서 파이프라인을 통한 영업 기회 포착 창구를 넓히는 일이다.

그 방법은 [그림 18]과 같이 첫째, 마케팅의 마케팅을 통해서 영업 기회 입수 능력을 배가시키는 일이다. 둘째, 세일즈 파트너와의 협업 능력을 높이는 일이다. 셋째, 외부 영업력을 아웃소싱하고 이를 통해서 파이프라인을 키우는 일이다.

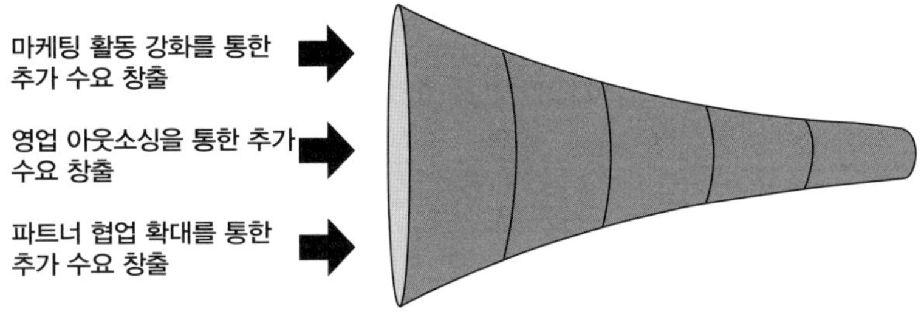

| 그림 18 | 파이프라인 크기를 키우는 다양한 채널

첫 번째, 마케팅에서 답을 찾아야 한다

영업 팀을 빼고 영업 기회를 만들어 내는 데 가장 가까운 조직은 바로 마케팅 팀이다. 마케팅 부서가 제품 카탈로그, 데모 제품을 만드는 데 모든 시간과 비용을 쏟는다면, 마케팅 부서는 영업 지원 부서 이외에는 그 역할을 하지 못한다.

스마트한 회사는 마케팅이 매우 뛰어나고 마케터들의 역량도 뛰어나다. 마케터는 시장 전체를 보는 눈을 가지고 있고, 고객의 구매 패턴을 읽어 내며, 전체 고객 및 타깃 고객과 커뮤니케이션을 할 수 있는 최적의 위치를 선점하고 있다. 그래서 보다 적극적인 역할을 충분히 할 수 있고, 기업이 돈을 버는 데 중요한 역할을 할 수 있다. 마케터는 영업을 돕기 위한 마케팅 활동을 통해서 마케팅 파이프라인을 만들어 내야 한다. 기업으로서는 파이프라인을 키우는 가장 가까이에 있는 전략적 선택이다. 이 프로세스는 다음 장의 '마케터여, 파이프라인에 불을 지펴라'에서 더 소개하였다.

마케터는 변화하는 시장, 변화하는 미디어, 변화하는 고객의 시선을 따라 가야 한다. 그 변화를 탐지하고 자사 제품과 서비스의 수요를 창출하는 캠페인을 실행해야 한다. 그리고 고객 접점을 공략하는 마케팅 미디엄을 다루는 데 숙련이 되어 있어야 한다. 또한 최신의 소비 패턴, 고객의 구매 패턴의 흐름을 파악해서 비용 대비 가장 효과가 있는 미디엄에 투자해야 한다.

이러한 마케터의 전략과 실행을 통해서 영업 팀에 크게 도움을 줄 수 있는 양질의 고객 정보를 만들어 낼 수 있다. 흔히 이렇게 고객의 흥미를 유발하고 영업 기회를 만들어 내는 것을 '마케팅 수요 창출 마케팅'이라 하고 '마케팅 리드(Marketing Lead) 창출'이라고도 한다. 뛰어난 마케터들은 지속적으로 고객의 구매 방식과 구매 여정을 연구한다. 고객의 정보 탐색 경로와 패턴을 이해해야 수요 창출을 위한 최적의 마케팅 방식을 선택할 수 있기 때문이다.

우리가 아는 DM, 이메일 마케팅, 아웃바운드 마케팅 및 고객 초청 프로그램 등과 같은 커뮤니케이션 방식도 그리 오래되지 않았는데, 최근의 SNS는 또 다른 차원의 접점으로서 혁신적으로 성장하고 있다. 트위터, 페이스북, 링트인, 기업 블로그, 포드 캐스트(Pod Cast), 웹비나(Webinar) 등의 매체가 하루가 다르게 성장하고 있는 것이다. 이 새로운 미디움에 고객이 정보 탐색을 위해서 시간을 보냄에 따라 이들의 고객 관리를 위해 소셜 CRM이 생겼다. 또한 파이프라인으로 유도하여 매출화하기 위한 '소셜 파이프라인'이라는 개념도 생겼다.

HP사는 제품의 혁신 리더로서도 유명했고, 고객 마케팅 관점에서도 그어느 기업보다도 빠르지 않나 하는 생각이 든다. 최근 HP는 (글로벌 시장에서) B2B의 최대 인맥 사이트인 링크드인(Linkedin)에 집중 투자를 하여 홍보효과를 누리고 있다. 이러한 판단은 '우리의 고객이 누구이고, 어떻게 정보를 탐색하며, 어떻게 구매 의사 결정을 내리는가'를 유심히 관찰하고 판단한 결과이다.

링크드인 같은 경우는 페이스북과는 달리, 모두 직장인들 혹은 전문가들이 가입하는 소셜 관계 사이트로 2016년 가입수가 3억 명을 넘어서고 있다. HP사는 이러한 소셜 플랫폼에서 100만 명의 '팔로우'를 거느리는 영향력을 발휘하고 있는데, HP의 마케팅 콘텐츠는 100만 팔로우와 그 이웃을 통해서 콘텐츠를 전달하는 효과를 가지고 있다. 이러한 매체는 점점 파급력과 정보 전달력, 그리고 노출 효율성이 커지고 있다. 이러한 마케팅 활동이 새로운 마케팅 리드를 만들어 내고, 영업 기회로 이어질 수 있다.

마케팅 에이전시

파이프라인을 키우기 위한 방법으로 사내의 마케팅 조직만으로는 한계가 있어서 외국에서는 마케팅 에이전시를 쓰는 경우도 있다. 영업 팀에서 원하는 것은 쓰레기 정보보다는 뭔가 구체적인 고객 정보이다. 그래서 마케팅 행사, 로드쇼, 전시회 등을 통해서 발생하는 고객 정보를 다시 확인해서 제공하는 서비스도 뜨고 있다.

예를 들면 시스코사도 양질의 마케팅 리드를 확보하기 위해서, *eTrigue*와 같은 마케팅 에이전시를 이용한다. 이러한 업체들은 시스코사의 마케팅 행사에 보조 역할을 할 뿐만 아니라, 고객에 대한 정보를 더 구체화해서 시스코사에 전달하고 매출을 올린다.

이렇게 보면 얼마나 기업들이 영업 기회 정보 그리고 좀 더 정확한 정보에 목말라하는지 알 수가 있다. 이것도 마치 소프트웨어 플랫폼 생태계처럼 한 기업의 마케팅과 영업 프로세스에 각종 전문 파트너들이 협업해서 공생하는 것과 동일하다. 더 효율적인 고객 커뮤니케이션, 더 효율적인 영업 그리고 더 효율적인 마케팅 방법을 찾아서 할 수 있는 방법을 모두 강구하고 있다.

두 번째, 세일즈 파트너를 통한 파이프라인을 키우는 방법이다

대부분의 B2B 기업은 자체 영업력으로 판매를 하는 경우도 많지만, 영업 파트너(거래선)를 통해 비즈니스를 하는 경우도 흔하다. 시스코와 같은 회사는 파트너를 통해 올리는 매출이 전체 매출의 90%에 육박한다. 세일즈 파트너 없이는 비즈니스가 돌아갈 수가 없는 구조이다.

이것은 글로벌 규모의 기업에만 해당되는 것이 아니다. 소규모의 기업도 자체 영업 조직의 규모 확대에는 한계가 있기 때문에 외부 유통망, 즉 세일즈 파트너와의 협업을 통해서 매출을 일으킨다. 자사 영업이 직접 판매 조직이 아니라, 유통 파트너를 관리하는 조직인 경우도 많다. 이런 구조는 파트너가 곧 판매자의 또 다른 기업이 된다. 고객을 파트너를 찾고 파트너와 대화를 한다.

예를 들면 기업체의 구매 담당자는 제품을 구매 시 주로 거래해 왔던 기존의 지역 파트너를 먼저 찾는다. 이들은 이미 서로 잘 알고 지낸다. 제품의 요구 사항도 더 잘 파악하고 있다. 그래서 영업 기회를 잘 파악하고 있는 쪽도 파트너들이다. 이러한 이유로 파트너와 어떻게 파이프라인을 창출하고 어떻게 수익을 만들어 내며 계속 지속적으로 상호 이익이 되는 관계를 가져가느냐가 비즈니스에는 매우 중요하다.

흥미로운 것은 파트너들은 그들의 고객 접점에서 영업 기회를 발굴하는 것이 자신들의 매일 일상 과제이기 때문에 그들만의 파이프라인을 대부분 갖고 있다는 것이다. 유통 거래선의 영업 사원이 자신의 지역의 고객들을 더 잘 알고 있다는 의미이다. 그들도 기업체와 다를 바가 없고 영업 기회로 움직인다. 그래서 기업 입장에서는 파트너와의 관계가 깊을수록 이 파트너가 가진 영업 기회 정보를 얻는 데 매우 유리하고, 반대로 파트너들도 기업이 뭔가 의미 있는 영업 기회를 주기를 바라게 된다. 결국 함께 상생하고 또 경우에 따라서는 영업 기회를 만들어 가는 방법을 써야 한다.

이런 세계는 어떻게 돌아가고 있을까? 하나의 예를 들어 보자. 글로벌 시장의 IT 업계에서 가장 큰 거래선 중의 하나는 잉그램 마이크로(Ingram Micro) 같은 회사들이다. 이 회사는 덩치가 매우 커서 웬만한 기업들보다 더 많은 매출을 올린다. 그러나 잉그램 마이크로는 제품을 생산하지 않는다. 오직 제품을 수많은 제조사들로부터 공급을 받아서, 시장에 분배하는 역할을 한다. 직접 분배도 있으나 주로 재분배를 한다.

재분배란, 즉 리셀러가 있다는 것이며, 이 수는 헤아릴 수 없이 많다. 이 파트너망을 타고 영업 기회가 흘러 다닌다. 고객 접점에 가장 가까운 것은 리셀러들이다. 그러니 그들이 고객의 영업 기회를 가장 먼저 찾아낸다. 이들이 다시 잉그램 마이크로에게 연락을 한다. 모두 다들 자신의 파이프라인을 갖고 있는 것이다. 이 파트너 망을 지배하는 자, 혹은 그 힘을 키우는 자가 막강한 판매망을 형성하게 된다. 고객의 영업 기회를 두고 모두가 서로 얽혀 있다.

소규모의 기업, 그리고 판매망의 거래선들도 이 구조는 동일하다. 기업으로서는 파트너와의 파이프라인을 잇는 것이 꿈일 것이다. 현재까지는 서로의 재고와 판매 현황을 잇는 EDI, 또는 서로 판매를 예측하는 CPFR과 같은 판매 예측에 있어서의 공급자와 판매자와의 밀착의 시대를 열어 왔다. 그러나 이들은 영업 기회를 활용한 판매 예측과는 관계가 없다. 고도의 신뢰가 형성되어 있지 않는 한, 서로 영업 기회를 공유하는 파이프라인 콜라보레이션 (Pipeline Collaboration)은 매우 쉽지 않다.

궁극적으로 파트너를 어떻게 활용하는가 혹은 파트너와 어떻게 협업하는

가가 기업의 파이프라인에 큰 영향을 준다. 어떻게든 파트너가 자사와의 관계를 더 발전시키고, 신뢰를 하여 영업 기회를 하나라도 더 자사 쪽으로 제공하게 하는 것이 파이프라인을 키우는 일이다. 그럼 파트너에게 어떻게 하면 그들이 더 많은 영업 기회를 줄 것인가? 어떻게 하면 높은 신뢰 속에서 파트너가 제안을 하고, 영업 기회의 파이프라인이 작동하게 할 것인가?

가장 현실적인 방법 중의 하나는 영업 기회 등록 프로세스를 자동화하는 일이다. 파트너가 영업 기회를 시스템에 등록하면, 이것이 자사의 영업 파이프라인으로 입수되고, 정해진 프로세스에 따라서 자사의 영업 팀에서 다음 단계로 착수하는 것이다. 이 경우는 상호 어떻게 영업 기회를 처리할 것인가에 대해 이미 합의를 한 상태이며, 또한 딜이 성공했을 경우 보상은 어떻게 하겠다는 합의가 되어 있는 상태이다.

만약 이런 신뢰가 쌓이지 않은 단계에서 택할 수 있는 좋은 방법은 영업 기회 프로그램을 홍보해서 영업 기회를 얻는 방법이다. 이를 위해서는 마케팅 기법이 필요하다. 또한 영업 기회가 입수되도록 하는 초기에는 영업 기회를 제공하는 파트너에게 혜택이 필요하다. 이렇게 파트너들이 영업 기회를 주도록 하는 프로세스를 안정화 수준으로 올려놓게 되면, 파이프라인이 더 풍부해지고 커지게 된다.

세 번째 방법은 영업을 아웃소싱 하는 방법이다

영업을 아웃소싱 한다니, 이 무슨 말인가? 많은 독자들이 이해하기 어려울 지도 모른다. 보험 업무에서 컨설턴트 계약은 있어도, 영업을 아웃소싱 하는 것은 친숙하지가 않을 것이다. 그런데, 파이프라인을 운영하는 회사들 중에는 이 비즈니스 모델을 쓰는 회사가 많이 있다. 자사 영업 팀에 영업 사원의 숫자가 열 명이라고 치자. 도저히 이 숫자로 시장을 커버하지 못할 경우, 어떻게 할 것인가? 영업 팀을 계속 증강시키는 옵션을 두고 많은 고민을 하게 된다. 영업은 고정비 부담도 있고 불황기에 조직을 줄이는 일도 매력적인 일이 되질 못한다. 이 고민을 해결하기 위해서, 많은 기업들이 영업 아웃소싱을 해왔다.

영업 아웃소싱에는 두 가지 종류가 있다. 하나는 계약직 외주 영업력을 동원하는 일이고, 다른 하나는 필드 영업을 하지 않고, 전화로 고객 접점을 담당하고 매출을 일으키는 소위 'ISR(Inside Sales Representative)'이다. ISR은 국내에 진출한 외국계 기업에서 많이 활용한다.

ISR(Inside Sales Representative)

필드 아웃소싱은 한국 시장에서는 보편화되어 있지 않다. 그 이유는 영업을 자사의 영업력이 하지 않고 외부와 계약해서 아웃소싱 한다는 개념이 와 닿지를 않기 때문이다. 또한 비정규적이라는 느낌도 있다. 사실 자사의 인력이 전혀 아니고 같이 근무를 하는 것도 아니며 오직 영업만 대행하므로 비정규직 개념도 아닌데도, 필드 영업 아웃소싱이 흔하지는 않다.

그러나 ISR은 이에 비해 더 보편화되고 있다. 이것을 모르는 사람들은 ISR에 대한 설명을 듣고 이것은 '콜센터'라는 느낌을 갖는다. 콜센터에서 주로 하는 일은 크게 아웃 바운드(Out-bound)와 인 바운드(In-bound)이다. 예를 들면 신용 카드사에 새로운 카드의 혜택을 알리면서 고객들에게 판매하는 것이 주로 아웃 바운드이고, 정반대로 기존 고객이 문의할 일이 있어서 기업 대표 전화로 전화를 해서 상담하는 것이 인 바운드이다. ISR은 아웃 바운드에 가깝다.

그러나 여기서 말하는 ISR은 우리가 생각하는 콜센터라기보다는 전화를 수단으로 하는 전문직 영업이다. 즉, 자사가 콜센터를 산하에 두고 아웃 바운드를 하는 것이 아니라, 전문적으로 아웃 바운드 영업을 하는 업체와 계약해서, 또 하나의 영업 팀을 만드는 것이다. 영업 목표액을 주고, 고객 정보를 공유해야 하고, 영업 기회가 자사의 파이프라인에 입수가 되어야 하며, 주기적으로 영업 본부장은 이 외부 영업력의 진행 경과를 보고받아야 한다. 델은 직접 주문 모델로 유명하다. 그러나 델은 온라인 직접 주문뿐만 아니라 자사의 영업 팀, 그리고 ISR을 통한 매출 모델을 모두 갖고 있다. 이러한 비즈니스 모델이 점차 국내에도 늘고 있다.

역으로 외국에 진출하는 국내 기업들이라면 이 모델에 익숙해야 한다. 많은 기업들이 쓰는 방법이기 때문이다. 이 방법은 영업 매출 목표를 주고 그 결과로 평가할 수 있고, 실적이 떨어질 경우 아웃소싱 업체와 계약을 갱신하지 않을 수도 있다. 또한 규모가 작은 시장과 고객에 대한 영업을 아웃소싱함으로써, 고정 비용을 줄일 수 있다. 물론 자사의 영업 정보, 제품 정보 및 영업 기밀도 제공해야 하는 상황 그리고 지속적인 교육을 해야 하는 점도 있으므로, 신뢰와 보안에도 신경을 써야 하는 점이 있다. 그러나 파이프라인을 키우는 데에는 매우 큰 역할을 한다.

외부 계약 영업 조직은 어떤 고객군을 맡게 되는가? [그림 19]와 같이 통상 영업 지역을 삼각형으로 보고, 이 지역에 확실히 알고 있는 고객, 또 거래 규모가 크고 계속 거래하고 있는 고객이 10개가 있다고 하면, 전략적으로 이들은 자사의 영업 사원이 담당을 해야 한다.

그러나 확실히 존재를 알고 있으나, 거래 규모가 많지 않은 고객 또 규모 자체도 크지 않은 고객이 100개가 있다면, 그 일은 아웃소싱 업체에 줄 수

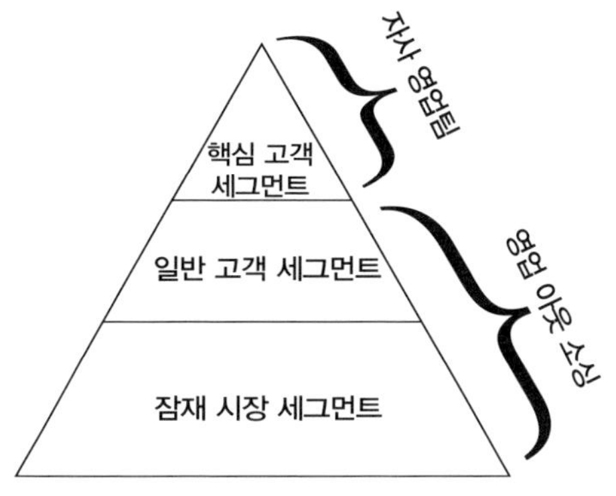

| 그림 19 | 아웃소싱 업체의 활용

있다. 그리고 잠재적으로 얼마인지도 모르지만 중요한 고객 세그먼트를 제외하고 나머지 시장에서 분명 존재할 새로운 고객을 발굴할 때에도 이들 업체에게 맡긴다. 또 이렇게 맡긴 경우에 고객의 거래 규모가 커진 고객이 있다면, 당연히 자사의 주요 고객군으로 올라오고, 자사 영업 팀에서 관리를 해야 한다.

지금까지 파이프라인을 자사의 영업 외 채널로 넓히는 방법을 알아보았다. 비즈니스는 혼자 하는 것도 아니고, 여러 이해 관계자로부터 도움을 받아야 한다. 파이프라인을 키워서 매출을 더 높이고자 할 때, 자력으로 할 수가 없다면 다른 전략적 옵션을 택해야 한다. 이 장에서 설명한 내용들은 여러 회사들이 쓰는 방법들이다. 어떠한 채널을 활용할 것인가, 그리고 그 효과를 어떻게 측정할 것인가에 대한 전략적 판단이 필요하며, 이 장의 내용을 잘 참조해야겠다.

제7장

마케터여,
파이프라인에 불을 지펴라

"B2B 기업의 마케터들은 늘 약자의 위치에 있다. 시장 환경은 만만치 않고, 수요 창출을 위한 아이디어는 고갈해 간다. 쓸 수 있는 예산은 한정되어 있고, 마케팅 효과는 측정하기 어려우며, 영업과 재무 팀의 우리를 늘 '코스트 센터(Cost Center)'라 부른다. 마케터들이 파이프라인 관리 기법을 익히는 것은 아마도 이 길고 어두웠던 터널로부터의 탈출일 것이다."

시나리오 #1

대부분의 기업에서는 자사 제품 홍보를 위해서 국내외 전시회 혹은 박람회에 참가를 한다. 이러한 행사는 산업 공구, 전자 소재, 건설 자재 그리고 화공 제품 등 다양하기 그지없다. 참가비는 적게는 수백만 원에서 많게는 수십억에 이른다.

어느 행사이든 전시회의 부스를 방문해 보면, 더 많은 방문객을 유도하기 위해서 다양한 유인책을 쓰는 모습을 볼 수 있다. 홍보물을 나눠 주는 것으로 부족해서 요즘은 게임판을 돌려서 맞추는 방문객에게 선물을 주기도 하고, 명함을 넣은 방문객을 대상으로 추첨을 해서 휴대용 전자기기를 주기도 한다.

그런데 이러한 전시회 참가에 투자를 하면, 그 효과가 어떠할지 궁금해진다. 원래 목표로 했던 고객들이 방문을 했을까? 이 방문자들은 이 행사에 투자한 금액 대비 얼마만큼의 가치가 있었던 것일까? 정말 구매할 가능성이 있는 사람들이 이 속에 포함되어 있기는 하는 것일까? 이번 행사 참가는 어떤 효과가 있었을까? 이 행사에 대한 효과를 도대체 어떻게 측정해야 하는 것일까? 늘 참가했기 때문에 참가하는 것은 아닌가?

B2B 산업은 일반 소비재 시장과는 달리, 전문적인 제품이 많아 BTL 캠페인이 많다. 이 중에서도 가장 많은 것이 고객 초청 행사나 전시회 참가이다. 제품을 홍보하기 위한 다른 좋은 수단도 없을 뿐만 아니라 경쟁사들이 참여하니 빠지기도 어려운 면이 있다. 그리고 명확한 투자 대비 효과 측정 가이드를 갖고 있지 않은 경우도 많다. 이런 행사를 참석해 보면 B2B 전시회의 경우는 주로 방문객들이 명함을 놓고 온다. 마케팅 팀은 주로 방문 리스트를 데이터베이스화한다.

그런데 행사 참가가 종료된 후 한 달이 지난 뒤 영업 본부장은 이런 생각이 들지 모른다. '그토록 많은 사람들이 부스를 찾았다고 하는데, 왜 실제 매출과 연관성이 적어 보이는가? 마케팅 팀에서 반응이 좋다고들 하는데, 왜 매출은 늘지 않는가? 마치 곧 고객으로부터 구체적인 문의가 들어올 것 같더니, 왜 별 반응도 없는 것인가?' 영업 본부장은 어렵게 영업 팀에서 번 돈으로 이렇게 마케팅에 투자하는 것에 대해서 의문을 갖기 시작한다.

시나리오 #2

전시회 참가에 이어서 최근 제품 홍보를 위해서, 마케팅 팀은 한 달여간의 준비 작업에 들어갔다. 대대적인 제품 홍보 캠페인을 할 것이다. DM도 만들고, 온라인 마케팅도 하고, 이메일 마케팅도 준비했다. 그리고 D-Day. 우리는 이 캠페인을 실행하기 위해서 총 3억 원을 썼다. 그런데 시장 반응이 시원찮다. 무엇이 잘못된 것일까? 사전에 협의한 영업 팀에서도 분명 잘 준비된 마케팅이라고 했지만 결과가 좋지 않을 경우, 180도 달라진다. 평소 마케팅 조직을 탐탁지 않게 생각하는 영업 팀과 재무 관리 팀에서 마케팅 투자에 대해서 시비를 걸기 시작한다.

"마케팅 부서는 역시 코스트 센터(Cost Center)라 돈을 막 쓰는군요."

시나리오 #3

영업 팀장이 그간 참았던 말을 한다.

"마케팅 하는 사람들은 매출에 책임이 있는 것도 아니고, 영업을 정확히 이해하는 것 같지도 않습니다. 그리고 영업 팀을 어떻게 도와야 하는지도 정확히 모르는 것 같습니다."

생각해 보니 고객도 영업 팀보다 잘 모른다는 생각을 한다.

'우리가 어렵게 번 돈을 쓰기만 하는 부서가 아닌가?'

그러나 마케팅 팀장은 생각이 정반대다. 고객을 모른다는 말을 그대로 받아들일 수가 없다. 그리고 이렇게 생각한다.

'영업의 고객만 고객인가? 매일 만나는 자기 고객만 고객인가? 시장 전체를 볼 줄도 모르고, 마케팅의 '마'자도 모르지 않는가? 솔직히 마케팅이 해놓은 일 때문에, 영업이 그냥 얻어먹는 거 아닌가?'

혹시 이런 비슷한 모습을 본 적이 있는가? 일반 소비재 비즈니스 모델의 기업들은 상대적으로 마케팅의 예산도 크고, 그 역할도 크다. 어떤 TV 광고를 하느냐, 어떤 연예인을 쓰는가는 시장에 미치는 영향이 매우 직접적이다. 매스 마케팅을 잘하는 천재들은 모두 여기에 모여 있는 것 같다. 예산의 규모가 상대적으로 크니, 영향력도 크다. 상대적으로 소비재 산업의 기업에 속하는 영업 팀은 제품 유통 관리에 한하는 경우가 많다.

그러나 B2B 기업의 마케팅 조직은 불리한 상황에 있다. 비즈니스를 할수록 구매 충동을 일으킬 수 있는 방안을 생각하기보다는 고객의 구매 사이클에 더 의존하거나, 대면 마케팅에 더 의존할수록 마케팅의 입지는 좁아진다. 그래서 기업의 규모가 작은 기업들은 영업 부서가 곧 마케팅 업무를 포함하고 있다. 영업이 곧 마케팅인 것이다. 한편으론 B2B 기업이라 할지라도 규모가 큰 기업은 마케팅 부서가 별도로 존재한다. 글로벌 기업은 컨슈머 마케팅 조직 이상으로 마케팅 부서가 크고 역할도 많다. 그런데 이 모든 조직에 마케팅에 대한 ROI, 마케팅과 영업 팀의 불화, 그리고 마케팅과 영업 프로세스의 연결 이슈는 여전히 화두이자 해결되지 않은 이슈이다.

무엇이 잘못되었을까?

위 세 가지 시나리오의 키워드를 뽑아 보면 이렇게 된다.

- ▶ 돈을 쓴다.
- ▶ 효과를 모르겠다(효과를 어떻게 측정해야 할지 모를 수도 있다).
- ▶ 조직 간에 불화가 있다.

특히 B2B 기업의 마케팅 팀은 제대로 대우를 받기 쉽지가 않다. 대우를 제대로 받는 경우가 있다면, 대기업에서 브랜드 마케팅 전문가 정도일 것이다. 그것도 브랜드 가치를 제대로 올렸을 경우에 한한다. 실제 영업을 하면서도 영업 팀을 마케팅 팀이라고 부르는 곳도 있다. 영업이 마케팅을 한다는 것이다. 그래서 영업 사원들에게 마케팅이 그리 대단해 보이지 않는 것일 수도 있다. 마케팅이 그리 간단한 것인가는 다른 문제이다.

이 모든 상황들이 왜 마케터들에게 불리하게 작용하고 있는 것일까? 이러한 상황은 한국에서 더 심하지 않은가 생각해 본다. 고객 세그멘테이션(Segmentation), 마케팅 효과 측정 그리고 마케팅과 영업의 연결 프로세스 이슈는 서양에서도 늘 토픽감이었지만, 마케팅 조직이 찬밥인 것은 한국에서 결코 어느 국가에 뒤지지 않는 것 같다. 마케팅 직군이 매우 전문 직군인데도 당장 돈을 벌어 주는 영업이 더 중요시되는 것은 어쩔 수가 없는 모양이다.

이러한 불리한 상황을 만든 것은 마케터들 스스로의 문제도 있다. 여기에는 분명 마케터들에게는 잘 풀리지 않는 한 가지 딜레마가 있기 때문이다. 즉, 마케팅 비용 실행에 대한 그 효과를 눈에 보이게 증명하기 어렵기 때문이다. 신문기사에 나오는 히트 상품의 마케팅 기법은 소수에 불과하다. 또한 제품이 도드라지게 매력적이어서 제품이 스스로 홍보를 한 측면도 있다. 그러나 대부분의 경우, 마케팅 활동이 직접적 판매로 이어지는 수치로 보여주기란 쉽지 않다. 판매 금액이 늘었다고 하면 그것은 제품의 우수성 때문이라고 할 수도 있고, 영업의 피와 땀 때문이라고 할 수도 있다.

마케터들에게 유일한 무기는 마케팅 투자 대비 효과인 ROI(Return on Investment)인데, 마케터에게는 ROI를 계산하여 증명한다는 것은 쉬운 일이 아니다. 계산을 할 수 없다는 것이 아니라 정확하게 영업 조직원들이 받아들일 수 있는 로직을 만들기가 쉽지 않다는 의미이다. 이것은 고객과 판매 과정을 바라보는 관점이 다르기 때문이며, 마케팅의 정성적 기능을 영업맨들이 이해하기 쉽지 않기 때문이기도 하다. 구매를 한 고객이 반드시 해당 마케팅 프로그램 때문에 구매를 했다고는 할 수 없지만, 분명 간접적으로 캠페인에 노출되어 구매를 한 경우도 많기 때문이다. 마케팅은 고객에게 심미적으로 작용하는 경우가 많다.

그런데 다시 한 번 마케팅의 역할이 무엇인지 되새겨 보자. 마케팅은 분명 고객에게서 제품과 서비스에 대한 흥미를 유발시키고, 구매 심리를 자극하여 구매에 이어지도록 유도하는 것이다. 이 활동이 수요를 창출하고 영업 기회를 만들어서 영업 팀의 세일즈 파이프라인을 키우는 기여를 하는 것이다. 마케팅의 역할은 고객으로부터 수요를 창출하는 일이며, 영업이 더 잘 판매할 수 있도록 지원하는 일이다.

이 '지원'이라는 용어에 대한 해석에 유의해야 한다. 수요 창출의 맨 앞에 있는 마케터들의 역할은 매우 중요하다. 마케팅을 잘 모르는 사람들은 이들에게 제품 카탈로그 만드는 일을 주겠지만, 마케터들의 일은 수요 창출을 위해 고객을 분석하고 여러 가지 전략적 마케팅 활동을 하는 일이다. 기업의 매출에 직접 영향을 주는 데 있어서 이것보다 더 중요한 일은 그리 많지가 않다. 수요 창출을 담당하는 마케터의 역할은 매우 막중하다. 그리고 그들은 매우 영리해야 한다. 그리고 마케팅 효과를 가급적 숫자로 말할 수 있어야 한다.

마케팅의 시작과 끝도 파이프라인과 함께한다

마케팅 활동의 효과를 측정하기 어려운 마케터의 딜레마를 해결하기 위해 선진 기업들은 파이프라인 관점에서 자세히 보기 시작했다.

먼저 마케팅 프로세스는 마케팅 파이프라인 프로세스와 떨어질 수가 없다. 마케팅은 계획, 실행, 그리고 그 결과에 대한 모니터링이 반복되는 프로세스이다. 실행된 결과가 수요 창출로 이어져야만 마케팅 효과가 빛을 발한다. 수요 창출이란 곧 영업 기회가 생기는 것을 의미한다. 그리고 이후 어떻게 이 영업 기회를 처리할 때까지 결정해야 한다. 결과적으로 이 수요 창출과 그 결과 처리 등, 일련의 진행 과정이 하나의 마케팅 파이프라인이라고 할 수 있다.

그리고 [그림 20]의 이 책 표지처럼 마케팅 활동은 영업 파이프라인에 기름을 붓고 파이프라인을 더 키우고 파이프라인 속에 있는 딜들을 더 왕성하게 앞으로 움직여서 매출을 일으키는 데 도움을 주는 역할을 한다. 그래서 마케팅 활동의 결과는 곧 영업 프로세스에 이어져 있어야 한다.

마케팅도 세일즈 파이프라인과 마찬가지로 프로세스로 흘러가기 때문에, '마케팅 파이프라인'이란 방법론을 갖고 있다. 마케팅도 단계가 있고 단계를 과학적으로 관리해야 한다는 의미이다. '마케팅 퍼널(Funnel)'이라는 용어로도 많이 쓰인다.

| 그림 20 | 마케팅 파이프라인의 역할

마케팅 파이프라인이 중요한 것도 크게 보면 두 가지 이유 때문이다. 모든 마케팅 활동은 초기 단계에 가장 많은 고객의 반응을 얻게 되며, 다음 단계로 넘어갈수록 유효한 반응과 고객 정보의 수는 줄어든다. 그리고 실제 영업 팀에 넘겨줄 만한 정보는 첫 반응에 비해서 훨씬 줄어든다. 그래서 세일즈 파이프라인과 마찬가지로 파이프라인의 크기를 키우고, 단계별 이동을 빨리 시켜서 꽤 쓸 만한 고객 정보를 영업 팀에 넘겨주어야 한다.

B2B에서 마케팅 파이프라인이 소비재 B2C보다 더 중요한 이유도 두 가지 이유에서 설명할 수 있다. 그 하나는 소비재 제품보다 구매 사이클이 길고 단계를 거쳐 가는 경우가 많으며 매스미디어 광고의 영향을 덜 받기 때문이다. 소비재 제품은 광고의 영향을 많이 받고 의사 결정권자가 소비자 본인인 경우가 많아서 구매 단계가 매우 빠를 수 있다. 두 번째 이유는 고객의 수가 상대적으로 많지 않고 대부분 장기간 흥미 단계에서 매우 관심 있는 단계까지의 과정에서 마케팅이 해야 할 일이 단계마다 다르고 많기 때문이다.

그럼 마케팅 파이프라인 단계는 어떤 식으로 구성되어 있을까? 정의하는 사람에 따라서 조금씩 다를 수 있지만, 마케팅 조직 내부에서는 마케팅 활동, 리드 생성, 리드 필터링, 최종 리드의 단계로 구분할 수 있다. 여기서 '리드(Lead)'란 이 책에서 반복적으로 쓰인 용어지만 '관심 갖는 고객'이라고 할 수 있다. 이 프로세스를 고객의 입장에서 보면, 다음과 같이 정리할 수 있다.

마케팅 활동 = 광고를 인지함

리드 생성 = 관심을 보임

리드 필터링 = 관심을 지나 구매 욕구를 보임

최종 리드 = 구매에 대한 의사 및 신호를 보임

마케팅 파이프라인의 각 단계에 마케터들은 어떻게 움직일까? 그 설명을 아래와 같이 정리하였다.

1. 마케팅 활동 : 전시회 참가, 프로모션, 온라인 마케팅, 이메일 마케팅 등 다양한 마케팅 방법을 선택해서 리드를 창출하는 활동을 한다.

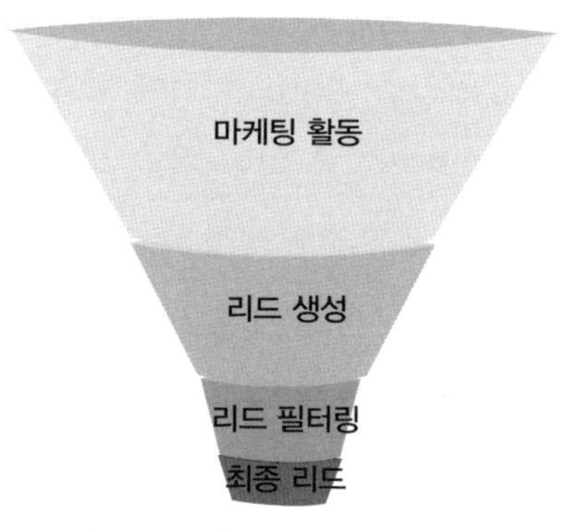

| 그림 21 | 마케팅 파이프라인

2. 리드 생성 : 고객 반응을 마케팅을 실행한 마케팅 채널을 통해서 수집한다.

3. 리드 필터링 : 수집한 리드 중에서 쓸 만한 것을 골라낸다.

4. 최종 리드 : 이 필터링을 통해서 걸러진 최종 고객 데이터를 의미한다.

마케팅 파이프라인을 관리하면 배울 수 있는 게 매우 많다. 특히 제대로 고객을 타깃팅 했는가부터, 마케팅 단계별로 쪼개서, 어느 단계에 어떤 실수를 했는지, 왜 고객을 잃었는지 등 다양한 이유를 분석하고 다시 조율할 수 있다.

1. 목표 타깃이 맞았나?

마케터라면 고객 타깃팅(Targeting)에 대해서 고민을 참 많이 한다. 타깃이 틀린 순간, 돈이 새어 나가는 첫 시작점이 된다. B2B에서는 특히 타깃이 틀리면 효과가 매우 떨어진다. B2B 마케팅은 소수의 고객군을 대상으로 하기 때문에 타깃이 틀리면 마케팅 비용이 크게 증가한다. 그래서 파이프라인의 반응을 세그먼트와 캠페인 콘텐츠를 동시에 분석하면서 옳은 타깃에게 옳은 메시지를 보냈는지 확인해야 한다.

2. 마케팅 리드를 제대로 창출시켰나?

마케팅 프로그램을 돌렸다면 그 무엇이든 결과가 있어야 한다. 대기업에서 흔히 보이는 문제는 마케팅 행사 담당 따로, 제품 설치 에이전시 따로, 홍보 도우미 따로, 고객 정보 처리 조직 따로 등 '따로' 현상, 즉 사일로(Silo) 현상이 매우 많다는 점이다. 그러다 보니, 마케팅 프로그램 이후에 늘 이 행사가 무슨 가치를 만들었는지 계산하기가 어렵게 된다.

마케팅 프로그램은 마케팅 리드를 만들어 내야 한다. 그 결과로 평가를 받아야 한다. 마케팅 리드는 시스템에 등록되도록 하고, 과거 결과 및 원래 목표와 얼마나 차이가 있는지 분석을 할 수 있어야 한다.

마케팅 리드는 고객의 명함, 고객의 문의, 고객과의 인터뷰, 그리고 고객의 구매 의향까지 다양하다. 그리고 이 반응들이 어느 미디엄을 통해서 발생했는지 분석하고 시스템에 기록해야 한다. 그렇지 않으면 마케팅 채널에 대한 효과를 측정하기가 매우 어렵다.

3. 마케팅 리드를 제대로 필터링했는가?

우리는 행사장에서 자신의 정보를 기입해 달라고 할 때, 가짜 이메일이나 전화번호를 적어야 하는 유혹에 빠진다. 마케팅 활동은 매우 다양한 성향과 상황의 고객들과 접촉이 일어나고, 그들로부터 정보가 입수된다. 따라서 고객의 문의 정보에 대해서 그 진실을 알기란 쉽지 않다.

크게 우리는 두 가지를 알고 싶어 한다. 문의하는 고객이 누구인지 그리고 어떤 제품에 대해서 궁금해하고 구매할 시점과 예산이 있는지이다. 마케팅 리드 정보에서 이 정보들을 모두 알기란 어렵다. 따라서 최소한 고객의 정보가 신뢰성을 갖도록 자체 필터링하는 단계가 필요하다. 마케팅 리드를 그대로 영업 팀에 넘겨주어서도 안 된다. 마케팅 팀에서 쓸 만한 정보를 추려 내야 한다. 이 추려 내는 작업을 '리드 필터링(Lead Filtering)'이라 한다.

4. 영업 팀에 제대로 전달했나?

영업 팀이 간절히 바라는 것은 영업에 도움이 되는 정보를 제공받는 것이다. 마케팅 팀에서 그런 역할을 한다면 그보다 더 가치를 인정받는 일도 없을 것이다. 정보의 질이 떨어진다면, 정보를 제공하고도 감사의 말을 전달 받기 힘든 경우도 많다. 그러나 어느 정도 효과를 발휘하는 정보를 제공하면, 마케팅 팀은 기여한 점에 대해서 인정을 받는다. 그리고 이 일이 반복될수록 인정 단계에서 내부적으로 점차 정치적으로도 영향력을 가진다. 영향력이란 곧 힘이므로 마케팅 팀도 힘을 가지게 된다.

마케팅 리드를 검사하고 추려 내는 작업을 했다면, 영업 팀에 넘겨주는 리드를 점수로 매겨서(,) 중요도를 체크하거나 우선순위를 체크하는 방법을 쓴다. 이것을 '리드 스코어링(Lead Scoring)'이라 한다. 가령 '고객 A 씨는 85점' 이런 씩과 같이 점수를 매기는 방식이다. 이 점수 시스템이 과거에는 사람이 손으로 엑셀에 기입했고, 그다음은 소프트웨어에서 기입했으며, 그다음은 짜여진 알고리즘에 따라서 마케터가 입력하면 자동으로 점수가 나오도록 진화해 왔는데, 최근에는 머신러닝이 도입되어 컴퓨터가 여러 채널의 캠페인 데이터와 과거 패턴, 그리고 고객의 소셜 미디어에서의 대화까지 추적하여 점수화하는 시대로까지 발전했다.

이런 트렌드는 차치하고라도, 최소한 마케팅 활동으로 어떤 정보가 나왔는지 데이터베이스화해서, 영업 팀과 협의를 하고 후속 조치를 해야 한다. 가급적 그 과정과 결과가 시스템으로 남게 해야 한다.

5. 궁극적으로 얼마나 매출화되었는가?

대부분 마케터들이 실수하는 것이 영업 팀에 정보를 제공하는 일까지만 하고 자신의 업무를 끝내는 경우이다. 혹은 마케팅 활동을 통해 발생한 건들이 결과적으로 어떻게 되었는지를 파악하지 않는다. 그래서 결과를 모르는 것이다. 결과를 모르기 때문에 효과를 알기가 힘들다. 결과를 알기 위해서는 프로세스 관점에서 마케팅 프로세스와 영업 프로세스 그리고 마케팅 파이프라인과 영업 파이프라인을 이어야 한다.

마케팅과 영업 프로세스를 연결하라

마케팅 결과가 영업 팀에 자동으로 이어지게 할 수는 없을까? 이렇게만 하면 마케팅 결과가 어떻게 처리되었는지 더 추적하기가 용이해진다. 또한 영업 팀에서도 마케팅 채널로부터 영업 기회가 입수되니, 영업 활동에 더 도움이 된다. 아깝게 얻은 정보가 흔적도 없이 사라질 수 있는 것을 막을 수 있다.

사실 이것을 가능하게 하려면 CRM 시스템의 도움을 받아야 한다. 마케팅 활동에서 발생한 건들이 언제, 어떠한 행사로, 어떠한 미디엄으로 입수된 것인가 등의 기본 정보와 함께, 영업 파이프라인에 등록이 되어야 한다.

파이프라인 관점에서는 마케팅 리드를 영업의 파이프라인에 넘길 때, 고유 코드를 자동으로 부여하는 방식으로 넘겨주며, 딜이 성공하면 다시 역으로 추적을 할 수 있고 마케팅 리드에서 출발했는지 분석할 수 있다. 필자가 근무한 기업에서는 마케터들의 보너스를 책정할 때, 이 마케팅 리드와 딜의 성공을 분석한 결과의 영향을 부분적으로 반영하였다.

마케팅 팀에서 영업 팀으로 옮겨진 다음 프로세스부터는 영업 팀의 일이다. 영업 팀에서 판단을 할 것이다. 계속 진행할 것인지, 혹은 버릴 정보인지에 대해 영업 팀에서 판단할 것이다. 하나의 영업 기회가 영업 팀에서 단독으로 만든 것이 아니라면, 이런 부서 간 협업 프로세스를 거쳐서 시작되고 끝이 난다. 그래서 진정한 마케터라면 이 영업 프로세스의 영업 기회들의 결과를 분석해야 하고, 그 결과를 측정해서 효과를 검토해야 한다.

물론 영업 프로세스까지 오지 못한 건들 혹은 영업 팀에서 설사 버린 정보라 할지라도 이것은 자연스럽게 진행된 건들이며, 그래서 파이프라인이라 불린다. 양질의 두부 한 모가 만들어지기까지, 찌꺼기는 결국 필터링되어 걸러지고 시간이 지나 여러 과정을 거치는 것과 동일한 논리이다. 찌꺼기도 버리지 않고 먹을 수 있듯이, 한번 입수된 정보들은 언제 좋은 기회가 될지 알 수 없으므로, 파이프라인 프로세스는 의미가 있다.

측정 데이터로 말하라

그래서 마케터라면 데이터로 말할 수 있어야 한다. 파이프라인 여러 단계에서 측정한 결과를 분석해야 한다. 미래의 캠페인을 위해서 전략을 짤 수 있다. 마케터는 각 단계의 반응 정보를 토대로 이 전체 프로세스를 감안하여 이렇게 물어야 한다.

- ▶ 이번 캠페인 반응 정보 전부 데이터베이스화했는가?
- ▶ 마케팅 리드는 얼마나 발생했는가?
- ▶ 필터링을 해 보니, 얼마나 쓸 만한 것들인가? 당장 연락해야 할 것 혹은 당장 급하지 않은 것은 어떤 것들인가?
- ▶ 마케팅 리드를 어느 정도 영업 팀에 넘겼는가?
- ▶ 그들 중에 판매는 얼마나 되었는가?

목표 없이 캠페인을 실행해서는 인정을 받지 못한다. 측정 기준을 잡지 못하고, 측정 결과를 보고하지 못한다면 마케터들은 다시 변방으로 밀리고 만다. 마케터들은 데이터로 말하고 데이터로 보여 주어야 한다. 파이프라인을 활용하는 가장 큰 이유다. 마케터는 파이프라인의 최고의 전문가가 되어야 한다.

영업 파이프라인에 따라 마케터가 해야 할 일은 무엇인가?

마케팅 팀은 마케팅 파이프라인뿐만 아니라, 회사의 전체 파이프라인이 어떻게 흘러가고 있는지 파악을 하고 있어야 한다. 영업 기회로 가득 찬 파이프라인은 제품이 팔려 나가는 선행 지표이기 때문에, 신제품의 수요를 파악할 수 있는 좋은 정보처이다. 파이프라인은 또한 과거를 회귀 분석할 수 있는 비즈니스 인텔리전스로서, 원래 의도했던 대로 제품이 수요를 발생시켰는지, 혹은 주문으로 이어졌는지 분석을 하게 해 준다. 이것을 파악해야만 시장 대비 자사 제품의 판매 동향을 알 수가 있다. 그래서 마케터들은 파이프라인을 꿰차고 있어야 한다.

조직적으로도 영업 팀과 끊임없이 협의하고 전략적 지원을 해야 한다. 마케팅 팀장은 팀장급 이상의 파이프라인 미팅에는 참석하여 동향을 파악해야 한다. 그리고 정기적으로 마케팅 결과와 영업 팀에 넘겨준 정보에 대해서 브리핑을 해 줄 것을 권장한다. 또한 파이프라인 상황에 따라서 마케팅 팀에서 어떠한 역할을 해야 할지 전략적 판단을 할 필요가 있다.

예를 들어 특정 제품군의 가망 단계에 입수되는 영업 기회가 전반적으로 낮다면, 이 제품에 대한 마케팅 리드 프로그램을 다시 실행해서 영업을 도울 필요가 있다. 영업 사원의 수와 새로운 고객을 만날 수 있는 범위가 제한되어 있어서, 마케팅의 힘을 많이 필요로 한다. 마케터가 어느 정도 기여를 하는 시점에, 영업 팀에서는 더욱 마케팅에서 어떤 정보를 제공할지 궁금해하고 지원을 바라게 된다.

파이프라인의 단계에서 마케팅이 가장 영향을 많이 줄 수 있는 단계는 [그

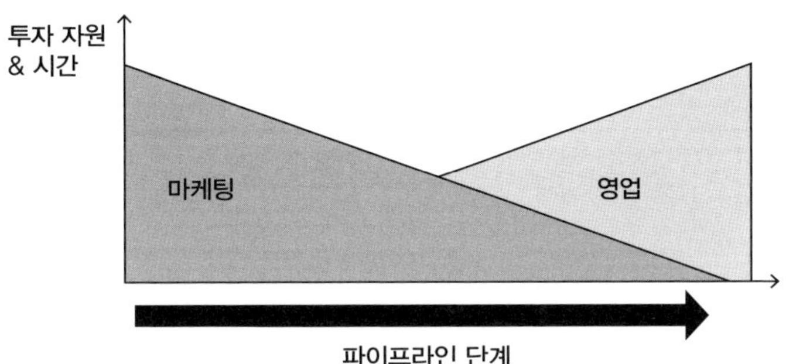

| 그림 22 | 파이프라인 단계에 있어서 마케팅 자원의 효율

림 22]처럼 바로 가망 단계부터이다. 그다음 단계는 그다음의 영향력을 갖고 있다. 마케팅은 마케팅 활동을 통해서 고객 반응을 만들어 내고, 정보를 구체화하여 영업 팀에 넘겨주는 것만으로도 많은 기여를 한다. 제안 작업을 마케팅에서 할 수는 없는 일이므로, 파이프라인 단계의 관점에서 보면 아래와 같이 마케팅의 투자와 그 효과가 앞부분에 있다는 것을 알 수 있다.

마케터들은 고객의 구매 프로세스에 적극 개입하여 수요 창출을 위한 마케팅을 해야 하고 고객이 이런 생각을 하도록 해야 한다.

"아니, 어떻게 우리 상황을 알고, 이런 캠페인을 하는 거지?"

물론 그 정보는 모두 파이프라인 시스템에 등록되어 있는 정보를 바탕으로 한 것이다. 마케터들은 아래 [그림 23]처럼 고객의 구매 사이클에 속해 있는 영업 기회와 그 영업 기회와 관련된 고객사의 담당자들을 공략해야 한다.

예를 들어 보자.

고객 니즈 발생 단계의 수요 창출 캠페인

IBN의 '스마트 플래닛'이라는 광고를 보면, 구체적인 특정 제품에 대해서

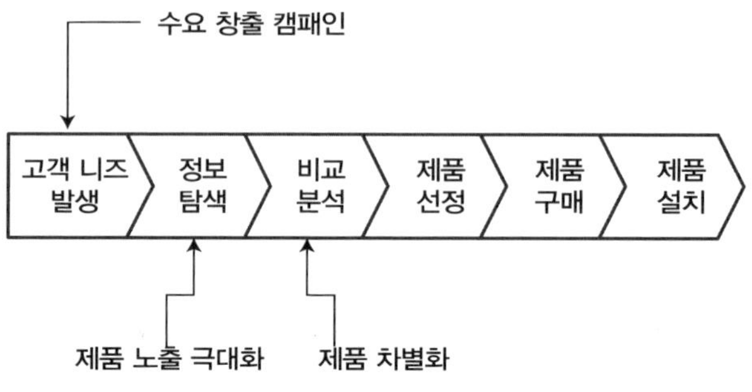

| 그림 23 | 고객 구매 프로세스에 따른 마케팅 실행

광고를 하지 않는다. 기업 고객의 경영진에서 반복적인 메시지를 보내서 니즈를 유도하는 캠페인이다. 고객은 점점 이런 광고에 익숙해져 간다. 마침 분석툴을 최신식으로 바꿔야 할 때가 왔다고 치자. 그럼 고객은 무의식적으로 노출되었던 광고가 기억 날 것이다.

정보 탐색 단계의 제품 노출 극대화

정보를 탐색하고 있는 단계에 있는 고객들을 알아낸다면 마케터들에게는 더없이 좋은 공략 세그먼트가 된다. 물론 파이프라인에 등록된 영업 기회들 중에서 제안 단계 전의 건들이 대부분 이 경우일 것이다. 그리고 이 고객 세그먼트에 집중적으로 제품 정보를 노출시키는 방법을 찾아야 한다. 정보 탐색 단계에 있는 고객들을 대상으로 세미나 및 온라인 제품 홍보 이벤트 등을 집중적으로 내보내는 것도 매우 효과적이다.

또 다른 방법의 사례를 들면, 어떤 기업은 웹상에서 고객들이 주로 찾은 검색 단어를 역추적해서, 이 단어와 공통된 니즈에 모든 자료를 다시 조정하여 유투브 같은 매체에 올렸다. 이렇게 함으로써 고객이 더 친숙하게 느끼도록 한 것이다.

고객이 제품을 비교 분석하는 단계에서의 제품 차별화 마케팅

고객이 공부하고 고민하고 있는 단계이다. 어느 정도 제품 공부는 한 상태이다. 이때 고객이 가장 원하는 것은 자신들의 문제에 어떤 회사의 제품과 솔루션이 적절한 비용에 해결해 줄 수 있는지이다.

이때의 판매자/공급자의 판매 단계는 무엇인가? 제안 전 단계 혹은 제안 단계이다. 이 판매 사이클에 걸려 있는 고객들을 대상으로 기업이 할 수 있는 것은 단순한 제품 홍보가 아니라 보다 적극적으로 경쟁사와의 비교 캠페인이다. USP(Unique Selling Point)를 알리고, 레퍼런스 사이트를 홍보하고, 고객 초빙 행사 등을 통해서 경쟁사와 비교해서 우위를 점해야 한다.

이 장에서 왜 파이프라인이 마케팅의 수요 창출 관리에 중요한지, 마케터의 역할은 무엇인지, 고객 구매 프로세스에 따라서 어떻게 정보를 활용하고 마케팅을 하는지 그리고 영업 파이프라인에는 어떻게 마케팅 리드를 연결해야 하는지에 대해 간략히 설명을 하였다.

마케터라면 파이프라인에 최고의 전문가가 되어야 한다고 본다. 수치로 보여 줄 수 있는 최소한의 무기는 갖고 있어야 한다. 마케터는 뛰어난 분석가이자 과학자여야 한다. 원인과 결과에 대해서 깊이 있는 분석을 할 수 있어야, 쓰는 비용과 대해서 감을 잡을 수 있다. 조직적으로도 고립되어서도 안 되고 영업 파이프라인의 움직임에 예의 주시하면서, 미래에 어떠한 프로그램을 해야 하는 것인지 판단할 수 있어야 한다. 이런 점에서 마케터들에게 파이프라인 지식과 운영 기법이 많은 도움을 줄 것이다.

마케터가 점점 더 영향력을 발휘하는 시대가 올 것으로 생각한다. 세상은 점점 마케터에게 유리한 정보와 툴이 넘쳐나고 있다. 그것을 어떻게 이해하고 활용하는가에 따라서 계속 지원 부서에 남을 것인가, 수요 창출의 중심에 설 것인가가 결정이 될 것이다. 시대는 분명 마케터가 수요 창출의 중심에서 역할을 해 주기를 바라고 있고, 마케터 스스로 그 자리를 찾아가야 할 때가 온 것이다. 그 자리를 찾아가는 여정에서 마케터여, 마케팅 파이프라인을 꿰차고 있어라. 분명 도움이 될 것이다.

제8장

글로벌로 파이프라인을 확장하라

"국가마다, 시장마다 고객의 구매 사이클은 모두 다른 것일까? 그래서 기업은 다른 국가의 시장에 진출할 때마다 판매 사이클을 모두 따로 만들어야 하는 것일까? 그렇다면 글로벌 파이프라인 운영은 포기해야 한다. 그러나 세계는 평평하고 구매 프로세스는 동일하며, 하나의 표준 파이프라인으로 전 세계 시장의 영업 기회를 한눈에 볼 수 있다."

국내 기업에서 글로벌 스케일로 파이프라인을 운영하는 회사는 많지가 않을 것 같다. 그러나 국내에 진출한 많은 외국계 B2B 기업들은 대부분 본사의 파이프라인 프로세스에 따라 운영된다. 그래서 이 장에서는 글로벌 파이프라인은 어떻게 운영되는지 알아보고, 해외로 진출하는 국내 기업들에게 참고할 만한 정보를 제공하고자 한다.

글로벌 기업들의 파이프라인 관련해서는 아래와 같은 대화를 쉽게 들을 수 있다. 우선 로버트는 A기업의 아시아 퍼시픽 본부의 파이프라인 담당자라고 가정하자.

"로버트, 다음 달에 한국 출장 가서, 지사 인력 대상으로 파이프라인 교육을 하고 영업 사원별 목표 금액을 잡고 오세요. 다음 분기부터 바로 파이프라인 미팅을 시작하겠습니다."

파이프라인을 운영하고 있는 글로벌 회사에서는 이런 대화가 전혀 낯설지가 않지만, 글로벌 기업들이 처음부터 파이프라인 프로세스를 운영한 것은 아니었다. 잠깐 글로벌 기업들이 어떻게 하나의 로컬 시장에 진입해서 영업 조직을 키워 가는지 살펴보자. 대부분 글로벌 기업들은 본사가 속한 자국에서 성장을 하면서, 어느 정도 성장 궤도에 올라온 후에 글로벌 시장으로 진출을 해 왔다. 처음 새로운 로컬 시장에 진입할 때는 주로 먼저 유통망을 확보한다. 그리고 거래 규모가 커지면서 로컬 시장을 관장할 조직을 키우며 인력을 더 충원하기 시작한다.

로컬 인력 중에서도 지역 유통시장을 잘 아는 베테랑 영업 사원과 영업 매니저를 먼저 뽑는다. 유통 파트너를 찾고 유통망을 확보하기 위해서다. 해외 유통 파트너는 어떤 면에서는 자사의 확장 세력으로서그 역할을 한다. 기업은 이 유통 파트너에게 자사를 대신해서 제품을 판매할 수 있는 역량을 갖춰 주길 원한다. 그래서 하이테크 기술 제품인 경우는 특히 파트너의 판매 역량을 확인해야 하기 때문에 가령 파트너 자격 프로그램을 운영한다. 파트너들이 자사를 대신해서 고객들에게 제품 교육을 하고 판매를 할 수 있어야 하기 때문이다.

매출이 늘고 조직도 커지면서, 글로벌 기업은 파트너 영업 관리 조직으로는 한계가 있음을 알게 된다. 그리고 결국 파트너 채널과 최종 고객 시장을 담당할 영업 팀을 만들고 각각의 역할에 맞는 영업 사원을 채용하게 된다. 세일즈 파트너를 관리하는 유통망 영업 조직 외에도 규모가 있는 딜들은 로컬 영업사원을 채용하여 직접 영업을 하게 된다. 파이프라인 관점에서는 영업 기회 입수 채널이 두 개가 되는 셈이다.

핵심 고객들은 자사 영업력을 통해서 관리하므로 주요 핵심 고객사에는 모두 영업 담당이 할당되어 있다. 소위 '핵심 고객 관리'라 불리는 KAM(Key Account Management) 체제를 갖추게 된다. 국내에 진출한 규모가 있는 외국계 글로벌 기업들을 보면 대부분 이러한 영업 체제를 갖추고 있음을 알 수 있고, 글로벌로도 운영 방식이 거의 동일하다.

그런데 이러한 패턴으로 성장한 글로벌 기업들은 그들의 영업 전선에서 영업 관리 문제를 해결해야 하는 숙제가 남게 된다. 로컬에서 채용한 영업 사원들의 역량의 차이, 잦은 이직 문제, 영업 규범에 대한 표준화 고민, 영업 방식에 대한 차이 등 영업 역량과 방식에 대한 숙제이다. 또 다른 문제는 본사와 지사 간의 지리적 거리와 다른 시간대 그리고 무엇보다도 무슨 딜이 어떻게 진행되는지 파악하기 어려운 문제에 봉착하는 영업 운영의 숙제이다.

각 로컬 지역의 영업 현장에서 발생하는 영업 기회와 영업 활동 관리를 체계적으로 관리할 수 있는 방법론을 찾아야 한다. 로컬 시장의 수요를 분석하고, 시장의 반응 그리고 로컬 법인의 영업 활동을 실시간으로 알아야 한다. 그래서 해외 시장을 진출하면서 영업력을 확대할 때는 반드시 파이프라인 교육을 하고, 타겟 금액을 설정하며 자사의 영업 프로세스에 따라 움직이도록 만들어 놓는다.

그런데 글로벌 기업들은 특정 시장의 문화가 다른 만큼 영업 방식, 영업 프로세스는 다를 텐데, 어떻게 동일한 파이프라인 플랫폼을 적용하게 되었을까?

고객의 구매 프로세스는 시장마다 다른 것인가?

지역마다 비즈니스 행위나 영업 문화가 차이가 있다고 생각할 수도 있는데, 어떻게 표준화된 영업 방법론이나 프로세스를 도입할 수 있을까? 시장마다 고객들이 구매하는 방식이 정말 다른 것일까? 예를 들어 미국 시장의 초등학교 비품 구매 담당자, 중국의 고등학교 비품 구매 담당자, 포르투갈의 대학교 비품 담당자들을 상대하게 된다면, 그들의 구매 결정의 처음과 끝의 여정은 시장마다 다른 것인가?

만약 그렇다면 글로벌 파이프라인은 운영이 불가능했을 것이다. 필자가 판단하기에는 영업 프로세스는 지역마다 다를 수도 있겠지만, 거의 대동소이하다고 본다. 영업 프로세스는 오히려 산업군별로 그리고 제품군별로 다를 뿐이다. 제조업이 다르거나 통신업이 다르고 IT 소프트웨어 영업 프로세스나 시스템 에어컨과 같은 제품별 영업 프로세스는 다를 수 있다. 하지만 제품 영업 프로세스는 지역에 관계없이 고객사는 수요가 생기고, 제품을 검색하고, 판매자의 제안을 들어 보고, 내부에서 고민하고, 의사결정을 내리는 것이다. 만약에 로컬에 영업 팀이 교육을 잘못 받았거나 영업 사원 자기 마음대로 프로세스를 이해하고, 딜의 현황 특히 영업 단계를 시스템에 입력한다면, 본사에서는 잘못된 정보로 분석을 하게 된다.

파이프라인의 역할

글로벌로 성장하는 기업들은 성장 속도가 빨라지고 영업 조직이 커지면, 더욱 표준화된 영업 프로세스에 집착한다. 딜이 어디서 어떻게 되고 있는지, 물량 준비는 얼마나 해야 하는지 알고 싶기 때문이며, 모든 영업 조직이 본사의 영업 프로세스에 맞춰 리듬 있게 움직여 주길 바라기 때문이다.

글로벌로 비즈니스를 하는 기업들이 파이프라인 운영 체제에서 기대하는 것은 시장을 더 잘 이해하고 싶은 욕망, 영업 업무 방식의 표준화, 시장에 대한 자사의 민첩한 대응(시간) 그리고 보다 나은 제품의 공급 체제를 갖고 싶기 때문이다.

글로벌 파이프라인의 역할

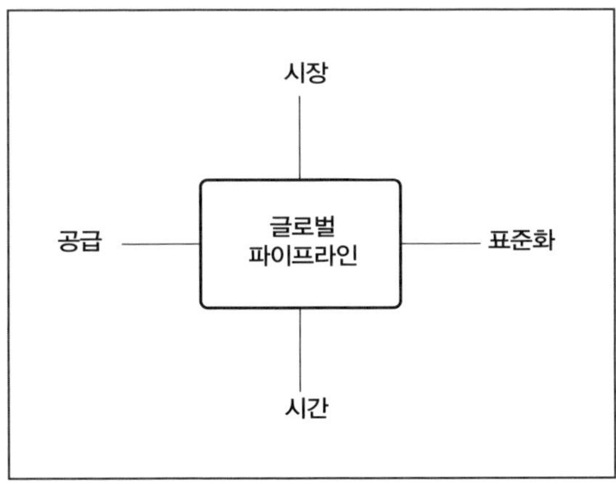

시장을 읽다

글로벌 기업들은 파이프라인을 통해서 시장을 해석하고 싶어 한다. 예를 들면 시장을 알기 위해서는 주로 마케팅 팀이 시장을 분석하거나 혹은 전문 시장 조사 업체를 통해서 시장 조사를 하는 방법을 택한다. 시장 조사는 조사 방식과 업체마다 그 결과가 조금씩 달라지는 이유도 있겠지만, 시장 조사가 자사 제품의 수요를 정확하게 알려 주지는 않기 때문이다.

이 정보 외에도 시장을 이해하는 좋은 방법은 파이프라인을 들여다보는 것이다. 파이프라인에 있는 각종 영업 기회의 크기, 종류, 고객 유형, 고객 세그먼트, 경쟁자 정보 그리고 고객의 요구 사항을 로컬 지역별로 파악할 수 있기 때문이다. 동일한 제품이라도 지역마다 수요가 다름을 파이프라인 데이터가 보여 줄 수 있다. 정보의 품질을 높이기 위해서 글로벌 기업들은 로컬 조직의 영업 팀에 대한 파이프라인 교육을 끊임없이 진행한다.

글로벌 영업 관리 조직은 특정 로컬 지역의 데이터를 다른 시장과 대조하면서 차이점과 공통점을 분석한다. 그리고 시장 조사 자료를 다시 본다. 그 이유는 시장의 총수요와 자사의 영업 기회를 통해서 본 그 차이를 알아보고, 얼마나 더 영업력을 키우거나 줄여야 할지, 영업력의 문제인지 등을 고민하기 위함이다.

표준화로 업무 효율성을 높이다

글로벌로 성장하는 기업에게는 표준화에 대한 욕구가 매우 강해진다. 만약에 해외에 영업 사원을 고용했는데, 모두 일하는 방식이 제각각이라고 생각해 보라. 과거에는 이런 모습이 흔했다. 만약 인도 시장에 진출을 해서 영업 사원을 뽑았는데, 이 사람이 매출만 잘 올리면 모든 다른 것은 크게 문제가 되지 않았다. 오히려 대단한 인재를 만났다는 생각을 한다.

그러나 곧 영업 관리의 이슈가 불거졌다. 이 영업 사원의 영업 활동에 관한 정보는 없고, 이직을 하는 경우 후임을 위해 반드시 있어야 할 정보들이 없게 된다. 이런 현상은 진행 중인 딜들에 대한 업무의 연속성 이슈 및 고객으로부터 신뢰도 상실 등 연쇄적으로 문제를 불러일으킨다. 또한 글로벌로 현황 파악이 불가능하게 된다. 파이프라인을 이해하는 것이 인도에서 다르고, 네덜란드에서 다르다면, 본사에서는 상황이 어떻게 되어 가는지 알 길이 없다. 그래서 하나의 지침서와 매뉴얼로 반복적으로 교육을 시키는 것이다.

그래서 글로벌 비즈니스를 하는 기업에 있어서는 파이프라인의 프로세스를 절대적으로 동일하게 가져간다. 이렇게 하지 않을 경우, 파이프라인의 글로벌 운영은 거의 불가능하기 때문이다. 예를 들어 이 책에서 설명한 대로 영업 단계를 '가망 고객 → 자격 요건 검증 → 제안 → 검토 → 수주'로 정했다면 이 프로세스가 모든 국가에 동일하게 적용이 되도록 한다. 모든 정의도 용어도 통일하여 하나만 써야 한다. 이 전략을 하나의 언어 전략 즉, '원 랭귀지(One Language) 전략'이라 부른다. 모두가 한목소리, 같은 인식 그리고 같은 방식으로 커뮤니케이션을 해야 한다는 의미이다.

파이프라인은 수시로 교육 프로그램을 운영한다. 글로벌 교육 센터를 설립해서 신규 영입 인력을 교육하는 곳도 있다. 이것은 영업 팀장급에도 동일하게 적용된다. 기본 역량이 올라오면 자체적으로 파이프라인을 운영하게 된다. 지사의 운영 역량은 파이프라인 미팅 때 확인할 수가 있다.

또한 국가마다 차이는 있을 수 있으나, 영업 사원들의 이직률이 매우 불규칙하고 높을 수 있다. 영업 사원들은 짧게는 2-3년 만에 혹은 1년 안에 회사를 퇴직하고 경쟁사를 가기 일쑤다. 이럴 경우 관리하기가 매우 힘들다. 매출 실적이 좋지 않을 경우, 그들이 매일 무엇을 하는지도 궁금하다. 가끔씩 메일로 오는 업무 내용도 얼굴을 볼 수가 없으니 믿기가 힘들다. 그래서 영업 활동 이력을 관리할 필요가 있고, 영업 기회가 교육한 대로 관리가 되어야만 서로 상호 대화의 채널이 만들어진다.

또 하나의 영업 관리 이슈는 홈워킹 영업 사원들의 사례도 있다. 미국, 캐나다, 유럽 등에서는 많은 영업 사원들이 집에서 업무를 보는 경우가 흔하다. 이것은 오랜 세월 보편화된 것으로, 영업직에서 이미 흔한 일이다. 그래서 실적 목표가 정해지고 목표를 달성할 경우, '어떻게'를 알기란 쉽지가 않다. 국내 시장이라면 출근 도장이라도 찍고 외근을 하든가, 출장을 미리 보고하고 나갈 텐데 그런 문화가 아니다. 이렇게 된 그 이유는 땅덩어리가 크고, 영업 지역이 넓을 경우에 영업 사원은 오히려 자택 근무를 하면서 고객 미팅을 위해 이동을 하기 때문이다.

그런데 요즈음은 미국에서도 과거에는 영업 활동을 시스템으로 관리하지 않던 문화에서, 영업 활동 관리 및 영업 기회 관리 소프트웨어인 SFA(Sales Force Automation) 소프트웨어가 보편화되고, 영업의 과학화, 체계화 및 안정화 요구가 거세지면서 영업 활동을 시스템으로 관리해야 한다는 니즈가 강해져서 근무지와 관계없이 매우 엄격한 파이프라인 관리 의무를 부과한다.

실시간 비즈니스에 대한 욕구

글로벌 기업은 대개 업무 소프트웨어에 아낌없이 투자를 하는 경향이 강하다. 파이프라인 소프트웨어 같은 업무 소프트웨어는 사람이 하는 업무를 표준화하는 역할을 하기 때문이다. 소프트웨어에 데이터를 입력하면서 자

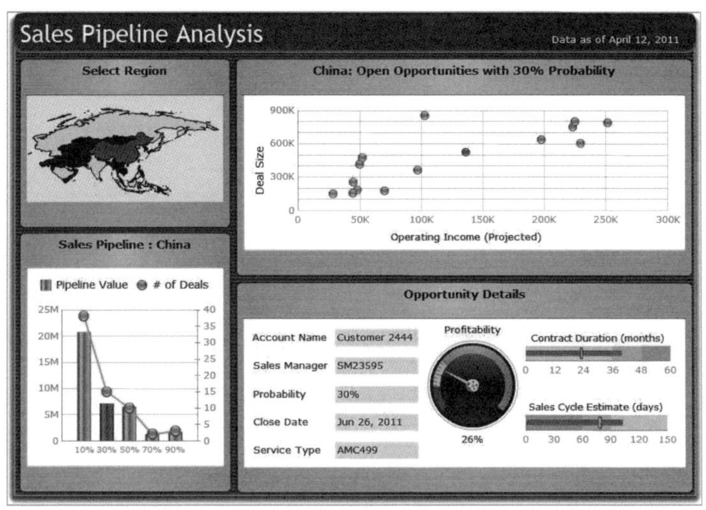

(출처 : 클레어센트사의 대시보드)

| 그림 24 | 글로벌 파이프라인 관리 대시보드 사례(중국)

신도 모르게 소속 회사의 프로세스에 따라가게 되고 익숙해진다. 특히 파이프라인 시스템은 동일한 플랫폼, 동일한 프로세스 그리고 동일한 리포트 양식으로 거리와 관계없이 일을 하기 때문에 업무에 어려움이 없도록 시스템 투자를 많이 한다.

파이프라인 시스템을 갖고 있다면, 24시간 365일 실시간 사전 영업 관리 체제를 갖추고 있는 것이다. 영업 사원이 30개 국가의 지사에 100명만 채용하고 있어도, 입력되는 딜들을 바라보면 글로벌로 실시간 비즈니스가 돌아간다는 것을 쉽게 느낀다. 이에 따라 본사에서도 급한 건들은 실시간으로 대응을 하는 프로세스를 갖추게 된다. [그림 24]처럼 글로벌 대시보드를 통해서 해당 지역의 영업 기회 입수 현황, 영업 기회의 종류, 크기 및 성격 등을 주기적으로 모니터링할수 있게 된다.

공급망 관리에 정보를 제공하다

제조업의 사례이긴 하지만, 파이프라인은 제품의 공급망에 많은 영향을 미친다. 판매 예측 정보를 갖고 있기 때문이다. 일반적인 소비재 기업들은 유통망의 재고를 통해서 판매 예측을 한다. 그러나 B2B 기업들은 직접 판매 조직을 갖고 있다면 파이프라인에 들어 있는 딜들의 판매 예측 값을 계산해서 제품 공급 예측을 관리한다.

파이프라인 운영체제가 매우 선진적인 수준으로 진화하기 전까지는, 글로벌 B2B 제조업의 공급망 관리 부서는 파이프라인 정보에 두 가지 시선을 갖게 된다. 기대와 불신이다. 파이프라인 정보가 믿을 만하다면 이것은 공급 관리에 매우 중요한 정보로 작용한다. 그러나 그렇지 않다면 파이프라인 정보는 쓸 수가 없다. 그래서 파이프라인에 들어 있는 딜의 각각의 정보의 정확성은 공급 관리를 선진화하고 경영진의 신뢰를 얻는 데 결정적인 역할을 한다.

이론적으로 잠깐 살펴보자. 글로벌 공급망 관리에 파이프라인이 역할을 다하기 위해서는 각 지역과 조직별 역할이 나뉜다. 시스템적으로는 리포트를 클릭해서 보는 시간은 몇 초 걸리지 않을 수도 있으나, 판매 예측 값이 정해지고 본사로 오기까지는 여러 단계를 거친다. 우선 로컬의 영업 사원과 영업 팀에서 영업 기회를 지속적으로 업데이트해야 한다. 예측 로직은 비즈빌리티에서 설명하였듯이 본사에서 정한다. 그리고 지역 영업 팀에서 정해진 일자에 확정된 정보는 수요 예측을 담당하는 담당자가 이 정보를 주기에 맞춰서 다시 확정을 한다. 다시 이 정보는 본사 영업 관리 팀에서도 확인을 한다. 확정된 정보는 다시 SCM 팀에서 확정을 한다. 그리고 최종 생산 관리 팀에서 확정한다.

글로벌 파이프라인 판매 예측 프로세스

현장 영업 사원의 딜에 대한 예측이 생산까지 실시간으로 이루어진다. 입력 값이 생산 확정을 신뢰할 수준까지 정확도가 높으면, 필드와 생산의 바로 연결도 가능하다. 여기에서 예측 값은 어떻게 설정되는지, 그 룰은 다음 장에서 설명하였다.

이러한 프로세스를 구현하고, 시장 수요를 분석하며 SCM과 연동하는 체계를 갖춘 기업이 많지가 않다. 이 수준으로 진화하기에는 보이지 않는 여러 장애 요소가 있기 때문이다. 파이프라인을 운영하는 기업의 영업 프로세스가 SCM까지 연결되기에는 다소 긴 과정이 놓여 있다. 파이프라인의 순기능, 즉 시장에 대한 분석, 영업 방식의 표준화, 영업 파이프라인의 비즈빌리티(Visibility)를 확보만 해도 대단한 성과이다. 그리고 영업 현장을 생산 관리까지 이으려는 과제에 많은 글로벌 기업들이 끊임없이 고민을 하고 있다. 이렇게 되면 세계 시장의 영업 현장과 본사 그리고 공장이 모두 같은 정보로 시퀀스하게 움직이게 된다.

제 4 부

멀리 보고
깊게 보라

제1장

비즈빌리티(Visibility)를 확보하라

"기업이 파이프라인 없이 판매 예측을 한다는 것은, 특별한 제도적 장치 없이 오직 본능적인 감에 의존하는 것과 비슷하다. 파이프라인에서 판매 예측을 이론적인 관점에서는 쉽다고 할 수 있으나 현실에서는 결코 쉽지 않다. 엄격한 룰과 프로세스 그리고 영업 사원의 협조, 이 세 가지가 톱니처럼 돌아가야 하기 때문이다."

"김 실장, 요즘 우리 사업 비즈빌리티가 보이지 않아요."

파이프라인을 조금만이라도 운영을 해 보면, CEO나 영업 임원이 가장 먼저 외치는 말은 바로 이것이다. 또 굳이 파이프라인이 아니라도, 우리가 쉽게 들을 수 있는 말은 이런 것이다.

"도대체, 향후 판매 예상이 어떻다는 건가요? 이거 예측이 안 되잖아요. 영업을 이렇게 불안하게 해서 되겠어요?"

우선 '비즈빌리티(Visibility)'라는 영어가 또 나왔는데 이 용어부터 짚고 넘어가자. 적당한 한국말로는 '가시성'이라고 할 수 있겠다. 멀리 보이는 정도이다. 맑은 날씨의 가을에 남산에 가 보면 가시거리가 20㎞가 되기도 한다. 인천에 있는 산들까지 흐릿하게 보인다. 사업의 미래가 그렇게 멀리 보인다면 비즈빌리티가 매우 높다고 말한다. 이 비즈빌리티라는 용어는 파이프라인에서는 어느 국가든 관계없이 보편적으로 쓰이고 있으므로 그대로 쓰는 것에 양해를 구해야겠다.

비즈빌리티는 사업에 있어서 매우 중요하다. 보이는 것과 보이지 않는 것은 얼마나 차이가 크겠는가? 예를 들어, 영업 팀장이 영업 사원을 불러서 이렇게 물어본다.

"지난번 얘기하던 딜 언제 물량 나가지?"

"글쎄요, 고객이 아직 우리 제품으로 결정도 안 했는데요?"

"넌 저번에도 그렇게 말해 놓고, 갑자기 공급해야 한다고 난리쳤잖아? 날 아주 힘들게 만들어요, 아주."

영업 팀장이 영업 본부장에게 불려 갔다.

"박 팀장, 이번 달 예상은 어때? 하긴 매달 맞지를 않으니, 뭐 크게 차이는 안 나겠지만, 진행 중인 건들은 클로징 해서 물량 나가는 거야? 어때?"

“글쎄요. 님원들 말로는 될 것 같긴 한데…….”

“아니, 팀장이 팀에서 관리하고 있는 영업 기회들이 어떻게 되고 있다는 것도 모른단 말이야?”

“아니, 알죠. 다 알고 있어요. 그런데 너무 유동적이라 뭐라 보여 드리기가…….”

“아니, 그럼 나보고 어떻게 하란 말이야. 예상이 없잖아, 예상이!”

영업 본부장이 대표이사에게 불려 갔다.

“본부장, 이번 달 어떨 것 같아요?”

“아, 예상보다 잘될 것 같습니다.”

“지난달에도 그렇게 말했잖아요. 당신이나 나나 이렇게 가면 힘들어요.”

“아, 면목이 없습니다. 원채 예상도 힘들고, 여러 건들이 진행되고 있어서…….”

본부장이 혁신 팀장을 불렀다.

“다른 회사들은 예측을 한다던데, 왜 우린 못하는 거야. 내가 영업 사원일 때는 항상 그 정도는 예상하고 다녔어. 뭐가 문제야?”

“글쎄요. 전부 영업 기회들이라서, 유통 SCM으로도 안 되고……. 방법을 못 찾겠습니다.”

혁신 팀장이 생산 팀장을 만났다.

“어떡하면 좋죠? 방법을 찾아내라는데?”

“글쎄 말입니다. 제품 납품을 준비해 놓으면 영업 팀에서 고객이 변절했다 그러고…….”

이런 일들은 비일비재하게 일어난다. 단, 예외가 있다면 소비자를 대상으로 B2C 기업은 주요 유통 거래선이 공급을 맡고 있고, 이 유통과의 SCM에

사활을 걸어야 한다는 점이다. 이런 기업에서는 유통의 판매와 재고 현황을 추적하고, 유통 거래선의 수요 감지에 예민하게 움직여야 한다. 그러나 영업 기회로 움직이는 기업은 영업 기회의 판매 예측 정확도를 높이는 데 고민을 할 수밖에 없다. 그래서 이러한 고민들을 안고 있는 기업들이 파이프라인에 중점을 두는 이유이다. 파이프라인이 미래 예측만을 위한 것은 아니지만, 파이프라인을 도입하는 기업들에게 파이프라인을 통해서 미래 판매 예측을 하는 것만큼 중요한 것도 없다.

왜 글로벌 기업들의 CEO가 파이프라인 예측을 중시하고 있을까 생각을 해 보면 더욱 이해가 된다. 그들에게는 파이프라인이 기업의 일기예보와 같은 역할을 해야 한다. 그렇게 만들기 위해 내부적으로 많은 노력을 했을 것이다. 건강한 파이프라인은 먼 미래를 보여 줄 것이고, 그렇지 못하다 하더라도 최소한 두 달간의 판매 예상을 보여 준다. 이렇게 기업이 앞을 볼 수 있도록 정보를 제공하는 것을 비즈니스 예측 관점에서 '비즈빌리티의 확보'라고 한다.

비즈빌리티는 엄격하게 말하면 사실 세 가지 관점에서 이해를 해야 한다. 첫 번째는 현재 진행 중인 파이프라인의 현황과 전개 방향을 보는 관점이다. 팀장은 항상 이렇게 궁금해한다.

"도대체 팀 내의 영업 기회들이 어떻게 돌아가고 있는 것인가?"

이것은 영업 팀을 위한 비즈빌리티이고, 영업 팀장에게는 매우 중요하다. 영업 팀장은 현재 진행 중인 영업 기회들이 어떠한 단계에서 어떻게 진행 중인지 쉽게 파악하고자 하는 욕망이 강할 수밖에 없다. 그게 자신의 일이기 때문이다. 그래서 파이프라인을 통해서 이러한 정보를 한눈에 파악을 한다. 이 영업 기회의 현황 분석 비즈빌리티는 사실 영업 프로세스에 대한 것이고,

고객의 구매 관섬이기도 하다.

두 번째 관점의 비즈빌리티는 파이프라인에 입력된 정보를 바탕으로 향후 얼마나 팔릴지 판매 예측을 하는 것을 의미한다. 첫 번째 케이스와는 달리 파이프라인 정보를 바탕으로 미래의 판매를 예측하는 것이다. 향후 몇 달 혹은 일 년 후에 판매될 물량을 알 수 있는 정보가 된다. 물론 파이프라인 정보가 계속 업데이트되면서 주기적으로 미래의 판매 예측 값은 바뀐다. 마케팅 관점에서도, 재무 관리 관점에서도 판매 예측은 중요하다. 심지어 1장에서 글로벌 기업의 사례에서 설명했듯이 언론과 주주와의 대화 시, 향후 전망을 전달할 때에도 바로 이 자료가 쓰인다.

이 두 번째 관점의 비즈빌리티, 즉 판매 예측은 오직 기업의 관점이므로 고객의 구매 사이클과는 관계가 없고, 기업이 그 예측 룰을 정하게 된다. 우리가 흔히 '파이프라인 예측(Pipeline Forecasting)'이라고 하면 이 후자를 말한다. 또 '파이프라인 비즈빌리티'라고 하면 첫 번째의 영업 단계의 현황 비즈빌리티와 두 번째의 미래 판매 예측을 모두 말하는 것이다.

마지막으로 공급 관리와 생산 관리 프로세스에 이어지는 비즈빌리티가 있다. 네트워크 라우터를 만들어서 기업에 공급하는 업체도, 의료 기기를 만들어서 병원에 공급하는 업체도 얼마나 생산하고 재고를 갖고 있어야 할지 매우 예측하기 힘들다. 특히 유통 거래선의 수요가 일정하지 않고, 그 정보의 신뢰도가 떨어질 때 더욱 그러하다. 만약 유통 거래선에 대한 의존도가 낮고, 기업이 직접 거래하거나, 유통은 단순 제품을 전달하는 역할이 강할 때, 이러한 공급단의 비즈빌리티는 매우 큰 이슈가 된다. 그래서 파이프라인의 마지막 바즈빌리티는 파이프라인에 들어 있는 영업 기회의 정보가 생산과 공급 관리에 이어지도록 하는 것이다.

위 세 가지 파이프라인 현황, 판매 예측, 그리고 공급 연결의 비즈빌리티 케이스는 서로 맞물려 있다. 어떻게 보면 하나의 선 위에 있다. 영업 기회 관리를 잘해야 현황이 보이고, 정보가 정확해야 판매 예측이 되며, 수주 성공률과 공급 시점의 정보가 정확해야 생산 프로세스와 이어질 수 있다. 그러나 비즈빌리티 관점에서 경영진이 가장 우선적으로 목말라하는 것은 판매 예측이다.

왜 B2B에서는 판매 예측이 힘든가?

그런데 쉬울 것만 같은 B2B 기업의 비즈빌리티는 쉽게 보이지를 않는다. 판매 예측이 쉽지 않다는 의미이다. 왜 그러할까? 도대체 B2B 기업들은 어떻게 판매 예측(Forecasting)하는 것일까?

필자는 CRM 시스템으로 유명한 회사가 매년 샌프란시스코에서 주최하는 글로벌 행사에 참석했던 적이 있다. 테마 중에 하나가 B2B 포캐스팅(Forecasting)이었다. 이 회사의 CRM 솔루션을 무려 6,000여 기업들이 쓰고 있다. 다른 솔루션까지 고려하면 CRM을 하지 않는 기업이 없을 정도이다. CRM 시스템은 마케팅, 영업 그리고 서비스 프로세스 모두를 갖추고 있다. 그러나 흥미롭게도 많은 회사들은 영업 기회를 이용해서 판매 예측을 하는 사례를 찾기가 쉽지 않다. 어떻게 하면 CRM과 SCM을 연결할 수 있을까? 이러한 행사에서도 확실한 답을 듣지를 못했다. 왜 그런 것일까?

파이프라인을 운영하는 회사는 B2B가 많으나 B2B 영역에서 판매 예측은 매우 어렵기 때문이다. B2C보다 더 어려울 수가 있다. [표 3]과 같이 B2C 비즈니스에서는 과거 판매 흐름 및 거래선의 주문 예상을 참조해서 예측을 한다. 거래선과 같이 예측하는 CPFR도 대규모의 제조업에서는 이미 널리 알려져 있거나 적용되어 있다.

| 표 3 | B2B와 B2C의 판매 예측의 차이

B2C	주요 유통 거래선의 판매 흐름 예측 과거의 판매 흐름 참조 계절적 요인 작용
B2B	대량의 영업 기회에 대한 예측 개별 영업 기회마다 예측 고객 구매 사이클에 따라 구매

B2B는 영업 기회들로 이루어져 있고, 영업 기회가 성사되면 예정일에 공급이 되는 구조이므로 많은 이들이 판매 예측이 더 쉬울 거라고 생각하기 마련이다. 그나마 판매 예측이 쉬운 경우는 판매 채널이 매우 단조로운 회사나, 소수의 큰 영업 기회로 비즈니스를 하는 회사 그리고 그 영업 기회의 수가 많지 않은 회사에 제한된다.

B2B에서 판매 예측을 어렵게 하는 이유는 B2C와는 달리, 대부분 매출을 차지하는 것이 하나하나의 영업 기회들이기 때문이다. 이 영업 기회들은 판매 예측에 있어서는 모두 변화무쌍한 요소를 골고루 갖추고 있다.

첫째, 고객사 내부의 변화, 즉 예산 이슈, 변심, 담당자 변경 등 예상치 못한 일이 생길 경우, 판매 예측에 크게 변화가 생길 수 있다. 예를 들면 영업 사원은 자신의 고객을 만나고 대화를 나누면서, '본능적 느낌'을 갖게 된다. 이 고객이 구매할 것 같은지 혹은 그러하지 않은지. 우리는 놀라운 반전도 가끔씩 경험한다. 가능성이 낮아 보이지만, 고객이 갑자기 마음을 바꿔서 수주를 할 수도 있다. 반대로 어떤 예기치 못한 계기로 인하여 고객과의 좋은 관계가 한 번에 틀어질 수도 있다.

둘째, 이미 계약을 했으나, 계약 시점에 공급 물량이 확정될 수도 있다. 이런 경우 공급 관리에 어려움을 겪게 된다. 고객이 원하는 시점에 물량을 공급하기 힘들다는 것이다.

셋째, 영업 기회의 건수가 많을 때도 예측을 어렵게 한다. 영업 기회 건들이 적을 경우는 몇 건이 되지 않아서 예측을 하기 쉬우나, 많을 경우에는 특정한 룰을 정하지 않고서는 도저히 예측을 할 수 없다. 만약 판매 채널이 직접 판매가 아니라 유통 파트너를 통해서 판매될 경우, 예측은 더욱 복잡해진다. 제조업에서는 이러한 경우가 많다. 영업 기회가 한두 개라면, 우리는 어느 정도 예측하면서 영업 활동을 할 수 있다. 그러나 영업 사원들이 매일, 매주 그리고 매달 하는 일이 고객을 만나는 일이며, 고객과 관계 속에서 영업 기회를 찾는 일로 보낸다면, 영업 기회는 통상 시간이 흐름에 따라 많아진다. 건수가 늘어나면 관리만 힘든 것이 아니라, 종합적으로 모아서 예측을 하기도 어렵다. 한 영업 사원이 이 정도면, 많은 영업 사원이 있다면 더욱 예측을 어렵게 만든다.

그래서 경영진은 파이프라인을 다시 생각하게 된다. 파이프라인은 영업 단계를 관리하는 것이므로, 영업 사원들이 끊임없이 고객의 상황을 체크하고 그 정보를 업데이트를 하게 되면 예측이 가능해진다. 이러한 이유로 파이프라인을 활용해서 비즈빌리티를 높이려는 기업은 시스템에 의존하게 된다.

판매 예측을 어렵게 하는 요소를 '사람의 문제(Human Factor)'로 분석한 아베딘 그룹의 보고서(2012)도 매우 현실적으로 다가온다. 아베딘 그룹은 144개 B2B 기업의 임직원들을 대상으로 판매 예측의 정확도에 영향을 주는 장애 요소에 대한 서베이를 한 결과, 1위(44%)는 영업 사원들이 정보를 정확히 주지 않았기 때문으로 나타났다. 2위(36%)는 영업 사원들이 다소 과대하게 예측해서 정확도가 결국에는 정확도가 떨어지기 때문이다. 세 번째(35%)는 영업 관리자들이 관심을 갖고 챙기지를 않아서이다. 네 번째(34%)는 영업 사원들이 느끼는 이 데이터에 대한 책임 의식이 부족하기 때문이다. 다섯 번째(23%)는 영업 사원들이 이 예측 로직을 이해하지 못하기 때문이다. 국내에서 이러한 형태의 조사를 해도 유사하게 나올 것이다.

그리고 이러한 이유들을 볼 때, 우리는 대충이라도 왜 B2B에서는 판매 예측이 어려운지를 '감' 잡을 수 있다. B2B는 영업 기회로 움직이기 때문이고, 고객의 상황이 유동적이기 때문이며, 판매자/공급자 측면에서 볼 때, 예측은 필드에 나가 있는 영업 사원들이 주로 하는데, 입력하는 정보에 대한 신뢰가 떨어지기 때문이다.

그렇다면 판매 예측률을 높이기 위해서는 어떤 장치가 필요할까? 또 어떤 결정적인 요인이 이 이슈를 해결할 수 있을까?

1. 내부 규정 그리고 약속

B2B에서는 복잡한 요인 때문에 파이프라인 예측을 할 때는 반드시 정해진 내부 룰이 있어야 하고, 모두 이 규정에 따라 움직여야 한다. B2B에서는 조직이 클수록 영업 사원이 대규모로 늘어나고 1차 판매 예측의 정확성은 이들에게 달려 있다. 판매 예측의 정확도를 높이려면 영업 사원은 정해진 파이프라인의 프로세스와 룰에 따라서 영업 활동을 해야 한다.

그러나 영업 사원들은 강력한 제어 혹은 보상이 없으면 이를 따라야 할 이유가 없어서 여전히 판매 예측의 정확도는 높아지지 않는다. 그래서 영업 사원이 제공한 정보에 대해서 경영진은 이 정보를 신뢰하고 이 정보에 따라서 전체 영업 전략과 제품 공급망도 움직인다는 것을 보여 주어야 한다.

또한 정확도에 따라서 보상책이 있어야만 돌아가게 되어 있다. 세상에 공짜로 오는 것은 아무것도 없다. 그래서 파이프라인의 예측에 관련된 프로세스가 톱니바퀴처럼 움직여야 하는데, 이것은 마치 전투에서 너는 이렇게 하면 나는 이렇게 하자고 약속하는 것과 같다. 만약에 판매 가능성90%는 생산을 의미한다는 룰을 만들었다면, 모두가 룰에 따라서 움직여야 한다. 이 약속이 지켜지지 않으면, 예측 시스템은 돌아가지 않는다. 그 이유는 정보를 제공하는 영업 사원이 자신이 입력하는 정보가 그렇게 중요하다는 생각을 하지 않기 때문이다.

또 시스템적으로 제어해서, 룰대로 진행할 경우에만 주문이 가능하게 하는 방법 그리고 룰대로 진행되어 파이프라인에서 매출된 것에 대해서만 인센티브를 주는 강제적인 방법도 있다.

2. 시스템 편이성

B2B에서는 B2C와는 달리 영업 사원들의 정보를 바탕으로 영업 사원들이 최초의 판매 예측 역할을 맡고 있어서, 시스템이 매우 사용자 편의적으로 구성이 되고 빨라야 한다. 이것은 얼핏 중요하지 않은 것처럼 생각할 수도 있는데, 파이프라인은 시스템에 상대적으로 서툰 영업 사원이 정보를 입력한다는 것을 잊어서는 안 된다.

3. 지속적 정보 갱신

파이프라인 데이터를 믿지 못하겠다는 말을 듣곤 한다. 특히 경영자나 영업 매니저가 이런 말을 하면 매우 당황스럽기도 하다. 이것은 파이프라인의 속성을 잘 모르기 때문이기도 하고, 또 답답한 마음에 그렇게 말하는 것이기노 하다.

파이프라인은 가비지 인, 가비지 아웃의 원리이다. 고객 접점에서 들어 온 정보가 잘못되었는데도 확인도 하지 않고, 또 평소에 관리도 하지 않으면서 좋은 정보를 바라는 것은 공부를 못하는 환경을 제공해 주고 자기 자식이 알아서 공부를 잘하도록 바라는 것과 같다. 파이프라인 정보가 자신의 영업에, 자신의 영업 팀에, 자신의 기업에 훌륭한 정보 소스가 되기를 바란다면, 파이프라인 예측 정보는 수시로 갱신되어야 하고, 매니저는 수시로 체크와 코칭을 해야만 한다. 판매 예측은 고객 구매 사이클의 시점을 놓쳐 버리면 아무 의미가 없다.

4. 필수 정보

B2B 비즈니스에서 파이프라인을 활용하여 판매 예측을 할 때에는 우선 두 가지 정보, 즉 영업 단계와 수주 가능성 혹은 판매 가능성 정보가 중요한 정보원으로 쓰인다. 고객이 주문하기 전부터 예측을 하기 때문에 이 영업 단계 정보가 필수이다. 수주 가능성 정보는 예측을 하기 위한 핵심 인자로 작용한다.

파이프라인은 이론적으로는 쉬울 것 같으나, 실제 판매 예측을 할 때는 각종 변수와 조직적으로 제어의 어려움이 있어, 결코 쉽지는 않다. 몇 가지 정해진 원칙이 조금이라도 흐트러지면 정확도가 떨어진다. 그래서 미래 비즈빌리티가 높은 수준을 달성하고자 한다면, 제도적 장치를 그만큼 벗어나지 않아야 한다.

어느 시점의 판매 예측 정보가 믿을 만한가?

조금 더 들어가 보자. 파이프라인의 어느 단계부터 판매 예측에 믿을 만한 정보인가? 통상 우리는 처음 영업 사원이 고객에게서 영업 기회를 물고 왔을 때, 이렇게 물어본다.

"지금 말한 그거, 가능성 좀 있어? 괜히 힘 빼는 거 아냐?"

아마 여기까지 읽고 있다면 이 질문은 '판매 가능성이 어때?'라고 물어야 할 것 같다. 이 판매 가능성을 어떤 기업들은 퍼센트로 말하라고 하기도 하고(기업이 정해 놓은), 혹은 또 어떤 기업들은 예를 들면 '확실', '초기 포착, 예측 불가', '반쯤 승산' 등의 용어를 정해서, 영업 사원에게 선택하라고 하기도 한다.

시간이 지나서 고객의 구매 사이클에 따라 영업 기회가 진행되면 점점 승산은 결정된다. 파이프라인을 운영하는 기업은 대부분 초기 단계부터 영업 사원의 의견을 등록하라고 한다.

판매 예측의 정확도는 아래 [그림 25]의 A시점에서 가장 낮고, B시점에서 그런대로 감을 잡으며, C시점에서는 이미 판매 예측 가치로서는 이미 끝

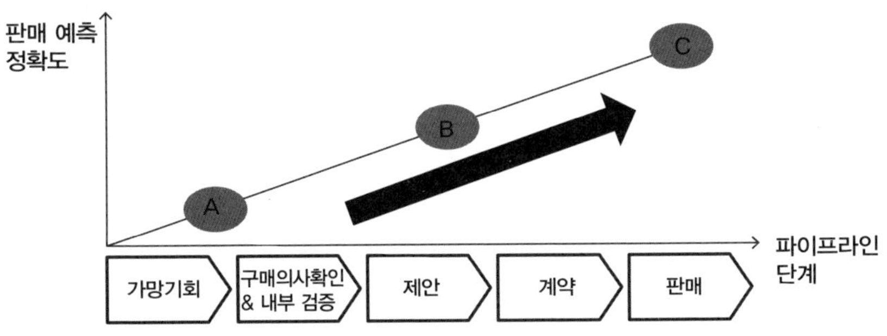

| 그림 25 | 구매 사이클에 따른 판매 예측 정확도 추이

난 시점임을 알 수 있다. 그런데 매니저와 경영진들은 이를 알면서도 A시점에 정확도를 요구하기도 한다. 판매 예측은 B시점 전후에서의 가치가 가장 높다.

A와 B 시점 모두 불확실하므로 통상 경영진은 지금 계약된 금액은 얼마인가 혹은 판매 시작되거나 아직 판매될 물량은 얼마인가를 묻게 된다. 그러나 이것은 앞으로 도래할 판매를 감안하지 않은 탓에 다시 가망 단계는 얼마인가, 제안 단계는 얼마인가를 묻게 된다. 문제는 영업 단계 초기의 영업 기회들은 그 단계의 정보로는 판매 예측을 할 수가 없다는 점이다. 제안 단계라 할지라도 수주가 될 가능성은 50%도 안 될 수 있기 때문이다. 그래서 좀 더 정확한 판매 예측을 위해서 기업들은 여러 방식을 고민해 왔다.

판매 예측 로직(Forecasting Logic)은 어떻게 결정되는가?

자, 이제부터 파이프라인 정보를 활용하여 어떻게 판매 예측을 하는지 알아보자. 파이프라인을 통해 판매 예측을 하는 사례를 찾아보면 한 가지 룰만 있는 것이 아니라, 회사마다 비즈니스 모델에 맞게 로직이 조금씩 다르다. 이것은 마치 파이프라인을 도입하면서, 파이프라인 프로세스 설계도 각자 다르고, 시스템도 조금씩 다른 것과 같다. 그래서 판매 예측의 로직마저 회사마다 다른 경우가 많다. 모든 사람이 바라는 결과는 예측의 정확도인데, 방법론은 다른 것이다.

이것에 대한 가장 큰 이유는 기업마다 제품의 성격과 고객 구매의 성격 그리고 당시 판단하는 사람들의 판단의 결과 때문이다. 그래서 파이프라인은 도입 전에 타사 사례 조사뿐만 아니라 자사의 데이터를 바탕으로 시뮬레이션 작업을 하면서 자신들에 맞는 로직을 찾아간다. 혹은 이미 파이프라인은 운영 중이어서, 전체 영업 조직에 혼란을 초래할 수도 있겠지만, 더 나은 판매 예측력을 갖기 위해서 기존의 룰을 바꾸기도 한다. 어쨌든 적용 후 변경하는 데 따르는 많은 시간과 비용이 따르는 것은 각오해야 한다.

그렇다면 어떻게 예측할 것인가? 파이프라인에서는 다음과 같은 방법을 흔히 쓴다.

1. 가중치 기반의 예측(Weighted Probability Approach)

첫째는 판매 가능성을 이용해서 예측하는 방법이다. 판매 가능성은 다른 말로는 '수주 가능성' 혹은 '판매 성공 가능성'이다. 왜 '판매 가능성'이란 용어가 생기고 왜 이것을 판매 예측에 활용하는가? 그것은 고객의 접점에 있는 영업 사원이 고객의 상황 그리고 자사의 제안이 어느 정도 유리한지 가장 많이 알고 있으므로 이들에게 예측의 권한과 의무를 모두 준 것이다.

판매 가능성에 대한 정보는 영업 팀 차원에서 진행 중인 이 딜에 대해서 팀 차원에서 더 전략적으로 지원해야 하는지 혹은 성공 가능성이 희박해서 일단 지켜봐야 하는지를 판단하는 데 도움이 된다. 또한 이 정보를 바탕으로 이미 확정된 판매 물량 외에 향후 어느 정도가 더 판매될 것 같은지를 예측할 수 있다.

물론 이 방법을 쓰면 너무 영업 사원 개인의 주관적 판단에 의존해야 하는 단점이 있다. 또한 영업 사원들이 여간 부지런하지 않고는 고객의 상황이 바뀔 때마다 정보를 업데이트하지 못하기 때문에, 정보 업데이트가 이루어지지 않을 경우 결과적으로 판매 예측 정보의 신뢰도가 떨어질 수밖에 없는 취약점이 있다. 그래서 이 모델이 성공하려면 명확한 용어의 정의, 지속적 교육, 그리고 조직적인 강력한 제어 기능과 내부의 규약이 필요하다.

먼저 이떤 퍼센트가 어떤 것을 의미하는지 정의를 내려 보고, 모든 영업 사원이 이 정의를 무조건 기억하고 따라 주도록 유도해 보자. 판매 가능성의 정의의 예를 들면 아래와 같다.

판매 가능성

- ▶ 10% – 영업 기회 입수만 한 상태, 자사 제품 선호도 모름
- ▶ 30% – 고객이 자사 제품에 관심을 보임
- ▶ 50% – 제품과 서비스에 가격을 요청함, 승률은 반반임
- ▶ 80% – 자사 제품과 서비스를 구두로 결정함
- ▶ 100% – 자사 제품과 서비스 공급에 계약을 함

이 방법이 성공하려면, 모든 영업 사원들이 이 룰을 구구단처럼 외우고 있어야 하고, 영업 사원 스스로에게 정직해야 한다. 회사에서는 영업 사원에게 자신의 영업 기회의 건마다 주기적으로 고객과의 커뮤니케이션을 통해서 정보를 업데이트하도록 요구 한다. 이 메커니즘이 정상적으로 돌아가기 위해서는 영업 사원과 영업 매니저 간의 주기적인 미팅, 즉 파이프라인 미팅이 중요하다. 이 미팅을 통해서 확인을 하게 된다.

이런 과정을 통해서 나온 판매 예상 금액을 보면서 팀장은 영업 사원이 현재대로 진행하면 목표를 초과 달성할 것 같은지 혹은 미달할 것 같은지 알 수 있다. 이들이 하나둘 모여서 기업 전체의 예측 값이 된다. 판매 예상 수량으로 본 산술 공식은 아래와 같다. 판매 금액으로 계산할 경우에는 물량이 아니라 영업 기회의 예상 금액으로 계산을 한다.

판매 예측(F) = 판매 가능성(Probability) * 물량(Unit)

예를 들면, 아래처럼 된다.

'2월 판매 예측 물량은 판매 가능성 = 10%×(이 10%에 속하는 영업 기회의 물량 500개) + 20%×(20%에 속하는 물량 1,000개)……' 이런 식으로 100% 까지 계산을 한다.

이 로직의 장점은 영업 사원이 정확히 룰을 인식하고 업데이트를 할 때, 실제 결과와 그 오차가 크지 않다는 점이다. 그러나 영업 기회의 숫자가 많지 않을 경우, 이 방법은 큰 오차를 발생시킬 수 있다.

다른 방법으로는 파이프라인 단계에서 제안 전의 단계는 무시하고 제안 단계부터 판매 예측에 적용하기도 한다. 그 이유는 파이프라인의 앞 단계는 예측을 하기에는 신빙성이 떨어지기 때문이다.

2. 어카운트 기반의 예측(Account based Approach)

기업의 규모가 작고, 거래하는 고객수가 많지 않을 경우, 각 고객사를 담당하는 영업 사원이, 자신의 고객사와 진행 중인 영업 기회의 물량에 대해, '예스' 혹은 '노'를 정해서 '예스'인 것에 대해서만 판매 예측에 반영하는 방식이다.

3. 확정 기반의 예측(Commit Approach)

확정(Commit) 방식도 있다. 이 방식은 영업 사원이 자신의 고객을 자신이 제일 잘 알고, 현재의 영업 기회에 대한 상황도 가장 잘 알기 때문에, 특정 건에 대해서 판매 예측을 확정하는 것이다. 이 방법은 영업 사원이 자신의 회사와 특정 건에 대해서 확실하게 판매 및 예상되는 일자에 공급됨을 약속하는 것이라 보면 된다.

이 방법을 쓰는 기업들은 이 정보를 영업 사원의 인센티브와 연결해서 반영하고, 나아가서는 물동 관리에도 반영을 한다. 즉, 영업 사원은 '이 건에 대해서 판매될 가능성이 확실하니, 물동에 반영해도 무방하고 제품을 준비해 주세요.'라고 말하는 것이다. 그래서 영업 사원의 판단에 의존하는 비율이 매우 높다. 그래서 이 방식은 사전 룰, 교육 및 전체 처리 흐름이 매우 중요하다.

4. 판매 흐름 기반의 예측(Sales Trend Approach)

마지막으로 판매 흐름 기반이다. 즉, 과거의 판매 패턴을 보고 미래를 분석하는 것이다. 지난달, 지난 분기, 지난 동기 대비 등 과거의 자료를 미래에 확장해서 예측하는 것으로 B2C 모델에서는 많이 쓰는 방식이며, B2B에서는 한계점이 있다. B2B에서는 수주 방식이 많고, 고객의 변심으로 인해서 과거 판매 흐름과 큰 차이를 보일 수 있기 때문이다.

최고의 예측(Forecasting)은 코칭

지금까지 네 가지 판매 예측 기법을 설명하였지만, 기업은 판매 예측 정확도를 높이기 위해서 계속 고민을 하고 있다. 또한 이런 방법론뿐만 아니라 데이터 자체의 정확도를 높이기 위해서 고민을 많이 한다. 판매 예측 값이 영업에 도움이 되려면 판매 예측 값 자체의 정확도가 높아야 하는데, 처음의 시작은 영업 현장에 있다. 그래서 판매 예측을 함에 있어서 가장 강력한 무기는 영업 사원을 코칭 하는 것임을 여러 차례 강조하였다.

프로세스도 시스템도 사람이 운영하지 않으면 무용지물이다. B2B에서의 판매 예측과 공급 관리는 몇몇의 유통 거래선과 비즈니스를 하거나, 컨슈머 비즈니스에서 SCM 담당자들이 하는 방식과는 큰 차이가 있다. 영업 기회는 영업 사원이 관리하고 있고, 고객의 상황을 가장 잘 알고 있다. 이들이 고객의 상황을 정확히 파악해서 리포팅을 하도록 해야만 판매 예측의 정확도가 높아진다.

그런데 영업 팀을 잘 훈련이 된 군대처럼 움직인다는 것은 결코 쉽지가 않다. 영업 사원의 이직과 전출도 많다면 더욱 그러하다. 그래서 유일하게 남는 방법은 경영진의 지속적 강조와 관심 그리고 확인, 영업 팀장의 영업 사원에 대한 주기적인 코칭, 마지막으로 예측 정확도에 대한 제도적 보상과 규제를 하는 것이다.

제2장

분석할 수 없으면
길을 잃는다

"CEO는 파이프라인 대시보드로 전체 영업 기회 현황을 한눈에 분석할 수 있어야 하고, 영업 팀장은 파이프라인 리포트를 보면서 어디에 영업력을 집중해야 하는지 판단할 수 있어야 한다. 그리고 마케팅 팀장은 파이프라인 리포트를 보면서 마케팅 활동이 매출에 어떤 기여를 하고 있는지 분석할 수 있어야 한다."

이지스 전투함과 파이프라인 인텔리전스

잠깐 파이프라인에서 다른 길로 잠깐 여행을 해야 할 것 같다. 그리 길지 않은 여행이다.

이제는 우리 해군도 이지스함을 보유하고 있다. '이지스함'이라 불리는 이유는 제우스가 딸 아테나에게 준 방패 이름인 '이지스'를 전투함에다 그대로 붙였기 때문이다. 우리 해군은 꿈의 전투함을 보유하고 있지만, 과거에는 상상도 못할 일이었다. 필자는 우연한 기회에 진해 근처에 정박해 있는 미군의 이지스(Aegis)함을 타 본 적이 있다. 함정의 크기나 최신 무기 체제도 평소 보지 못했던 것이라 놀랐다.

전투함이란 세 개의 영역이 핵심이다. 함교, 전탐실, 그리고 엔진룸이다. 함교는 배를 조정하는 곳이고 함장이 있다. 전탐실은 레이더에서 오는 정보를 분석한다. 포격을 하는 '사통실'이라 불리는 것도 전탐실에 있다. 그리고 엔진이 없으면 함정은 나가질 못하니 반드시 필요하다. 그리고 보니 파이프라인의 메커니즘과 매우 비슷하다.

어두컴컴한 전탐실에 안내받아 들어간 순간 숨이 멎었다. 그 큰 룸의 벽면 사방에 평면 패널이 설치되어 있었고, 한반도 지도 위에 데이터가 흐르고 있었다. 그 시대에 LCD 모니터가 가능했는지, 혹은 착시 현상인지 모르나 네모반듯하고 평평한 수많은 모니터에 온갖 정보가 펼쳐져 있었다. 한 척의 미 이지스 전함이 주변 상황을 모두 이런 식으로 보고 있었다.

이 모든 정보들이 다 어디서 오는가? 인공위성, 미 태평양 사령부에서 제공하는 통신망, 미 본토에서 제공하는 정보 그리고 타 전함에서 제공하는 각종 정보들로 움직인다. 또 이 전함에 달려 있는 자체 레이더 시스템에서도 정보를 모은다. 이지스함은 여러 종류의 자체 레이더 시스템을 갖추고 있다. 그런데 이지스를 무서운 전함으로 만든 것은 선체 벽면에 또 하나의 벽처럼 붙어 있는 위상 배열 레이더이다. 이것이 사방팔방 적의 미사일 혹은 전투기를 잡아낸다. 시스템이 뛰어나고, 많은 정보를 다양한 방향에서 잡아내고, 이것을 비주얼하게 보면서 판단을 하는 것이다.

그리고 동시에 적의 전투기가 여러 방향에서 날아와도 이지스함에서는 각 적들의 방향대로 미사일이 날아간다. 한 척의 이지스함으로도 무서운 힘을 갖고 있다. 보통 전함도 이지스함처럼 클 수 있고, 이지스함만큼 속도를 낼 수 있다. 또 이지스함만큼 많은 승조원을 승선시킬 수 있다. 그러나 적의 공습을 360도 방향에서 동시에 잡아내고, 동시에 공격할 수 있는 능력이 이 함정에만 '이지스'라는 명칭을 부여한 것이다.

이지스함에서 보고 느낀 것이 이후 비즈니스 현장에서도 크게 다르지 않은 면이 많았다. 직업병인지는 모르나 이지스 레이더처럼 영업 기회를 잡아내고 처리할 수 있는 시스템을 갖춘다면 대단할 것 같다는 생각을 한다. 아마 기업이 필요로 하는 영업 기회를 모두 잡아내지 않을까?

이지스함이 주는 의미가 파이프라인 세계에서도 마찬가지로 적용될 수 있다. 각종 정보를 바탕으로 앞을 내다보면서 전쟁을 할 수 있는 능력, 즉 비즈니스 용어로 바꿔 보면 비즈빌리티(Visibility) 확보 능력이다. 또 정보를 취합하고 가공하며 요약하고 요약된 정보를 지휘관에게 주고 판단을 할 수 있게 하는 것은 대시보드를 활용하는 기업의 비즈니스 인텔리전스이다. 또한 다양한 방향에서 많은 적기를 잡을 수 있는 능력은 멀티채널에서 영업 기회 관리 능력이다.

이처럼 기업 현장과 다를 바가 없다. 또 일하는 프로세스가 정교하게 갖춰져 있어서. 승조원들이 수시로 바뀌어도 전함을 운용하는 데에는 아무런 문제가 없다. 이것도 파이프라인처럼 프로세스가 중요한 점과 동일하다. 어떻게 하면 훌륭한 이지스함과 같은 정보 시스템을 갖출 수 있을까?

필수적으로 갖추어야 할 파이프라인 대시보드

파이프라인 세계에는 재미있는 현상이 있다. 평소에는 파이프라인 관리에는 무관심하다가도, 어느 시점에서는 모두가 파이프라인 리포트에 의존을 하는 시점이 발생한다. 파이프라인 정보의 가치를 믿기 시작하는 시점인데, 시장이 어떻게 흘러가고 있는지 보이기 시작하는 때이다. 이것은 어쩌면 '파이프라인 가치의 변곡점(Inflection Point)'이라고 부를 수 있다. 이때부터는 파이프라인을 강조하지 않아도 그 중요성을 스스로 알게 된다.

파이프라인이건 무엇이건 정보란 것은 활용되지 않으면 아무 쓸모가 없다. 다만 파이프라인 리포트는 단순 리포트가 아니라 비즈니스 전략에 방향을 제시할 수 있는 비즈니스 인텔리전스(Business Intelligence)로 역할을 할 때, 제대로 그 가치를 인정받게 되어 있다. 뭔가 인사이트를 알 수 있어야 한다는 의미이다. 그렇지 않으면 왜 그 정보를 보고 어떤 해석을 해야 하는지 방향을 잃어버리기 때문이다. 비즈니스 인텔리전스로서 우리는 파이프라인으로부터 어떤 정보를 봐야 할까?

1. 한눈에 보는 파이프라인 세계

파이프라인을 운영하면 끊임없이 데이터가 쌓여 간다. 기업의 규모가 클수록 고객 정보, 마케팅 리드 정보, 영업 기회 정보 및 영업 활동 정보를 담은 데이터의 크기는 방대해진다. 그야말로 빅데이터이다. 데이터의 홍수 속에서 헤매지 않기 위해 매니저는 대시보드를 절대적으로 필요로 한다.

쌓여 가는 데이터들을 모두 뒤져서 보는 것은 불가능하다. 경영진과 영업 팀장급은 파이프라인의 대시보드를 보고 자사의 영업 기회들이 어떻게 진행되고 있는지를 분석하고 의사 결정을 내릴 수 있도록 되어야 한다. 한눈에 볼 수 있는 목표 대비 실적 현황, 영업 기회 진행 현황, 기간별 수주율 현황 추이 그리고 영업 조직 혹은 영업 사원별 성과 현황 등을 직관적으로 보고 판단할 수 있도록 정보가 제공되어야 한다.

예를 들어 보자. 우선 [그래프 1]은 파이프라인 단계별 목표 대비 조회 시점까지의 실적을 보여 준다. 목표 대비 초과 달성은 검은색 화살표로 표시되어 있고, 목표 미달은 빨간색으로 표시되어 있다. 이 회사는 파이프라인 단계를 '리드 → 영업 기회 → 가망 기회 → 데모 → 견적 → 제안 → 수주' 단계로 나누었다. 파이프라인 시스템을 도입하고, 대시보드를 만들면 이러 형태의 파이프라인 현황을 영업 사원별, 영업 팀별, 그리고 회사 전체 단계로 조회가 가능하다.

| 그래프 1 | 진행 중인 영업 기회의 현황을 보여 주는 사례

(출처 : 심플리커블 제공)

Funnel Stage	Year to Date	Target	Conversations	Revenue Potential / Revenue
Lead	↑ 18950	18000	92.8%	39,010,000
Opportunity	↑ 17585	17000	70.1%	33,790,000
Prospect	↑ 12327	11000	10.1%	33,790,000
Demonstration	↓ 985	1200	12.9%	28,900,000
Quotation	↓ 780	920	66.0%	20,070,006
Proposal	↑ 119	80	63.7%	19,803,065
Won Orders	↑ 1117	1100		13,120,192

Sales Pipeline Value Report
© simplicable.com

파이프라인이 운영되면 가장 궁금한 것은 진행 중인 파이프라인이 언제 종료되고 금액은 얼마인가이다. 이 정보는 쉽게 판매 예측을 가능하게 해 주기 때문이다. [그래프 2]는 파이프라인에 들어 있는 영업 기회의 정보를 바탕으로 언제 영업 기회들이 종료되는지를 보여 준다. 그리고 금액의 규모를 알 수 있다. 이 리포트는 모든 진행 중인 영업 기회를 대상으로 했기 때문에 파이프라인의 계약 단계 이후의 것만을 추려서 다시 리포트를 볼 수도 있다. 이렇게 하면 판매 확정이 된 물량에 대해서 예측을 할 수 있다.

| 그래프 2 | 진행 중인 영업 기회들의 클로징 일정과 금액 예시

(출처 : 인사이트 스쿼드 제공)

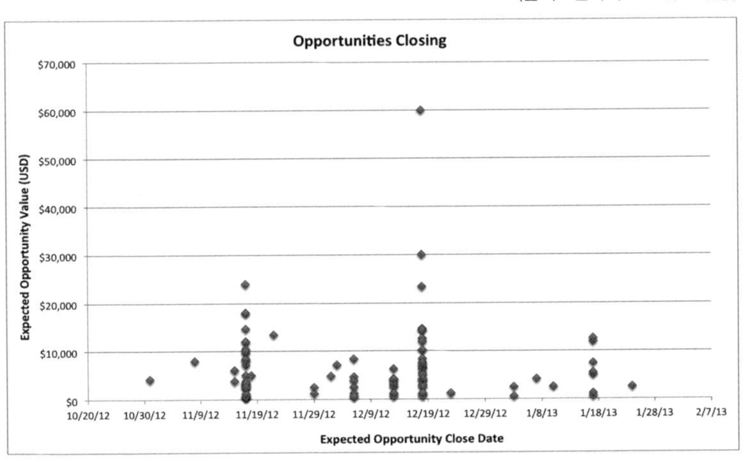

더 나아가서, 좀 더 판매 가능성이 진행 중인 영업 기회를 영업 활동을 적게 들인 것과 많이 들인 것으로도 분석이 가능하다.

(출처 : 인사이트 스쿼드 제공)

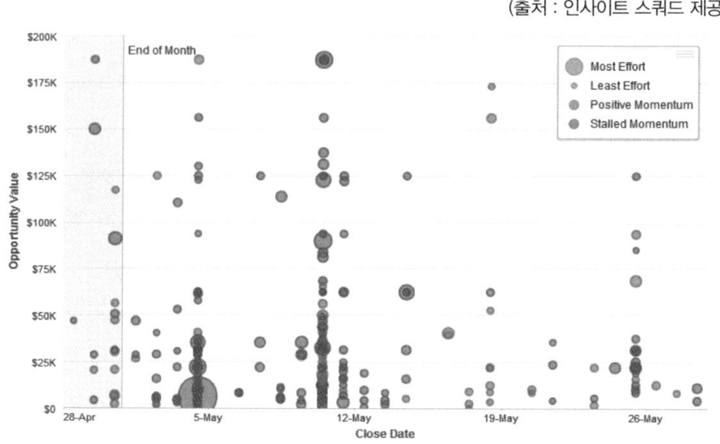

[그래프 3] 차트는 다음 3개월 동안 클로징될 영업 기회들을 전략적 특성을 나눠서 보여 준다. 위 경우는 영업 기회들을 시간을 많이 들인 것(Most Efforts), 적게 들인 것(Least Efforts)으로 나누었다. 이것은 영업 활동 정보를 통해 계산한다. 그리고 영업 기회가 진행이 정상적으로 잘되고 판매 가능성이 높은지(Positive Momentum) 혹은 정체 상태인지(Stalled Momentum)를 구분하여 보여 줌으로써, 영업 관리자들에게 전략적 관리를 할 수 있도록 해 준다.

2. 사전 알람 역할

파이프라인은 미래 대응하게 하는 능력을 갖춰야 비즈니스 인텔리전스라 할 수 있다. 진행 중인 영업 기회들에 대해 미리 이슈를 탐지할 수 있는 역할이 필요하다. 예를 들면, 향후 30일 이내에 고객이 의사 결정을 하도록 되어 있는 영업 기회들, 지난달 이미 결정이 났어야 하는데 전혀 움직임이 없는 건들, 영업 기회가 할당되어 있어도 특정 기간이 지나도록 영업 활동이 없는 건 등에 대해서 자동 경보 체제가 갖추어져 있어야 한다.

3. 미래 인디케이터(Indicator)

파이프라인의 가장 중요한 역할 중 하나가 바로 판매 예측 역할임을 이 책에서 반복적으로 설명하였다. 향후 1개월, 3개월 그리고 연말까지 판매 예측 현황은 경영진과 영업 관리 팀장이 쉽게 볼 수 있도록 리포트가 제공되어야 한다. 이 정보를 바탕으로 현재대로 진행할 시의 판매 예상은 어떠한지, 실적이 저조할 경우 어떤 조치를 할 것인지에 대한 판단을 할 수가 있다.

4. 어디에서 이기고 어디에서 지는가?

영업 기회는 그 결말이 이기거나 지거나 혹은 중간에 포기하거나 그것밖엔 없다. 지거나, 중간에서 포기하는 영업 기회들을 분석하여 그 케이스를 줄여야 한다. 또한 어느 경쟁사와의 경합에서 패하는지 또 패하는 원인이 무엇인지 분석하여, 자사 경쟁력을 높일 수 있는 전략을 짤 수 있도록 해야 한다. 참고로 아래의 [그래프 4]는 데스크톱, 노트북, 주변 기기 및 무선 제품에 대한 제품별 승/패 건수, 이긴 실적, 진 실적, 그리고 승률을 보여 주는 사례이다.

| 그래프 4 | 제품별 영업 기회의 승/패 분석 예시

(출처 : 오라클사 제공)

Product Line	N of Wins	N of Losses	Closed Revenue	Lest Revenue	Win Rate
Desktops	1,479	279	$47,424,416	$8,872,821	84%
Notebooks	1,452	281	$36,577,022	$4,485,858	84%
Peripherals	1,892	357	$19,045,877	$7,032,195	84%
Wireless	1,438	270	$12,450,457	$859,339	84%

5. 어느 제품의 수익성이 더 높은가?

파이프라인 정보는 또한 수익성을 알려주는 역할을 해야 한다. 수익성이 낮은 경우, 계속 추진한다는 것은 2차 판매를 위한 전략적 판단이 있을 경우 이다. 이러한 특수한 사례 외에는 파이프라인에 들어 있었던 영업 기회들이 어떤 상황에서, 어떤 고객에게서, 어떤 제품군에서 또 어떤 경쟁사와의 대결에서 수익성이 높았는지를 분석할 수 있어야 한다.

6. 영업 생산성 관리

파이프라인은 영업 생산성을 말할 수 있어야 한다. 영업 사원 개인별 현황, 팀별 실적, 영업 활동 대비 실적, 영업 활동의 종류별 현황, 제품별 실적 등을 모두 볼 수가 있어야 한다. 영업 사원들이 어떤 활동에 영업시간을 소비하는지, 또 그러한 결과는 평균적으로 어떠한지를 분석해서, 자사에는 어떠한 영업 활동이 더 매출에 도움이 되는지에 대한 정보를 분석해야 영업을 더 과학적으로 할 수가 있다. 아래 [그래프 5]는 영업 사원별 영업 활동 현황의 예시이다.

| 그래프 5 | 월별 영업 사원별 영업 활동 현황

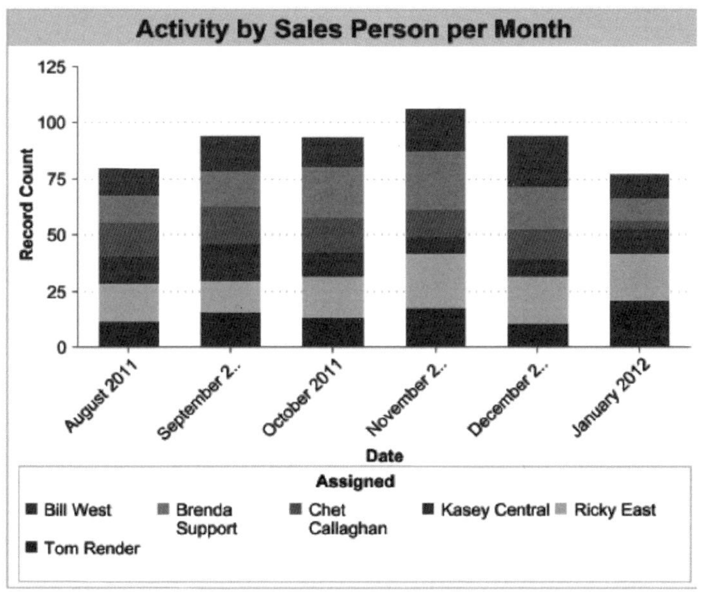

7. 각자에게 맞는 정보와 각 부서에 맞는 정보

분석 정보는 조직의 각 직급과 책임에 맞는 정보가 분류되어 제공되어야 한다. 예를 들면, CEO에게는 한눈에 진행 중인 영업건들이 어떻게 돌아가는지, 또한 미래에 판매 잔고는 얼마인지를 알 수 있도록 축약된 리포트가 제공되어야 한다. 영업 본부장에게는 팀별 실적과 다가오는 중요한 딜에 대한 정보를 파악할 수 있는 정보가 제공되어야 한다. 영업 팀장들에게는 영업 사원들의 영업 활동과 각 영업 사원들의 목표 대비 실적 현황 그리고 주요 고객의 진행 중인 영업 기회의 변동 사항을 알 수 있도록 리포트가 있어야 한다.

영업 사원에게는 자신의 파이프라인 현황을 한눈에 볼 수 있는 리포트가 있어야 한다. 마케팅 팀장에게는 마케팅 프로그램으로 어떤 리드가 발생했고, 또 영업 팀에 넘겨준 건들의 결과를 알 수 있는 리포트가 있어야 한다. 재무 팀에는 미래 판매를 예측할 수 있는 자료가 제공되도록 해야 한다. 인사 부서에는 영업 사원별로 영업 활동과 실적을 참고할 수 있는 정보가 제공되도록 리포트가 있어야 한다. 다음 페이지에 파이프라인에서 기본적으로 분석할 수 있어야 하는 정보들을 더 정리하였다.

여러 관점에서 다양하게 분석해야 할 항목들을 설명하였다. 글로벌 기업의 파이프라인 분석 팀은 더 상세히 분석을 한다. 이 글을 쓰고 있는 시점에 시스코사와 존슨 & 존슨에서 그런 분석가들을 채용한다는 내용의 이메일도 보인다. 모두가 글로벌 기업도 아니고 이 모두가 머리가 아프고 복잡하다면, 최소한 세 가지는 볼 필요가 있다. 월별 영업 기회의 진행 상황과 판매 예측, Win/lose 리포트, 그리고 영업 기회의 이동 현황을 알 수 있는 컨버전 리포트 정도는 보아야 할 것 같다.

기본 분석

- 신규 유입 : 얼마나 영업 기회가 새로 유입이 되었나?

- 클로징 현황 : 얼마나 많은 영업 기회가 마지막 단계로 왔는가?

- 목표 대비 실적 : 파이프라인 목표 대비 실적 현황은 어떠한가?

- 조직별 실적 현황 : 영업 팀별 파이프라인 실적은 어떠한가?

- 버티컬별 현황 : 버티컬 세그먼트별 실적은 어떠한가?

- 월별 현황 : 파이프라인 월별 전개는 어떠한가?

- 세일즈 사이클 현황 : 영업 기회의 사이클은 어떠한가?

파이프라인 건강

- 속도&컨버전율 영업 기회의 이동 속도와 영업 단계별 이동률은 어떠한가?

- 유입 크기 : 영업 기회의 크기는 커지고 있는가 혹은 줄고 있는가?

- 업데이트 현황 : 영업 기회들이 주기적으로 업데이트되고 있는가?

- 데이터 전반적 품질 : 데이터 품질은 괜찮은 수준인가?

예측 대비

- 물동 대비 : 파이프라인은 공급 물동 대비 정확도는 어떠한가?

- 장·단기 예측 : 장기, 단기 예측 상황은 어떠한가?

시장 현황

- 시장 수요 대비 : 시장 조사의 시장 수요 대비해서 얼마나 많은 영업 기회들이

    유입되고 있는가?

고객 정보

- 신규 고객 현황/죽은 어카운트 현황 : 신규 고객은 얼마나 유입되고 있고, 영업 기회 정보가 없는 비활동성 고객은 얼마나 되는가?
- 중요 고객 : 전략적으로 혹은 구매 금액이 큰 고객 현황은 어떠한가?
- 영업 활동 : 자사 영업 사원들의 영업 활동은 어떠한가?
- 파워맵 : 고객사 구매 조직의 조직 구조는 어떠한가?

영업 사원 실적 평가

- 개인별 실적 : 영업 사원 개인별 파이프라인 실적은 어떠한가?
- 전체 랭킹 : 영업 사원별 실적 순위는 어떠한가?

영업 기회 획득 채널 분석

- 영업 기회 입수 채널별 현황은 어떠한가?

마케팅 효과 분석

- 마케팅 리드 입수 현황은 어떠한가?
- 마케팅 리드가 영업으로 넘어간 컨버전과 결과는 어떠한가?

제3장

가비지 인(Garbage in), 가비지 아웃(Garbage out)

"영업 사원들은 영업 팀장이 기대하는 정보를 가져오는 게 아니라, 영업 팀장이 체크하는 정보를 가져온다. 고객에 대해서 가장 많이 알고, 정확하게 아는 사람은 현장에 있는 영업 사원이다. 파이프라인 정보의 품질은 영업 사원들과 프로세스에 따라 주기적 점검을 통해서 높아진다."

거대한 쓰레기통 혹은 비즈니스 인텔리전스

필자는 어느 날 미국 캘리포니아에 위치한 글로벌 IT 기업의 제품 사업부를 조사차 방문을 한 적이 있다. 연구원 자격으로의 방문이고 서로 발표를 하는 이벤트를 가질 예정이었다. 그러나 간단해 보이는 방문 절차는 결코 쉽지가 않았다. 우선 이 회사의 한국 지사에서는 우리의 방문을 돕기 위해서 본사와 연락을 하고 공식 방문 프로세스를 밟아 주었다.

그런데 이 회사에서 '공식적'으로 요구하는 정보는 별로 우리의 방문과는 관계가 없는 것이었다. 이번 건이 서로의 지식을 공유하는 세미나 형식의 방문임을 여러 차례 강조했지만, 잠재 고객으로서 예상 구매 금액 정보를 달라는 것이다. 우리가 미래에 이 회사의 어떤 고객이 될 수도 있을까 한참을 생각했다. 결국 생각나는 아무런 숫자를 예상 구매 금액이라고 주었다. 이 회사의 입장은 어떠한 형식의 방문을 하든 이것은 공식적으로 거쳐야 하는 과정이라는 것이다. 지금 생각해 보니, 이 회사의 CRM 시스템에 우리는 잠재 고객으로 등록되고 예상 구매 금액이라는 정보가 필수로 입력되었을 것이다.

두 가지가 생각이 번쩍 스쳐 지나갔다. 우선 '정말 이 회사는 고객 관리 프로세스가 엄격하게 지켜지는구나!'라는 생각과 둘째, '그렇다고 할지라도 도대체 이 잘못된 정보가 무슨 용도로 쓰일 수 있을까?'라는 생각이다. 이런 사례는 파이프라인의 뚜렷한 명암을 보여 주기도 한다. 긍정적인 측면은 고객 정보 관리 프로세스에 대해서 매우 철저하다는 점이고(영업 기회란 그런 식으로 발생할 수도 있으니), 부정적인 측면은 이런 정보가 파이프라인 시스템에 등록되어 정보의 품질을 낮출 수도 있다는 것이다. 이러한 정보가 지속적으로 쌓이면 파이프라인 시스템은 정보 쓰레기통으로 변한다. 이 회사는 이러한 데이터에 대한 필터링 프로세스가 있었을 걸로 믿는다.

또 하나의 사례는 네트워크 장비를 판매하는 글로벌 회사의 영업 사원과의 인터뷰 때 겪은 일이다. 여느 회사와 마찬가지로 파이프라인 프로세스가 매우 단단하게 운영되고 있는 회사였다. 그런데 이 영업 사원은 회사에 보고하는 정보와 자신이 따로 관리하는 정보를 별개로 '운영'하고 있었다. 왜 이렇게 하는 것일까?

그러고 보면 기업의 고객 데이터베이스는 이러한 정보들로 가득할 수도 있다. 그러니, 요즈음 화두가 되는 빅데이터(Big Data) 분석도 그 오차가 얼마나 클지 아무도 모른다. 정보의 품질도 문제겠지만 분석하는 시점의 변수도 많아서 얼마나 믿어야 할지 모른다. 그래서 파이프라인과 같이 고객 정보와 영업 기회의 정보에 의존하는 체제는 영업 기회 정보의 품질이 떨어지면 결과적으로 분석의 오차가 커져서 경영자의 의사 결정에 악영향을 초래한다.

양질의 정보는 어떻게 채워지는 것일까? 사람은 어떠한 경우에 자기가 아는 정확한 정보를 자신의 두뇌 시스템을 떠나 다른 시스템에 정직하게 제공하는 것일까? 우리가 가장 정확한 정보를 제공할 때가 언제일까 추정해 보면, 그 정보를 제공함으로써 자신에게 유리하게 작용한다고 판단할 때가 아닌가 생각한다. 예를 들면 회사의 월급을 받기 위해 계좌번호를 제공해야 할 때, 그 정보는 매우 정확하다. 또 항공 마일리지로 여행을 가고 싶어서 항공사 홈페이지에 가족을 등록할 때, 철자 하나 틀리지 않고 정확하게 가족 구성원의 정보를 제공한다.

그러나 인터넷에 광고가 뜨고, 클릭하면 원하는 정보를 주겠다고 할 때, 정확한 정보를 제공하는 사람은 많지가 않다. 이런 현상은 비즈니스 전시회나 초청 행사에서도 흔하다. 방문 리스트에 방문객의 정보를 정리해 보면,

분명히 철자는 맞는데, 틀린 이메일 주소가 한둘이 아니다. 높은 품질의 데이터를 채우기란 이론과는 달리 현실적으로 매우 어렵다.

파이프라인 정보의 품질에 대해 코칭하라

파이프라인은 누가 입력을 하든, 시스템에 등록한 정보가 틀린 정보일 경우 파이프라인 신뢰도를 크게 떨어뜨리게 된다. 시스템에 과대한 기대를 갖고 있는 사람들은 시스템과 데이터 품질을 결부시키기도 한다. 그래서 데이터 품질이 나쁘면 시스템 부서가 일을 못해서 그렇다고 짜증을 낼 수도 있다.

그런데 파이프라인 정보의 품질의 수준을 시스템 부서에서 올릴 수 있는 것은 한계가 있다. 파이프라인 정보의 품질은 입력하는 자와 관리하는 자가 책임을 지고 관리해야 한다. 즉, 마케팅과 영업 부서에 더 관리 책임이 있다. 좋은 데이터를 입력하고 좋은 분석의 결과를 얻으려면, 특히 영업 조직에서 파이프라인 미팅과 파이프라인 코칭을 철저히 해야 하는 이유이다. 그리고 지속적으로 정보의 품질을 체크해야 한다.

데이터가 틀리다 혹은 왜곡되었다는 관점은 네 가지로 볼 수 있다. 먼저 비현실적인 수치, 두 번째 유효기간 초과, 세 번째는 썩고 있는 영업 기회 그리고 마지막으로 파이프라인의 조작이다.

우선 비현실적인 수치가 입력될 수 있다. 단순한 실수이거나 혹은 부풀리기 때문에 말이 안 되는 숫자가 입력된다. 필자도 한때, 엄청난 금액이 입력된 것을 본 적이 있는데, 그 금액이 나올 수가 없는 영업 팀에서 입력된 숫자라 의심을 하지 않을 수가 없었다. 확인을 해 보니, 실수로 영업 기회 금액에 "0"이 하나 더 들어간 것이었다. 영업 사원이 확인을 하지 않을 경우 이런 상황이 발생하는데, 금액이 큰 딜이라면 "0" 하나가 만드는 차이는 매우 크다. 이러한 경우가 포착된 경우 바로 시정하도록 코칭을 해야 한다. 계속 반복된다면 습관성인지도 체크해 볼 일이다.

다음으로 기간 설정이란 영업 기회의 유효 기간을 의미한다. 이 설정이 실수로 잘못 선택될 수도 있고, 고객의 상황과는 달리 매우 장기적으로 설정할 수도 있다. 이 경우에도 현실적으로 기간을 변경토록 코칭 해야 한다. 그렇지 않으면 판매 예측 로직이 기간을 포함하고 있을 경우, 잘못된 예측 값을 초래하게 된다.

세 번째는 썩고 있는 영업 기회이다. 몇 차례 언급되었다시피, 관리를 소홀히 했을 경우이다. 시스템적으로 이런 경우들은 자동으로 추출되어야 한다. 그리고 영업 사원들이 알고 있도록 해야 한다. 시간이 지나도 정리하지 않는 영업 기회들이 많을 경우, 어쩔 수 없이 경고 메시지를 보내야 한다.

마지막으로 파이프라인의 조작이다. 절대 일어나서는 안 되는 일이 일어난 경우다. 입력자에 의해서 허위 정보가 의도적으로 들어온 것이다. 영업 사원들은 보고 때문에 이런 유혹에 가끔씩 고민을 한다. 그런데, 이렇게 되는 원인을 분석해 보면 회사의 영업 조직 문화에 문제가 있는 경우도 있다. 즉, 파이프라인이 지나치게 영업 사원을 속박할 경우나 푸시 위주로만 파이프라인이 운영될 경우, 입력되는 정보는 조작과 갱신을 반복하면서 영업 사원과 팀장 간의 쫓고 쫓기는 싸움이 된다.

파이프라인 초기는, 의사 결정권자들이 정보를 믿을 수가 없다는 말을 많이 한다. 프로세스가 그러하듯, 좋은 정보는 그만큼 노력과 시간이 필요한데, 의사 결정권자는 대부분 그걸 알면서도, 기다릴 인내심이 없다. 정보의 품질이 좋지 않은 대부분의 회사는 정보를 높일 노력을 하지 않은 경우가 많았다. 그러면서도 먼저 좋은 정보를 원하는 것이다. 이것은 자연스러운 바람이기도 하겠지만, 정보는 그런 노력을 하지도 않고 절대 스스로 오지 않는다.

IBM의 고객 정보 데이터베이스가 국정원보다 낫다

필자가 만난 한 인터뷰 대상자는 재미있는 말을 남겼다. 한국 IBM의 데이터베이스가 국정원의 것보다 더 낫다고 한다. 두 회사의 데이터베이스를 직접 볼 기회는 없을 것이기 때문에 이것을 확인할 방법은 전혀 없다. 그러나 IBM의 고객 데이터베이스뿐만 아니라, 글로벌 회사들의 영업 프로세스를 볼 때, 데이터가 어떻게 형성되고 쌓여 가는지 충분히 추정할 수 있다. 특히 B2B 비즈니스 모델을 운영하는 회사는 어카운트 기반의 영업 조직과 거래선 및 ISR(Inside Sales Representative)과 같은 외주 아웃소싱 영업 조직으로 이루어져, 지역 상권과 시장을 공략한다. 더 많은 고객 정보 획득 채널이 있지만, 위 세 가지 소스만으로도 끊임없이 고객 정보가 쌓여 간다.

이렇게 쌓인 고객 데이터베이스는 고객(기업)의 기본 프로파일 외에 조직 속의 구매 관련 고객(사람) 정보에 대한 정보를 담고 있다. 이 자료는 영업 사원들이 바뀌어도 계속 갱신을 반복한다. 역으로 새로운 영업 사원이 영입되면 이 정보를 바탕으로 계속 일관성 있는 비즈니스를 할 수가 있다. B2B 비즈니스는 이렇게 쌓인 정보를 갖고 서로 경쟁하는 데이터베이스 간의 싸움이다.

파이프라인 시스템으로 어떻게 양질의 정보가 들어오게 할까?

파이프라인은 비즈니스에 도움을 주는 역할을 해야 하는데, 품질이 떨어지는 정보가 입수되면 비즈니스에 도움이 되기는커녕 판단을 흐리게 하는

괴물이 될 수도 있다. 이런 이슈를 해결하기 위한 방법은 무엇일까? 이 이슈를 해결하기 위해서는 세 가지 방법이 필요하다. 습관, 인센티브, 그리고 프로세스가 바로 그것이다.

먼저 습관, 이 사람의 습관은 무섭다. 찰스 두히그의『습관의 힘』에서 지적을 하였듯이, 한번 습관이 들면 자신의 의도와는 관계없이 습관대로 한다. 앞서가는 기업들이 프로세스를 교육시키는 것도 프로세스 이행을 습관화하기 위해서이다. 좋은 습관을 만드는 방법 중의 하나는 교육이다. 파이프라인을 잘하는 기업들을 보면, 정보 입력 대상자들을 끝없이 주기적으로 교육을 시켜야 하는 방법을 쓴다. 처음에는 무관심으로 일관하여도, 반복적인 학습은 사람의 습관을 변화시킨다. 파이프라인의 정확한 정보는 습관적인 정보 갱신으로부터 가능하다.

두 번째는 영업 정보의 소유자 및 책임자를 확실히 하고, 영업 사원의 인센티브 혹은 월급을 파이프라인 실적과 연동을 시켜야 한다. 이 방법이 가장 강력한 방법일 것 같다. 마치 이것은 월급을 타기 위해서 계좌번호를 넣는 것만큼 강력하다.

세 번째는 정보의 품질을 높이는 제도적 장치를 만드는 것이다. 주기적으로 파이프라인 총괄 책임 부서에서 데이터 품질 점검을 하는 프로세스를 규정화하는 방법이다. 좋은 프로세스가 좋은 정보를 만드는 것은 사실이다.

그러나 위 세 가지 방법을 쓴다 하더라도, 완벽한 데이터 품질은 만들어지지 않는다. 사람에 의해 움직여지는 파이프라인은 결코 완벽할 수 없고, 24시간 돌아가는 데이터베이스는 계속 누군가에 의해서 갱신되어야 하기 때문이다.

그러나 어느 순간, 이러한 여러 노력으로 파이프라인 정보가 제대로 가치를 발하는 순간이 오게 된다. 그때는 CEO도, 재무 관리 팀장도, 영업 팀장도, 그리고 영업 사원도 이 파이프라인 정보를 매우 신뢰하고 의존하는 시점이며, 판매 예측 정보가 거의 정확한 시점이다. 그리고 CEO는 언론과의 미팅에서 향후 기업 실적 전망에 파이프라인 정보를 흘릴 수 있는 시점이 된다.

제4장

최적의 소프트웨어로 영업을 지원하라

"파이프라인 시스템의 대부분의 유저는 영업 사원이다. 이 점이 매우 중요하다. 영업 사원은 회사에서 시스템에 가장 익숙하지 않은, 가장 익숙하고 싶지 않은 직군임을 알고 파이프라인 시스템을 고려해야 한다."

현대의 경영 혁신 활동에 있어서 IT 지원을 배제하기란 매우 어렵다. 훌륭한 기업은 훌륭한 프로세스를 갖추고 있고, 훌륭한 프로세스는 훌륭한 IT 위에서 제 기량을 발휘한다. IT 시스템은 비싸다고 좋은 것이 아니라, 기업이 투자할 수 있는 범위 내에서 사용자에게 필요한 기능을 갖춘 최적의 시스템을 갖추고 있는 것이 더 중요하다.

기업의 비용을 통제해야 하는 재무 관리 담당자들은 동의하기 쉽지 않겠지만, 모두가 아는 사실은 정보 관리가 중요한 이 시대에는 시스템 경쟁력이 곧 기업의 경쟁력이라는 점이다. 그래서 시스템 투자에 무조건 돈을 아끼는 기업치고 경쟁력을 갖춘 기업을 찾는 것도 쉽지 않다.

지난 20여 년간 기업의 경영 운영 혁신을 위해 도입되어 온 CRM, SCM 그리고 ERP 모두 시스템 지원 없이 제대로 돌아갈 수가 없는, 그야말로 시스템 기반의 혁신 과제들이었다. 그런데 파이프라인 운영을 위해서 반드시 시스템을 필요로 한다고 말하기는 어렵다. 가령 엑셀이나 마이크로 소프트 엑세스 같은 툴을 사용할 수도 있을 것이다. 실제로 이 책을 쓰는 시점에 알게 된 외국의 파이프라인 툴은 '엑셀을 활용한 파이프라인'이라는 이름으로 만든 소프트웨어로, 그 비용이 겨우 50불이다. 개인 사업자나, 소규모의 창업자라면 이것은 유용할 것 같다. 또한 이 돈마저 들이지 않고 엑셀로만 관리하는 방법도 있다.

그러나 기업이 어느 정도 규모가 되면 매뉴얼 운영은 너무나 비효율적인 고통이 따른다. 사업 규모가 크고 영업 사원이 50명만 넘어가도, 각 영업 사원의 정보를 취합해서 관리한다는 것은 엄청난 수작업을 유발시킨다. 데이터 신뢰도도 떨어진다. 필자가 볼 때, 파이프라인은 시스템을 절대적으로 필요로 하는 것 같다. 시스템 없이(준비되기까지) 몇 개월 가까이 파이프라인

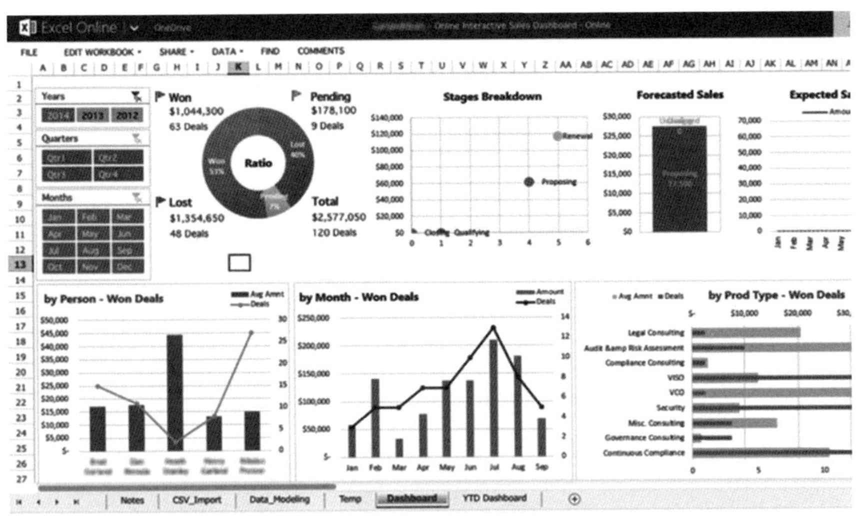

(인용 : nielpatal.com)

엑셀을 활용한 파이프라인 리포트의 예제

운영을 해 보았으나, 매우 고통스러웠다. 그러나 시스템은 시스템일 뿐, 파이프라인의 성공에 시스템이 우선일 수는 없다. 매우 중요하지만, 최우선일 수는 없음을 강조하고 싶다.

파이프라인 시스템은 CRM, ERP 및 SCM과는 또 다른 특징이 있는 것 같다. 가장 성공적인 모습은 고객 접점에 있는 이들, 즉 마케팅 조직원, 콜센터뿐만 아니라 가장 중요한 영업 사원들이 필요한 정보를 쉽게 입력하고, 쉽게 조회할 수 있어야 하며, 분석할 수 있도록 도와주어야 한다. 이렇게 될 때 빠르게 파이프라인이 일상 업무처럼 생활화된다.

파이프라인은 변화 관리가 매우 힘들다. 영업 사원들은 시스템에 익숙하지도, 익숙하고 싶은 생각도 없기 마련이다. 이 책에서 몇 차례 언급하였지만, 개인의 영업 활동을 시스템에 입력하고 관리하는 것에 부담감을 갖고 있

다. 시스템을 잘 활용하는 영업 사원마저(이것은 심리적인 요소가 있기 때문에) 그
런 경향을 보인다. 영업 사원들은 파이프라인 실적이 좋지 못하면 그 결과
를 시스템 탓으로 돌리는 경우도 있다.

  적절한 표현인지 모르겠으나, 파이프라인 시스템을 구축할 때 고려해야
할 것은 영업 사원에게는 이 시스템은 깃털처럼 매우 가벼워서 영업 활동을
방해하지 않는다는 생각을 심어 주고 자신들의 고객 정보와 영업 기회 정보
를 관리하도록 해야 한다는 것이다. 영업 사원들을 시스템 전문가로 만들기
도 어렵고, 사용자 편의적이지 못한 시스템은 더 많은 이들이 시스템에 시
간을 보내게 함으로써 영업 생산성에 좋지 못한 영향을 줄 수도 있다. 또 강
제로 무조건 활용하게 하는 것에도 한계가 있다.

  그런데 두 가지 또 알아야 할 것은 세계에서 가장 멋진 시스템을 제공해
주어도 일부 영업 사원들의 불만은 계속될 것이라는 점이다. 이것은 자신이
여름에 갈 휴가지를 예약하는 시스템이 아니기 때문이다. 또 하나는 모두를
만족시키는 완벽한 시스템은 없다는 것이다.

  역으로 영업 팀장, 마케팅 팀장 그리고 경영진들에게 파이프라인 시스템
은 양질의 정보로 인사이트를 제공해 주어야 한다. 얼마나 역설적인가? 현
장에서는 최소한의 정보를 입력하려고 하고, 매니지먼트에서는 깊이 있는
정보를 보기를 원하는 패러독스라니. 그것이 파이프라인 시스템이다. 그러
나 방법을 찾아내야 한다. 할 수 있는 한 영업 사원용은 간단하게, 분석이
필요한 내부 책임자에게는 다양한 정보를 볼 수 있도록 설계가 되어야 한다.

  이런 딜레마의 해결을 위해 다행히 2000년대와는 다른 세 가지 시장에서
의 변화가 이런 딜레마를 해결하는 데 도움을 주고 있다. 첫째는 소프트웨
어가 다양하게 많아져서 선택의 폭이 넓어지고 있는 점이다. CRM의 한계

를 보완한 시스템도 많다. 둘째는 이 공포스럽고 귀찮은 시스템에 이미 영업 사원들이 점점 익숙해져 가고 있다는 점이다. 왜냐하면 회사마다 비슷한 시스템을 갖고 있고 이미 교육을 받아서 기본은 알고 있는 경우가 많다. 특히 CRM 시스템을 써 보았다면, SFA 모듈이 있는 CRM 시스템으로 파이프라인 관리를 할 수가 있으므로 시스템 이슈는 줄어든다.

마지막으로 모바일 환경, 즉 스마트폰의 빠른 보급이 파이프라인 세계를 급변시키고 있다는 것이다. 과거에는 PDA를 보급하여, 중앙 CRM 데이터베이스를 동기화하는 것이 앞서가는 것이었으나, 지금은 노트북은 기본이고, 패드 및 스마트폰에 앱을 설치하여 이용하는 추세가 증가하고 있다. 이것은 영업 사원들에게는 시스템 핑계의 소지를 없애고 또 반면에는 오히려 너무 가까이에 회사의 시스템이 붙어 있어서 싫어할 수도 있는 그런 시대로 접근하고 있다.

파이프라인에 관련해서 시스템은 특별히 자체 개발을 하지 않는 한, 크게 두 가지 시스템이 존재한다. 그 하나는 CRM 시스템을 활용하는 것이고, 두 번째는 파이프라인 관리에 특화된 시스템을 도입하는 것이다. 또한 비용이 매우 비싸기도 하고, 매우 작고 비용이 저렴한 것이 있다. 클라우드 플랫폼의 발전으로 소프트웨어를 빌려 쓰는 온-디맨드(On-demand) 방식도 크게 발전했다. 대신 데이터베이스를 자사에 두고 운영할 수는 없다.

파이프라인 시스템의 성공의 핵심에는 무엇이 있을까? 어떻게 하면 성공적이었다고 할 수 있을까? 시스템 도입을 고려하고 있다면, 다음 사항을 반드시 체크해야 한다.

▶ 자사 비즈니스 모델에 어떤 시스템이 맞는가?

▶ 사용자 규모를 볼 때, 어느 정도 스케일이어야 하는가?

▶ 만약 CRM 시스템이 이미 있다면 어떻게 해야 하는가?

▶ 글로벌로 비즈니스를 한다면, 어떤 솔루션이 좋은가?

▶ 다양한 비즈니스 모델에 다양한 프로세서 확장이 가능한가?

▶ 모바일 파이프라인을 고려해야 하는가?

▶ 리포트와 비즈니스 인텔리전스는 어떻게 할 것인가?

가장 먼저 고려해야 할 사항은 자사의 비즈니스 모델과의 적합성이다. 자사의 고객과 비즈니스를 하는 방식, 그리고 자사의 영업 방식을 면밀히 조사해서 판단해야 한다. 이것은 다른 회사를 무조건 따라서 적용한다고 성공하는 것도 아니다. 비즈니스 프로세스를 무시하고, IT 시스템에 끼워 맞춰서 성공하기란 매우 어렵다.

둘째, 사용자 규모를 볼 때 어느 정도 스케일이어야 하는가? 사용자가 100명 이하로 예상된다면, 예산 대비 효과를 고려해서 선정해야 한다. 온 디맨드 형식, 사용자의 수만큼 계산하는 비용 부담이 적은 시스템을 찾는 것이 유리할 것 같다. 시스템의 안정성, 데이터 처리 능력, 프로세스의 유연성 등을 고려해야 하는데, 최근의 온 디맨드 시스템은 이러한 능력이 크게 발전해 있다. 다만 유저별로 비용을 계산하는 경우가 많아서, 유저가 늘수록 총비용이 늘고 비용이 매년 동일하게 발생하므로 초기 부담은 적으나, 줄어들지가 않는다는 단점이 있다.

또 유저가 500명 이상이라면 어떻게 해야 하는가? 이 정도면 규모가 큰 기업이다. 특히 사내의 시스템 보안상 온 디멘드를 허락하지 않는 경우도 있으므로 고려를 해야 할 필요가 있다.

셋째, 만약에 CRM 시스템이 이미 있다면 어떻게 해야 하는가? 파이프라인 시스템을 구축하는 방법은 크게 두 가지로 볼 수 있다. 자체적으로 투자하여 개발하는 방법과 외부에서 솔루션을 구매하는 방법이다. 솔루션도 형태에 따라 두 가지 종류가 있다. 하나는 CRM Tool 속에 포함된 파이프라인 기능을 이용하는 것이다. CRM과 파이프라인은 매우 밀접한 관계에 있다. 마치 한 몸통 속과 같다. CRM의 모듈 속에 영업 기회 관리라는 모듈을 대부분 포함하고 있기 때문이다. 만약 CRM 시스템이 이미 적용되어 있다면, CRM 시스템이 파이프라인의 목적에 준하는 역할을 하고 있는지 혹은 할 수 있는지 검토를 해 봐야 한다.

예를 들어 제조업이라면 CRM 적용 사례가 많지 않다. 유통 거래선을 통해서 판매할 경우, 최종 고객 정보를 확보하기가 매우 힘들다. 그래서 오히려 PRM(파트너 관계 관리) 혹은 유통 거래선과의 협업 CRM 모델이 더 발전한 경우가 있다. 따라서 CRM이 적용되어 있다고 해서, 파이프라인 시스템이 가능한 것인지는 면밀히 봐야 한다. 한국 시장에서의 CRM은 대부분 마케팅 부서에서 이용하고 있는 경우가 많으므로, 파이프라인 운영이 가능한지도 검토를 해야 한다.

2000년 이후 CRM 패키지가 글로벌 시장에서 판매 피치를 올리기 시작할 때, 영업 모듈이 특화되어 'SFA(Sales Force Automation)'라는 이름으로 한국 시장에 소개되었다. 그러나 SFA는 한국 시장에서 잘 운영 되지 못한 사례가 많았다. 이와 관련해서 언젠가 모 대형 증권사에서 감사 팀에서 전화 한 통을 받았었다. CRM 프로젝트를 했었는데, SFA가 수십억을 쏟고도 영업 사원들의 활용이 없어서 감사 중이라는 말을 했다. 왜 그랬을까? 쉽게 이해가 되지 않는가?

자사의 고객 구매 프로세스, 영업 팀의 판매 프로세스, 영업 보상책, 영업 미팅 방식 및 변화 관리를 고려치 않고, IT 부서 주관 하에 한번 일단 해 보자고 한 것이 문제였던 것이다. 이제 SFA는 2010년대에 와서는 현업의 이해와 활용 수준이 높아졌고 빠른 속도로 보급이 되고 있다. 그러나 파이프라인을 모르고 SFA를 한다는 것은 상상을 할 수가 없다.

넷째, 시스템 도입을 고려함에 있어서, 다양한 비즈니스 모델에 다양한 프로세서 확장 및 인터페이스는 큰 문제가 없겠는가를 확인해야 한다. 기존 기간계 시스템과의 인터페이스도 관건이다. 대부분 기업은 영업과 회계 시스템이 존재한다. 공급망 시스템도 따로 존재한다. 파이프라인은 독립적으로 운영될 수가 없는 특징이 있어서 반드시 인터페이스를 고려해야 한다. 파이프라인은 고객 정보, 영업 기회 정보 그리고 수주 정보를 다룬다. 그래서 주로 CRM 및 ERP 시스템이 있다면 인터페이스는 필수 불가결하다. CRM 시스템을 보완하여 파이프라인을 운영하는 경우도 동일하다. 시스템을 고려할 때 이 부분을 함께 고려해야 한다.

또한 상용 솔루션을 쓸 경우, 대부분 프로세스가 이미 정해져 있어서, 이것을 자사의 비즈니스 모델을 반영하여 변경 혹은 확장하고자 할 경우, 예상되는 장애가 무엇인지 면밀히 검토해야 한다. 유연성과 확장성이 떨어지면 직접 개발하는 것보다 못한 결과를 초래할 수 있다.

다섯째, 만약에 글로벌 비즈니스를 한다면? 이 질문이 가장 흥미롭고 스스로도 답이 궁금하다. 아무리 시장이 다르다 할지라도 세상에 어디나 영업사원들은 생각이 비슷하고, 영업 활동이라는 것도 별반 차이도 없다. 차이란 비즈니스의 모델 혹은 산업군에 따라 차이가 날 뿐, 유사한 업종은 비즈니스 프로세스가 크게 차이가 없다는 것이다.

이런 특징으로 비즈니스 프로세스가 별반 차이가 없다는 점은 오라클이나

SAP 같은 글로벌 IT 회사들이 같은 상품으로 수많은 회사들에게 제품을 팔게 해 주었고, 또한 역으로 많은 글로벌 기업들이 동일한 솔루션으로 비즈니스를 하게 했다. 한 회사가 국가마다 시스템을 달리하는 경우는 거의 찾기 힘들다. 파이프라인 운영을 글로벌로 해야 한다면 무조건 하나의 플랫폼, 하나의 프로세스 그리고 하나의 용어여야 한다. 정의도 하나여야 하고 교육도 하나의 매뉴얼로 해야 한다.

시스템을 고려할 때, 글로벌로 서비스를 할 경우에 가장 큰 문제 중 하나는 시스템 속도다. 파이프라인의 특징도 그러하듯이, 가볍게 만들어야 한다. 혹은 수단과 방법을 가리지 말고, 해당 국가에서는 가장 빠른 속도를 제공해 주어야 한다. 세계 어디를 가도 한국과 같은 인프라망을 기대하기는 매우 어렵다. 인터넷이 느린 국가는 느린 것에 어느 정도 익숙해져 있다. 그래

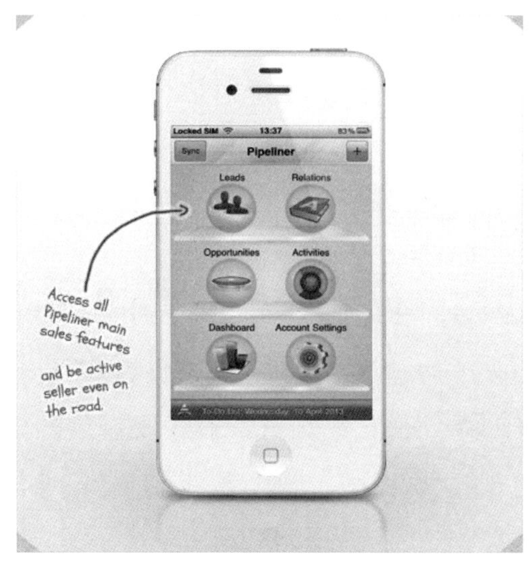

(출처 : 파이프라이너사 모바일 파이프라인 플랫폼)
모바일 파이프라인의 예제

도 그들이 쓰는 시스템 중에서는 상대적으로 빠른 환경을 제공해 주는 것이 파이프라인이 제대로 운영되는 데 큰 역할을 할 것이다.

여섯째, 모바일 파이프라인을 고려해야 하는가? 아마도 고려해야 할 것 같다. 모바일 파이프라인이라 하면 영업 사원들이 모바일 기기를 통해 본사 서버에 접속하여 영업 기회를 관리하는 것이다. 고객의 접점을 관리하는 현장 영업 사원들에게 이미 스마트폰과 패드 제품이 필수품으로 자리 잡고 있다. 회사에서 제공하거나 혹은 개인적으로도 많이 구입을 많이 한다. 회사에서 제공하는 경우에는, 미리 회사가 필요로 하는 앱을 설치해서 제공한다.

마지막으로 보안 관리를 어떻게 할 것인가를 고민해야 한다. 파이프라인 시스템의 특성상 고객 정보와 영업 기회 정보를 다루기 있고 매우 민감한 정보들이다. 파이프라인은 외부 시스템 보안과도 보안 전쟁이겠지만, 내부 유저들 특히 영업 사원의 타사 이동이 많은 편이라, 시스템 구축 시에 내부 정보 관리에도 신경을 많이 써야 한다. 데이터 다운로드 제한, 정보 공유의 범위 제어 등은 기본이며, 특히 모바일 기기는 개인 소유물에 앱을 설치하는 경우가 많으므로, 유저의 퇴사 시에 이 정보들이 자동으로 소멸 혹은 오퍼레이션이 되지 않도록 해야 한다.

지금까지 파이프라인 시스템 도입 혹은 구축 시에 유념해야 할 사항을 정리하였다. 좋은 시스템이 전문가에 의해서 가장 합리적인 비용에 가장 비즈니스에 도움이 되도록 구축되는 것이 이상적이겠다. 파이프라인도 시스템에서 차지하는 비중이 매우 높다. 시스템 대시보드도 마찬가지일 것이다. CEO가 한눈에 보고 판단할 수 있는 리포트를 제공하는 것은 매우 중요하다. 그러나 시스템보다 더 중요한 것은 파이프라인을 어떻게 운영할 것인가 그리고 어떻게 비즈니스에 도움이 될 수 있도록 할 것인가 이다. 시스템은 그저 이것을 받쳐 주는 플랫폼이기 때문이며, 이 플랫폼에 정보는 모두 사람이 넣고 사람이 해석을 한다. 문제는 오히려 사람이다.

제5장

빅데이터, 머신러닝 및 자동화의 시대, 파이프라인의 미래

"이미 기업은 파이프라인으로 보이지 않는 비즈니스 전쟁을 하고 있다. 정보화의 시대를 지나 초연결 시대에 기업의 파이프라인 운영도 완전 새로운 경쟁의 양상을 보이고 있다. 인공지능과 머신러닝이 파이프라인에서 역할을 하고 있기 때문이다."

이 책을 쓰면서 파이프라인이 단순한 수주 관리가 아니라는 것만 제대로 독자들에게 전달될 수만 있다면 나름 역할을 했을 것 같다는 생각을 했다. 고객과 영업 기회 관리는 비즈니스가 시작된 시대부터 있어 왔다. 뛰어난 비즈니스맨은 고객을 찾아내고, 수익성 있는 기회를 만들어 내고, 놀라운 협상력을 발휘해서 돈을 벌었다. 그러나 조직이 커지고 경쟁이 치열해지면서 더 효율적으로 그리고 더 과학적으로 영업 관리를 할 수 없을까 고민한 것이 파이프라인 관리 방법론이다.

오래전부터 외국 기업들은 이미 파이프라인을 적용하여 영업과 경영 관리의 툴로서 자리 잡은 지 오래이다. 뭔가 새로운 것도 아니고, B2B 세일즈를 운영하는 일반적인 프로세스이며, 현장 영업맨에게는 매일매일 자신의 영업 활동을 관리하는 도구이고, 경영진에게는 기업의 비즈니스를 들여다보는 핵심 중의 핵심 정보 창고이다. 경영진들에게는 '영업조직을 얼마나 늘릴 것인가 혹은 줄일 것인가?', '어떤 제품군을 늘릴 것인가?', '어떤 고객 세그먼트를 더 공략할 것인가?' 또 '마케팅에 더 투자를 해야 하는가?' 등의 문제를 놓고 판단하는 데 중요한 정보를 준다.

또 필자는 파이프라인을 이해하는 데 있어서 조심해야 할 점을 지적했었다. 경영진이 파이프라인의 정보에 점점 의존하면서 발생하는 문제들, 특히 파이프라인의 데이터를 과도하게 해석하지 말라는 키스 박사의 인터뷰를 실었다. 최선을 다해서 시장의 상황을 그대로 반영하는 시스템이 되어야 한다. 파이프라인의 메커니즘을 이해하기 전에, 통제와 모니터링 수단으로서의 장점에만 혹하여 경영진에서 푸시 전략에만 일관하면, 영업 사원들은 현실을 왜곡하고 순간순간 보고에 대비하기 위해서 거짓 데이터를 입력하게 된다. 고객은 실제 그러한 상황에 있지도 않은데도 말이다. 그리고 이러한 현상은 판매 예측 정확도는 더 떨어지게 한다. 또한 파이프라인의 룰과 프로세스를 느슨하게 적용할 경우에는 아무도 이것이 중요하다고 느끼지 못할 것이므로 이 또한 마케팅과 영업 팀에서 보고하는 영업 기회 현황마저 신뢰하기 어려운 결과를 초래할 수 있다.

파이프라인을 도입하는 기업은 파이프라인을 통하여, 지속적인 성장을 위한 플랫폼으로 파이프라인이 작용하기를 원한다. 이렇게 하기 위해서는 경영진이 고민하는 이슈와 이를 개선하려는 뚜렷한 목표 그리고 파이프라인을 운영하려는 목적이 서로 맞아야 한다. 또한 파이프라인은 하루아침에 효과를 볼 수 있는 그러한 혁신적인 툴은 아니다. 파이프라인을 운영하여 선진적인 기업의 수준까지 올리려면 꽤나 시간이 걸릴 수 있다. 단순히 시스템을 도입한다고 되는 것이 아니라, 일하는 문화와 일하는 프로세스를 정착시켜야 하기 때문이다. 그래서 빠른 효과를 원한다면 우선순위에 따라서 가급적 단계적으로 진화시킬 것을 권장한다.

파이프라인의 단계적 진화는 그 도입 수준에 따라서, 우선 영업 활동을 표준화하고, 영업 미팅을 파이프라인 기반으로 운영하는 수준, 파이프라인으로 판매 예측을 하는 수준 및 모든 프로세스가 파이프라인 기준으로 운영되는 수준 그리고 제조업이라면 SCM과도 연동이 되어 생산 관리에도 물려서 돌아가는 수준 등의 여러 진화 단계가 있다. 파이프라인의 청사진을 크게 그린다고 해도 동시에 꿈이 이루어지지는 않는다.

오랫동안 파이프라인을 시험해 보고 발전시켜 온 기업들은 자기들만의 방식을 갖고 있다. 이들에게 파이프라인은 일상의 비즈니스를 해나가는 프로세스이자 그들의 조직 문화이며, 일을 해나가는 플랫폼이다. 이들 기업들은 현재의 수준까지 오기까지 꽤나 긴 시간이 걸렸다. 그래서 파이프라인을 도입할 때는, 선진 기업의 사례가 도움도 되겠으나, 초기부터 파이프라인의 측정 지표나 관리 기준에 이들처럼 매우 엄격한 룰을 적용 시에는 오히려 부작용이 더 클 수가 있으니 단계적으로 진화시켜 나가는 것이 바람직하다. 각각의 단계만 제대로 운영이 되어도 파이프라인이 지속적 성장을 위해서 큰 기여를 할 것이다.

파이프라인의 성공을 위해서는 기업의 최고 의사 결정권자 혹은 영향자의 판단이 중요함을 강조하였다. 그리고 결코 잊지 말아야 할 것은 파이프라인 프로세스는 먼저 고객의 구매 프로세스 이해에서 시작한다는 점이다. 고객과 따로 움직이는 프로세스는 영업 자원을 낭비하는 일이다. 또한 파이프라인은 합리적인 푸시와 보상책 없이 영업 팀을 제어할 경우, 오히려 우수한 영업 자원을 잃을 수도 있음을 계속 강조하였다. 그리고 파이프라인은 시스템을 우선시해서도 안 되고, 소프트웨어가 아닌 프로세스 혁신이자, 일하는 방식, 그리고 일하는 문화임을 계속 강조했다. 그래서 파이프라인 코칭과 조직적인 파이프라인 미팅 운영이 왜 중요한지 강조하였다.

성공적인 파이프라인은 마치 주식이나 골프처럼 수업료가 좀 필요한 것 같다. 왜냐하면 많은 기업들이 모두 비즈니스 모델이 다른데, 짜 맞추어진 창틀을 끼워서 집짓기를 마무리할 수 있는 것은 아닌 것 같다. 시행착오를 줄이고 자사의 기업 비즈니스 모델에 맞는 방식을 찾아내야 한다. 그 지름길은 파이프라인을 우선 깊이 이해하는 일이다.

빅데이터, 머신러닝, 인공지능 시대의 파이프라인의 미래

파이프라인의 미래는 어떻게 될 것인가? 이 책이 발간된 것은 2013년이다. 4년 만에 다시 개정판을 내는 이 시간에도 과거의 시간보다 2−3배는 더 빨리 변해 가고 있다. 스마트폰은 보급 수준을 넘어섰고, 소비자의 일상 생활뿐만 아니라 비즈니스를 더 편리하게 해 주는 소프트웨어도 너무나 많다. 데이터의 처리 속도와 네트워크 연결의 속도 그리고 플랫폼을 타고 흐르는 콘텐츠의 증가 속도는 서로 가속 효과를 내며 여러 놀라운 현상을 불러일으켰는데, 그중에서도 인공지능과 머신러닝의 진화가 산업에 미치는 현상들이다.

이렇게 테크놀로지와 데이터 분석 기술이 인간의 수작업을 넘어 인공지능의 힘을 이용하면서, B2B 마케팅과 영업 전선에서도 과거에 보지 못했던 흥미로운 모습이 계속 등장하고 있다. 영업 사원 대신 이메일을 보내며 고객 반응을 포착하는 아바타(인공지능), 영업 사원들에게 매일 어떤 고객을 만나면 좋을지 추천하는 애플리케이션, 그리고 여러 소스 정보로부터 알고리즘으로 딜의 성공률을 계산하는 데에도 인공지능이 역할을 하고 있다.

과거에는 볼 수 없었던 또 다른 차원의 기술적 발전은 파이프라인의 운영에 있어서 두 가지 측면, 즉, 업무 자동화와 예측에 빠른 진화를 보일 것이다. 실리콘밸리에는 많은 스타트업들과 거대 소프트웨어 기업들이 경쟁을 하고 있다. 수요자인 선진 B2B 기업들도 이 분야에 높은 관심을 보이고 있다. 업무 자동화는 인공지능이 마케터와 영업 사원의 반복적인 일을 대신 처리하는 일들부터 알고리즘에 따라서 정교한 일까지 대신하는 것을 말한다.

인공지능은 마치 인간처럼 메시지와 이메일을 보내며 고객과 약속을 잡는 일부터 고도화된 비즈니스 업무에 투입되고 있다. 실행된 캠페인의 반응 분석, 고객의 프로필의 변화, 소셜 미디어에서의 고객의 활동 뿐만아니라 이러한 데이터를 기존 CRM 데이터와 비교하여, 고객에 대한 더욱 믿을 만한 정보를 제공할 것이다. 예를 들면 마케팅 캠페인 후에 생기는 마케팅 리드들에 대해서 과거에는 수작업으로 점수를 매겨서 일정 점수 이상의 딜 정보들을 영업 팀에 넘겨주었다면, 미래는 인공지능이 그 일을 맡아서, 보다 더 가능성이 있는 딜들을 영업 팀에 넘겨주게 될 것이다.

미래에는 마케팅과 영업의 구분도 없이, 인간 없는 공장처럼 비즈니스가 돌아갈지도 모른다. 시스코와 같은 기업들은 많은 디지털 채널로 마케팅 자동화 소프트웨어를 통해서 개인화된 콘텐츠를 보내고 있고, 어떤 곳에서 고객의 반응이 발생하더라도 디지털 플랫폼으로 응집, 이러한 마케팅 리드를 분석하는 알고리듬에 따라 자동 처리되어 영업 팀과 세일즈 파트너사에게 분배되고 있다.

전체 프로세스에서 약간식의 인간의 개입이 있지만, 시스코사는 보다 정교한 알고리즘 개발과 오히려 많은 자원과 에너지를 마케팅 콘텐츠 제작에 쓰고 있다. 마케팅과 영업 프로세스를 보다 더 과학화해서, 파이프라인이 데이터 기반, 과학 기반으로 운영되길 원하기 때문이다. 규모가 적고, 비즈니스 운영에 투자 여력이 약한 국내 기업들에게는 다소 먼 얘기가 되겠지만, 이런 추세는 지속될 것이므로 관심 있게 지켜보길 바란다.

또 한 가지 생각해 볼 것은 아무리 테크놀로지가 발전을 하더라도 데이터, 플랫폼, 그리고 테크놀로지는 인간의 판매 행위를 돕는 것이지, 인간을 대신해서 필드에 나가서 고객을 만나고 설득하는 장면을 예상한다는 것은 이 책에서 다루기에는 너무 먼 미래의 일이라는 점이다. 데이터를 잘 활용하고, 영업 소프트웨어를 잘 활용하되, 선진적인 조직 문화와 업무 프로세스 하에서 영업 사원의 역량 강화와 교육에 더욱 투자하여 매우 경쟁력 있는 영업 조직을 육성 및 유지하는 것도 결코 소홀히 해서는 안 된다.

- 알 리스, 로라 리스, "경영자 vs 마케터", 흐름 출판, 2010
- 찰스 두히크, '습관의 힘', 갤리온, 2012
- Brian J. Carroll, 'Lead Generation for the complex sales, Macgrawhill, 2006
- Brain Fetherstonhaugh, "The future of Selling", Ogilvy, 2012
- Daniel Kahneman, Amos Tversky, "Choices, Values, and Frames", American Psychological Association, Vol. 39, N0. 4, 341–350
- David Shepherd, "The 3 Most Common Mistakes Sales Professionals Make with Forecasting" 2013
- Dean R. Spitzer, "Transforming performance measurement, Rethinking the way we measure and drive organizational success", Amacom 2007
- Inflexion – Point Strategy Partners Ltd, "10 winning habits of today's top-performing B2B sales and marketing organisations, 2013
- Jim Dickie, "Sales Management Optimization : 2010 Key Trends Analysis" CSO Insights 2010
- Robert S. GNUSE, "Implementing an Integrated Sales Management Process", Robert S. Gnuse, 2011
- Mark Sellers, 'The Pipeline Principle', Breakthrough sales performance SPIN Selling

- New Solution Selling, "Tibor Shanto, 'Death of salesman 2.0', www.sellbetter.ca
- Peter Ostrow, "Better Sales Forecasting Through Process and Technology", Aberdeen Group, 2012
- Rich, Spiro and Stanton, "In Management of a Sales Force" (12th Ed. p. 66)
- Robert J. Schmonsees, "Escaping the black hole, Minimizing the damage from the marketing − sales disconnect", Thomson, 2005
- Rohit Tandon, Arnab Chakraborty, "Analytics in Action", 2011
- Scott Kelpper, Anna Tai, "Chaos to cadence: Transforming Sales Organizations to Win in the Global Economy, IBM White Paper, 2009
- Sean Geehan, 'B2B executive playbook', Clerisy Press, 2011
- Strategic Partners, "White Paper on Pipeline Management Principles" 2011
- Steve W Martin, "Ten Reasons Salespeople lose Deals", HBR, 2013

- 델 컴퓨터
  www.dell.com

- 아이비엠
  www.ibm.com

- 오라클
  www.oracle.com

- 인플렉션
  www.inflextion-point.com

- 인사이트스쿼드
  http://www.insightsquared.com/2012/10/build-a-opportunities-dashboard

- SAP
  www.sap.co.kr

- ST파트너즈
  www.stpartners.com